小学统编语文
怎么教

李竹平
著

湖南人民出版社·长沙

图书在版编目（CIP）数据

小学统编语文怎么教 / 李竹平著. —长沙：湖南人民出版社，2023.9
ISBN 978-7-5561-3077-1

I. ①小… Ⅱ. ①李… Ⅲ. ①小学语文课—教学研究 Ⅳ. ①G623.202

中国版本图书馆CIP数据核字（2022）第182903号

小学统编语文怎么教
XIAOXUE TONGBIAN YUWEN ZENME JIAO

著　　者：李竹平
出版统筹：陈　实
监　　制：傅钦伟
资源运营：湖南中教出版传媒有限公司
责任编辑：张玉洁
特邀编辑：杨　敏
产品经理：冯紫薇
责任校对：杨萍萍
封面设计：刘　哲

出版发行：湖南人民出版社［http://www.hnppp.com］
地　　址：长沙市营盘东路3号　邮　　编：410005　电　　话：0731-82683357

印　　刷：长沙新湘诚印刷有限公司
版　　次：2023年9月第1版　　　　　　　印　　次：2023年9月第1次印刷
开　　本：880 mm×1230 mm　1/32　　　印　　张：10.375
字　　数：162千字
书　　号：ISBN 978-7-5561-3077-1
定　　价：52.00元

营销电话：0731-82683348（如发现印装质量问题请与出版社调换）

序

吃透，才能用活，
才能超越

　　研究教材，是教师必须认认真真对待的实务。教师主要用手中的教材来教，学生主要用同样的教材来学。学生的学，离不开教师的引导。教师如果没有吃透教材，引导就会变成误导。这是不应该的事情。

　　教材是依据课程标准编写的，它不仅承载着编者的意图，还承载着课程标准的意图。或者，更进一步的理解是，教师吃透教材，是为了在使用教材时更充分地贯彻课程标准的精神和要求。

　　吃透教材的目的，就是用活教材，既充分发挥教材在教与学上的基础性价值，又充分发挥教师在课程开发和实施上的创造性，以便更好地服务于学生语文核心素养的发展。

　　统编版① 小学语文教材全面铺开使用快满四年了。虽然老师们

---

① 统编教材亦称"通用教材""部编教材"，是由国家教育行政部门统一组织编辑，通用于全国各地学校的教材。

使用起来逐渐有了心得，但怎么用好这套教材，心中依然没底。

到底什么是"双线组元"，为什么要强调"双线组元"？

"语文要素"是不是单元学习目标？如何理解"语文要素"在整个小学阶段教与学的价值？

大家都说使用统编版小学语文教材，一定要有单元整体意识，一定要落实单元整体教学。那么，到底什么是单元整体教学？不同单元的整体特性有什么不同？单元整体教学的具体设计思路有哪些？

统编版小学语文教材从内容编排上就凸显了对"整本书阅读"的重视。"整本书阅读"到底怎么做？书目如何取舍和定位？目标如何确定和落实？学习活动如何设计和组织？

这些问题，仅仅靠听专家的讲座，是很难帮助我们一线教师从课堂实践的角度真正吃透的。或许，我们更需要来自一线教师基于课堂实践的研究和分享。

这本书的每一篇文字，都是笔者"做出来"的，而不仅仅是写出来的。

一直在"做"，在行动、思考和总结，都是实实在在的，与大家分享，也就有了一些底气和自信。

现在，老师们使用的依然是统编版小学语文教材，但课程标准是新的了。

2022年版的《义务教育语文课程标准》，除了在课程目标上强调发展学生的语文核心素养，相较以往的课程标准还增加了"课程内容""学业质量"等部分。其中，课程内容是以"学习任务群"作为内容组织和呈现方式的。

"学习任务群"概念的核心是"学习任务"，要求教师能够根据教材内容和学生情况，精心设计能够整合学习内容、情境、方法和资源的学习任务，以任务驱动的方式促进学生的语文实践体验，提升学生的学业质量，发展学生的核心素养。

很多老师还没有弄明白怎么在实践中落实单元整体教学，却要进一步变革教与学的方式，要成为学习任务的设计师和指导师，这是一个巨大的挑战。

实际上，基于统编版教材单元进行学习任务设计，首先要弄明白的就是，一个单元到底是一个什么样的整体。单元整体意识，是设计具有整合力的学习任务的基础。

一线教师先将单元整体教学做实在了，做灵活了，再向前走一步，学习任务的设计就变得容易了。

一个目标科学明确、内容选择与组织合理、方法运用灵活有效的单元整体教学设计，肯定需要教师先吃透教材，进而用活教材。

吃透，才能用活；用活，才能超越。超越了，教师就可以笃定地说：我，就是语文。

这是教材使用最朴素的道理，也是教材使用最理想的目标。

目　录

第四辑　**统编教材
教学实践案例**

第一辑
——
读懂教材，
从语文要素入手

什么是"双线组元"

统编版教材的诞生，有三个背景值得一线教师重视。其一，从中华人民共和国成立到21世纪初，语文教育一直在摸索中，一直在"改革"中，这说明语文教育一直没有找到一条令人满意的路径。几十年来，语文教育面临着很多问题，之所以没有完全迷失，除了语文教育属于母语教育外，更重要的是一代又一代语文人没有停止过探索的步伐。统编版教材是语文教育工作者在认真研究总结以往语文教育经验教训的基础上，凝心血，聚智慧，又一次结出的新成果。

其二，统编版教材是在教育领域，尤其是与意识形态领域密切相关的学科建设上，贯彻党中央"立德树人"育人方针的体现。新的时代，新的国际环境，国家民族面临着新的挑战和机遇，教育，尤其是母语教育，必然要有坚定的信仰和未来的眼光。统编版教材的编写，不仅仅是学科建设行为，还是一种举足轻重的国家行为，这一国家行为的理念核心就是凸显教材"立德树人"的深远意义和价值。

其三，历史的车轮进入了以人为本的"核心素养"时代，语文教育必然要重视学科核心素养的培育。2017年修订的《普通高中语文课程标准》明确了语文学科核心素养的四个维度（语言建构与运用、思维发展与提升、文化理解与传承、审美鉴赏与创造），高中语文教材的编写就努力围绕核心素养做文章。同样，小学语文统编版教材也重视语文核心素养，无论是人文主题的确定，还是知识和能力体系的构建，都考虑了语文核心素养的落实。

统编版小学语文教材以及初中语文教材诞生的这三个背景，是一线教师理解统编版语文教材的方向标，也是一线语文教师用实、用活统编版语文教材的理念基础。而要在这三个背景下读懂统编版语文教材，不得不研读和厘清"双线组元"和"语文要素"两个概念以及两者之间的关系。

如今，2022年版《义务教育语文课程标准》[1]正式颁布，"课程性质"中明确指出：语文课程致力于全体学生核心素养的形成与发展，为学生学好其他课程打下基础；为学生形成正确的世界观、人生观、价值观，形成良好个性和健全人格打下基础；为培养学生求真创新的精神、实践能力和合作交流能力，促进德智体美劳全面发展及学生的终身发展打下基础。统编版教材的使用，要为发展义务教育阶段学生的语文核心素养服务。课程标准将义务教育阶段语文学科核心素养概括为四个维度，分别是文化自信、语言运用、思维能力和审美创造。

---

[1] 以下统称《新课标》。

双线组元，是统编版教材的单元构建方式和思路。所谓双线，分别指的是人文主题线和语文要素线。说到"线"，脑海当中就会出现在长度上延伸的线条画面，就会想到"线性结构"这个词语。进而就会让人猜想，教材单元从低年级到高年级，在人文主题和语文要素上，是不是呈线性发展的，且这两条线从起点往前延伸，穿起来的人文主题和语文要素就像穿起来的珍珠一样，一颗一颗的，两条线上缀满了两种珍珠。其实，这两条线既不是泾渭分明的两条平行线，也不是简单的直线延伸状态。我们来看看三年级上册的单元人文主题和语文要素梳理表，就会有一个大概认识。

单元	人文主题	选文	阅读训练要素	表达训练要素	口语交际训练要素
1	学校生活	《大青树下的小学》《花的学校》《不懂就要问》	阅读时，关注有新鲜感的词语和句子。	体会习作的乐趣。	选择别人可能感兴趣的内容讲。借助图片或实物讲。
2	金秋时节	《古诗三首》《铺满金色巴掌的水泥道》《秋天的雨》《听听，秋的声音》	运用多种方法理解难懂的词语。	学习写日记。	
3	童话世界	《卖火柴的小女孩》《那一定会很好》《在牛肚子里旅行》《一块奶酪》	感受童话丰富的想象。	试着自己编童话，写童话。	
4	阅读策略	《总也倒不了的老屋》《胡萝卜先生的长胡子》《小狗学叫》	一边读一边预测，顺着故事情节去猜想。学习预测的一些基本方法。	尝试续编故事。	把了解到的信息讲清楚。听别人讲话的时候，要有礼貌地回应。
5	留心观察	《搭船的鸟》《金色的草地》	体会作者是怎样留心观察周围事物的。	仔细观察，把观察所得写下来。	

续表

单元	人文主题	选文	阅读训练要素	表达训练要素	口语交际训练要素
6	祖国河山	《古诗三首》《富饶的西沙群岛》《海滨小城》《美丽的小兴安岭》	借助关键语句理解一段话的意思。	习作的时候，试着围绕一个意思写。	
7	我与自然	《大自然的声音》《父亲、树林和鸟》《读不完的大书》	感受课文生动的语言，积累喜欢的语句。	留心生活，把自己的想法记录下来。	清楚地表达自己的看法。汇总小组意见时，尽可能反映每个人的想法。
8	美好品质	《司马光》《灰雀》《手术台就是阵地》《一个粗瓷大碗》	学习带着问题默读，理解课文的意思。	学写一件简单的事。	有礼貌地向别人请教。不清楚的地方及时追问。

　　如果将人文主题理解为"立德树人"中的"德"，除了包括政治理解和认同的渗透，包括文化自信的树立，对于小学生来说，更主要的是指向道德、理想、情操等方面的熏染。这样来看三年级上册的八个单元，有明确人文主题的是六个普通单元，第四单元（策略单元）和第五单元（习作单元）并没有明确统一的人文主题。六个普通单元的人文主题，指向学生身心成长的不同方面，这些方面并没有学生实际获得或养成上的先后顺序，即排在后面的单元人文主题的理解和内化并不需要以排在前面的为基础，所以，教材编写者特别强调"宽泛的"人文主题。

　　再来看看八个单元的阅读训练要素，有的主要指向阅读策略和方法的学习，有的主要指向能力的提升，有的重点在于培养某种学习习惯，还有的是为了丰富语文知识的积累，但大多数并不单单指向某一个方面，而是兼顾了知识、能力、习惯等不同方面，正如《新课标》中明确的"核心素养内涵"，也是相互渗透、融合的，"核心素养的四个方面是一个整体"。这些阅读训练要素，就本学期而言，相互之间的关系基本是相对独立的，少数前后有联系，如第一单元"阅读时，关注有新鲜感的词语和句子"与第七单元"感受课文生动的语言，积累喜欢的语句"，都指向了语言的感受和积累。而如果我们将某一个具体的语文要素放到整个小学阶段来看，就会发现有一些与其相关的（属于同一方面或类别）语文要素分布在不同的学期和单元，例如下面关于读懂课文内容的，从方法和能力上看，就是逐步推进发展的——

册序	单元	训练要素
二上	第一单元	积累并运用表示动作的词语。
二上	第六单元	借助词句，了解课文内容。
二下	第六单元	提取主要信息，了解课文内容。
三上	第六单元	借助关键语句理解一段话的意思。
三下	第四单元	借助关键语句概括一段话的大意。
四上	第四单元	了解故事的起因、经过、结果，学习把握文章的主要内容。
四上	第七单元	关注主要人物和事件，学习把握文章的主要内容。
四下	第六单元	学习把握长文章的主要内容。
五上	第八单元	根据要求梳理信息，把握内容要点。
六下	第二单元	借助作品梗概，了解名著的主要内容。

　　如果要从相互间的联系出发描绘语文要素之间的关系，仅仅是

语文要素就有多个纵向序列，同时又有横向上的关联，实际上是一个网状结构或者是立体拼图。人文主题可以分为不同方面或领域的主题，实际上组成的也是网状结构或者立体拼图。

如果参照《新课标》中的"课程目标"，不外乎指向四个方面：识字与写字、阅读与鉴赏、表达与交流、梳理与探究；从课程内容角度来看，又是属于具体的一个或两个学习任务群。

从上面的简单梳理看，"双线"主要是指每个单元都基本上包含两个范畴的学习目标，一个属于人文范畴，另一个属于学科本体。这样的提法，简单明了地强调了语文教育作为母语教育在"立德树人"上的重要价值，同时也呼应了培育"核心素养"的学科教育追求——培养学生应具备的、能够适应终身发展和社会发展需要的品格和关键能力。

统编版语文教材总主编温儒敏教授在谈到"双线组元"时，在《"部编本"语文教材的编写理念、特色与使用建议》一文中有以下论述：

"部编本"语文教材结构上明显的变化，是采用"双线组织单元结构"，按照"内容主题"（如"修身正己""至爱亲情""文明的印迹""人生之舟"等）组织单元，课文大致都能体现相关的主题，形成一条贯穿全套教材的、显性的线索，但又不像以前教材那样给予明确的单元主题命名；同时又有另一条线索，即将"语文素养"的各种基本因素，包括基本的语文知识、必需的语文能力、适当的学习策略和学习习惯，以及写作、口语训练，等等，分成若干个知识或能力训练的"点"，由浅入深，由易及难，分布并体现在各个单元的课文导引或习题设计之中。每个单元都有单元导语，对本单元主题略加提示，主要指出本单元的学习要点。

为何要采用"双线组织单元结构"？是因为现有各种版本语文教材，基本上都是主题单元结构。这是前些年实施课改，提倡人文性的结果。但主题单元结构有问题，只照顾到人文性，而可能忽略了语文教学的规律。选文也往往只顾一头，只考虑所选课文是否适合本单元主题，难以照顾到本单元应当学习哪些知识、训练哪些能力。语文教学也就失去必要的梯度。这个问题是严重的，教学中大家都不满意。所以"部编本"语文教材采用"双线组织单元结构"，既适当保留人文主题，又不完全是人文主题来组织单元，有的则是文体组织单元，还有，就是适当淡化单元的主题，以便把必要的语文教学的要点、重点，按照一定顺序落实到各个单元中。教师教学实践中可以按照新教材的单元顺序来安排教学，但不能拘泥于人文主题，要特别注意语文知识、能力的落实这条线。还要注意把单元中阅读、写作、综合性学习等几方面结合起来。

温儒敏教授的这两段话，既是针对初中统编语文教材说的，同时也是针对小学统编语文教材说的。温儒敏教授尤其提到了双线组元对前些年课改教材过于凸显人文性的纠偏意图，研读小学语文统编版教材，会发现其最突出的表现，就是"语文要素"的提炼和显性化。但也有善于钻研和思考的教师指出，以往有些版本的教材，实质上也是双线组元，同样在单元导语页指明了单元语言文字运用学习的重点。的确如此，不过统编版教材在普通单元之外，用心编排了策略单元、习作单元、文体单元等，这些单元确确实实是教师进一步理解统编版教材"双线组元"意图的重要依据。

在具体的课程实施上，如何利用和发挥"双线"的课程价值，可能会有教师联想到以往很多版本的语文教材，联想到"在语言文字运用学习过程中渗透思想教育"的观念。其实，温儒敏教授在上面提到的同一篇文章中表达的意思，也在于"渗透"：

我们努力要避免的是"表面文章"和"穿靴戴帽"，而要做到"有机渗透"，使价值观化为语文的"血肉"。注意把那些能充分体现社会主义核心价值观，特别是两个"传统"（中华优秀传统文化和革命传统教育）融入教材的文章选篇、内容安排、导语和习题的设计等诸多方面，融入语文所包含的语言教育、情感教育、审美教育，让学生乐于接受，起到润物细无声的效果。

在具体的单元课程设计和实践中，"渗透"这个十分模糊的概念如何转化为看得见摸得着的行动，如何最大限度发挥"双线"在母语学习中各自适切的价值，需要教师做进一步的思考和探索——后面章节将会呈现具体的操作性阐释和案例。而《新课标》也在"教学建议"中给出了方向性的答案：综合考虑教材内容和学生情况，设计不同类型的学习任务，依托学习任务整合学习情境、学习内容、学习方法和学习资源，安排连贯的语文实践活动。这与叶圣陶先生近百年前提出的"为儿童全生活着想"的课程实践观点是一致的。在"为儿童全生活着想"的母语课程实践中，单元人文主题应该成为学生学习语言文字运用的"境遇"，应该成为单元课程设计和实践中积极的因素和力量。

如何理解"语文要素"

语文要素是与统编版语文教材一起诞生的新概念和新事物，是统编版语文教材研究和实践的热点问题和重要问题。透彻理解语文要素，抓牢用好语文要素，成了目前小学语文教师课堂教学的聚焦点。

仿佛是一瞬间的事情，几乎所有小学语文教师都认同了语文要素的重要性，都觉得只要是围绕语文要素展开教学，学生的语文素养就有了护身符，语文学习的春天就会降临每一个教室。这充分说明了统编版语文教材对语文要素的提炼，是契合教师教学需要的，是能给教师教学带来明显帮助的。

那么，"语文要素"到底指什么呢？简单地讲，语文要素指的就是语文素养发展的目标要素，包括基本的语文知识、必需的语文能力、适当的学习策略和学习习惯等。统编版语文教材编写者从知识、能力、策略、习惯等不同角度，按一定序列将分解的语文学习训练点编排落实到教材各个单元中，并用简洁的语言进行方向性、概括性描述和呈现。这些训练点，就是语文要素。所以，语文要素可以理解为循序渐进地帮助学生提升语文素养的训练要素。

语文要素，表面看上去只是一个概念，找到对它的解释说明就基本明白了。但一个概念的形成，必然包含了特定事物的认识和指导行动的理念。对"什么是语文要素"的回答，仅仅了解定义式说明是远远不够的，还应该结合实践，做出理解性阐释。

"什么是语文要素"，这个问题关联着的追问至少有：统编版教材为什么要提出语文要素的概念？语文要素是怎么提炼出来的？语文要素解决了以往一直困扰着我们的哪些语文教育问题？语文要素会为我们的课堂教学带来哪些可以预期的积极变化？语文要素与《新课标》中的课程目标和课程内容有什么关系？

对于第一个追问，教材编写者有较为明确的回答。根据陈先云老师的说法，提出语文要素这个概念，是为了尝试建立语文训练体系。他在《统编小学语文教科书能力体系的构建》一文中指出：

统编语文教材努力构建符合语文学习基本规律、常用的学习方式或适合学生身心发展特点的语文能力发展训练体系，将必备的语文知识、基本的语文能力、常用的学习方法或适当的学习策略和学习习惯等，分成若干个知识或能力训练的"点"，统筹规划训练目标的序列，并按照一定的梯度，落实在各个年级的相关内容中，努力体现语言文字训练的系统性。

提出"语文要素"这个概念，无疑是对新课改以来语文课堂上教师往往在教什么、怎么教上感到迷茫，从而导致学生语文学习缺乏方法路径的反思性回应。虽然有课程标准，虽然以往的语文教材每个单元也有单元学习目标的基本定位，但是教材并没有提供语文知识积累、学习策略运用、学习方法习得以及能力发展的线索，目标序列不明，语言文字运用训练缺乏体系，因此教和学的效率低下，"误尽苍生是语文"的帽子难以摘掉。

提出"语文要素"这个概念，就是告诉教师，统编版教材在遵循语言文字运用规律的基础上，结合学生认知发展特点和成长需要，有层次有计划地将具体的语言文字训练点，系统地安排到不同年级教材单元中，保障学生有联系地学，循序渐进地学。教材编写者并没有将所有单元的语文要素进行全景式的系统梳理，让教师很轻松地看到体系化的目标序列，这就需要教师从整体上研读教材，梳理清楚每一个语文要素的"来龙去脉"，确保单元学习目标的定位不偏不倚，科学适切。同时，教师也可以借此以研究、批判的姿态，用积极的实践检验语文要素的提炼和分布安排是否合理。因为，编写者的意图，只有转化为一线教师自己的理解和认识，才会对教学实践产生实质性影响。

提出"语文要素"这个概念，还进一步强调了语文教材的"语用学习"价值。这既可以从语文要素的定义中看出，也可以通过解读每一条语文要素看出，例如"体会作家是如何表达对动物的感情的"，"如何表达对动物的感情"就直接指向了一个具体对象和情境的语言文字运用。这正是对《新课标》中"语文课程是一门学习国家通用语言文字运用的综合性、实践性课程"的清晰回应。

第二个追问：语文要素是怎么提炼出来的？目前为止，好像没有谁给出清晰的答案。无论是从经验上判断，还是从学理上追究，一个概念炼制的过程清楚了，概念的行动价值才能够得到保障。即便不能找到现成的答案，一线教师还是要对这个问题进行追究，我们总不能一边觉得这些语文要素是专家学者拍拍脑袋想出来的，一边还笃定地相信这些语文要素的科学性和权威性，并兢兢业业地在教学中落实吧。

　　课程标准是教材编写的重要依据。如果用心对照研读一下 2011 年版课标和 2022 年版课标，就会发现语文要素的提炼，能从课程标准的学段目标和内容板块找到基本对应的依据。下面是 2011 年版课标第二学段"目标与内容"、2022 年版课标第二学段"阅读与鉴赏"目标与三年级、四年级统编版教材中有关阅读训练的语文要素的对应梳理表。

2011 年版课标第二学段阅读目标与内容	2022 年版课标第二学段阅读与鉴赏目标	三年级上册阅读训练要素	三年级下册阅读训练要素	四年级上册阅读训练要素	四年级下册阅读训练要素
1.用普通话正确、流利、有感情地朗读课文。	1.用普通话正确、流利、有感情地朗读课文。初步学会默读，做到不出声，不指读。学习略读，粗知文章大意。		1.试着一边读一边想象画面。体会优美生动的语句。	1.边读边想象画面，感受自然之美。	
2.初步学会默读，做到不出声；不指读。学习略读，粗知文章大意。		1.学习带着问题默读，理解课文的意思。			

注：此表格中课标相关内容的序号依循课标文件的原定序号。

续表

2011年版课标第二学段阅读目标与内容	2022年版课标第二学段阅读与鉴赏目标	三年级上册阅读训练要素	三年级下册阅读训练要素	四年级上册阅读训练要素	四年级下册阅读训练要素
3.能联系上下文,理解词句的意思,体会课文中关键词句表达情意的作用。能借助字典、词典和生活积累,理解生词的意义。7.在理解语句的过程中,体会句号与逗号的不同用法,了解冒号、引号的一般用法。	2.能联系上下文,理解词句的意思,体会课文中关键词句表达情意的作用。能借助字典、词典和生活积累,理解生词的意义。在理解语句的过程中,体会问号与逗号的不同用法,了解冒号、引号的一般用法。	2.运用多种方法理解难懂的词语。3.借助关键语句理解一段话的意思。	2.了解课文是怎么围绕一个意思把一段话写清楚的。3.运用多种方法理解难懂的句子。	2.体会文章准确生动的表达,感受作者连续细致的观察。	
4.能初步把握文章的主要内容,体会文章表达的思想感情。能对课文中不理解的地方提出疑问。	3.能初步把握文章的主要内容,体会文章表达的思想感情。学习圈点、批注等阅读方法。能对课文中不理解的地方提出疑问,乐于与他人讨论交流。	4.一边读一边预测,顺着故事情节去猜想。学习预测的一些基本方法。	4.借助关键语句概括一段话的大意。5.了解课文是从哪几个方面把事物写清楚的。	3.阅读时尝试从不同角度去思考,提出自己的问题。4.关注主要人物和事件,学习把握文章的主要内容。	1.抓住关键语句,初步体会课文表达的思想感情。2.阅读时能提出不懂的问题,并试着解决。3.体会作家是如何表达对动物的感情的。4.学习把握长文章的主要内容。

续表

2011年版课标第二学段阅读目标与内容	2022年版课标第二学段阅读与鉴赏目标	三年级上册阅读训练要素	三年级下册阅读训练要素	四年级上册阅读训练要素	四年级下册阅读训练要素
5.能复述叙事性作品的大意，初步感受作品中生动的形象和优美的语言，关心作品中人物的命运和喜怒哀乐，与他人交流自己的阅读感受。	4.能复述叙事性作品的大意，初步感受作品中生动的形象和优美的语言，关心作品中人物的命运和喜怒哀乐，与他人交流自己的阅读感受。诵读优秀诗文，注意在诵读过程中体验情感，展开想象，领悟诗文大意。	5.感受童话丰富的想象。6.体会作者是怎样留心观察周围事物的。	6.读寓言故事，明白其中的道理。7.走进想象的世界，感受想象的神奇。8.了解故事的主要内容，复述故事。	5.了解故事的起因、经过、结果，学习把握文章的主要内容，感受神话中神奇的想象和鲜明的人物形象。6.了解作者是怎样把事情写清楚的。7.学习用批注的方法阅读。通过人物的动作、语言、神态体会人物的心情。8.了解故事情节，简要复述课文。	5.了解课文按一定顺序写景物的方法。6.从人物的语言、动作等描写中感受人物的品质。7.感受童话的奇妙，体会人物真善美的形象。
6.诵读优秀诗文，注意在诵读过程中体验情感，展开想象，领悟诗文大意。					8.初步了解现代诗歌的一些特点，体会诗歌表达的感情。

2011 年版课标第二学段阅读目标与内容	2022 年版课标第二学段阅读与鉴赏目标	三年级上册阅读训练要素	三年级下册阅读训练要素	四年级上册阅读训练要素	四年级下册阅读训练要素
	5.阅读整本书，初步理解主要内容，主动和同学分享自己的阅读感受。				
8. 积累课文中的优美词语、精彩句段，以及在课外阅读和生活中获得的语言材料。背诵优秀诗文 50 篇（段）。	6.积累课文中的优美词语、精彩句段，以及在课外阅读和生活中获得的语言材料。背诵优秀诗文 50 篇（段）。	7.阅读时，关注有新鲜感的词语和句子。 8.感受课文生动的语言，积累喜欢的语句。			
9. 养成读书看报的习惯，收藏图书资料，乐于与同学交流。课外阅读总量不少于 40 万字。	养成读书看报的习惯，收藏图书资料，乐于与同学交流。课外阅读总量不少于 40 万字。				

　　从上面表格中的梳理可以看出，虽然语文要素没有考虑与课程标准中的每一条目标和内容标准对应匹配，但基本都能从课程标准中找到提炼的依据。至于课程标准有些具体目标和内容条目，

统编版教材中没有明确对应的语文要素，不等于说统编版教材没有考虑和安排，基本上都包含在课后思考题、"语文园地"、"快乐读书吧"中。

语文要素提炼的第二个路径，应该是综合分析语言文字运用学习的规律，结合学生认知的能力特点，确定一个个具体的训练点并进行概括描述，安排在不同年级不同学期的具体单元中。以复述方法、能力的训练为例，相关的语文要素之间就隐含着一条循序渐进的发展线索——

册序	单元	阅读训练要素
二上	第三单元	阅读课文，能说出自己的感受或想法；借助字词，尝试讲述课文内容。
二上	第八单元	综合运用多种方法自主识字，自主阅读；借助提示，复述课文。
二下	第七单元	借助提示讲故事。
三下	第八单元	了解故事的主要内容，复述故事。
四上	第八单元	了解故事情节，简要复述课文。
五上	第三单元	了解课文内容，创造性地复述故事。

当然，语文要素的提炼是一个系统而精细的"工程"，除了这两个提炼的依据和方法以外，肯定还有经验、借鉴等策略的运用。至于这些语文要素的提炼和安排是否科学、适切，实践是检验的最佳标准。

第三和第四个追问，是两个密切关联的问题。在讨论"统编版教材为什么要提出语文要素的概念"时，其实已经从普遍性上对这两个追问做出了回答。但是，不同教师，在语文教育理解和教学实践中面临的具体问题可能各不相同。所以,在真正读懂语文要素"为何"与"何为"的基础上,每个教师可能会找到独属于自己的答案。这些独属于自己的答案非常重要。如果这两个追问没有自己的答案,语文要素也就不可能为自己的语文理解和实践带来积极变化。这一点是肯定的。

现在来讨论一下第五个问题,也是老师们十分关心的新问题。我们在讨论第二个问题的时候,已经能很清楚地看出,由于课程标准在具体课程目标,尤其是学段课程目标上的传承性,统编版小学语文教材中的语文要素的提炼,基本是呼应了课程标准中的课程目标的。同时,我们还要注意到,语文要素所指向的学习目标都是通过具体的单元内容和互动来落实的。《新课标》中新增的课程内容标准是以"学习任务群"的形式规定和呈现的,研究学习任务群的"学习内容"和"教学提示"就会发现,几乎每个教材单元的语文要素都可以从具体的学习任务群中找到对应的内容。我们将在后面的内容中专门讨论语文要素与学习任务群的关系。

语文要素是读懂教材的抓手

语文要素作为一个崭新的概念出现在统编版教材中，一定具有十分重要的价值。研读统编版教材会发现，要读懂、读透教材"何为"与"为何"，最好的抓手就是语文要素。

所谓"梳理"，不仅仅是将教材中的语文要素都整理排列出来，还要在研究思考每个语文要素内涵的基础上，将它们放在纵横联系中加以分析、理解，弄清楚教材的体系建构，看清楚教材为学生的语文素养发展规划了怎样的路径，体现了怎样的追求。

精心梳理、研究统编版教材中的语文要素，至少可以帮助教师从以下两个方面读懂统编版教材。

一、梳理语文要素，可以帮助教师理解统编版教材对学生语文素养发展的追求

要看清统编版教材对学生语文素养，尤其是学科核心素养发展的追求，关注单元人文主题是其一。而更重要的事情是，教师要对

十二册教材 94 个单元的语文要素做到心中有数。因为，将所有语文要素梳理清楚了，读懂了，教师就可以有线索地展望语文课程给学生带来的成长和发展。

梳理统编版教材各单元语文要素，就能发现教材努力为学生语文素养的发展规划了一条比较清晰的路线，努力构建了一个符合语文学习基本规律、包含常用的学习方式或适合学生身心发展特点的语文能力发展训练体系。这样的梳理，对语文教师用好教材，在教学实践中充分发挥教材的学习价值，具有重要的指导意义。以往我们使用某个版本的语文教材，也会强调教师要研究教材，要"通读"教材，但因为旧教材本身缺乏统编版教材中"语文要素"这样显性的抓手，即便"通读"了，对于教材如何体现"循序渐进、螺旋上升"地促进学生素养发展的编写意图，教师仍然是很糊涂的。从这一点上说，与统编版教材一起诞生的"语文要素"，对于用教材教语文的教师来说，是有积极意义和价值的。

那么，怎样借助语文要素看清教材对学生语文素养发展的追求呢？

其一，借助单元内每一条语文要素，看清学习本单元之后学生语文素养发展的图景。

例如，一年级上册第七单元的人文主题是"儿童生活"，选编了《明天要远足》《大还是小》《项链》等文本，识字训练要素可以表述为：学习表示亲属称谓的词语，了解汉字偏旁表意的构字规律，区分形状相近的笔画并正确书写。阅读训练要素可以表述为：联系生活实际，理解课文内容；合理搭配"的"字词语。基于单元文本的学习和学习要素的定位，我们如何想象学生语文素养的发展状况呢？一是学生积累的语文知识：汉字的偏旁一般标示了汉字的意思，学生以后遇到自己熟悉的偏旁能初步判断这个字的意思与什么有关。学生能注意到相似笔画的区别并能准确书写。二是语言的积累：学生积累了一些表示亲属称谓的词语，他们能结合生活经验准确运用这些称谓。三是言语技能的发展：学生阅读与自己生活经验能够建立起联系的简短文本，能读懂内容，产生共鸣的愉悦——学生有会心之感，能够联想到自己的相似经验（儿童生活）并兴致勃勃地与自己信任的人分享（读得懂—乐读—分享）。

教师使用具体教材，一般都是凭借自己个人的语文知识和经验来发现、构建教学内容，所研制的教学内容是否正确、是否切合学生的语文学习需要，是需要做学理的考察和验证的。以往，我们考察验证的方法之一就是直接比照课标，但课标表述的笼统性和内容标准的缺位，给比照带来了实际上的技术困难。现在统编版教材以语文要素为指引，比较清晰地定位了每个单元重点的读写目标，教师就可以直接比照单元导语页呈现的读写训练要素，看这些提炼的教学内容是否切合课程目标，是否有利于实现课程目标了。同时，语文要素还为教师进行课程创造提供了可能和方向。因为有了可以帮助教师想象学生语文素养发展图景的语文要素，教师就可以根据学生实际和个人理解补充、替换、重组单元文本和内容。

其二，在语文要素的横向和纵向联系中，看清教材对学生语文素养发展的追求。

语文要素的纵横联系，可以表征统编版教材整体上的体系建构，帮助教师看清楚统编版教材对学生语文素养发展的追求。

先说单元内的横向联系。一般而言，一个单元最主要的训练要素集中在读和写两个方面，从三年级开始，每个单元的导语页列出的两到三条语文要素，分别指向的就是"读"和"写"。为什么"听""说"训练要素没有获得这样的地位呢？可能是因为"听""说"的素养提升机会更多，学生几乎无时无刻不处在交际情境当中——当然，必要的、目标明确的口语交际训练也不可或缺，所以统编版教材每个学期都会编排四次左右的口语交际训练内容。单元内读写训练要素的横向联系，主要指的是读写结合。统编版教材在读写结合上有新的突破，即"读写分编，兼顾读写结合"，目的是努力构建相对独立的作文教学体系。无论怎么尝试"读写分编"，读都是写的基础，写都需要读的积极迁移，这是真理般的事实。所以我们会看到，很多单元的读写训练要素是隐含着读写结合意图的，例如四年级上册第三单元，阅读训练要素是"体会文章准确生动的表达，感受作者连续细致的观察"，习作训练要素是"进行连续观察，学写观察日记"。这是内容和方法上的读写结合。学习这个单元，有了这两个相互联系的读写训练要素，教师就可以对学生相关语文素养的发展进行想象和期待了：学生阅读了单元文章，对作者能将爬山虎的脚和蟋蟀的住宅写得如此细致、生动、准确产生敬佩和向往之情，有探究何以写得如此精彩的欲望，有了探究所得，便跃跃欲试，要将探究所得迁移运用于自己的观察和写作当中。这样的想象指向的是学生语文素养中知识的习得、语言的积累、习惯的养成等。

　　再来看看相关语文要素之间的纵向联系。这一"想象"，可以运用"以终为始"的策略。例如运用想象策略体会语言文字形象之美的训练要素，六年级上册第七单元是这样表述的：借助语言文字展开想象，体会艺术之美。学习至此，我们可以这样想象一下学生语文素养发展的图景：阅读表现事物之美的文本，学生能边读边根据文字的描绘展开想象，身临其境，体会文字传达的艺术作品的形象之美，受到美的熏陶——沉醉、惊叹、向往之情油然而生。这样的想象指向的是学生语文素养发展中语言积累的丰富、语言技能的熟练、文化素养的提升等。那么，学生达到这样的语文素养，需要经历怎样的实践历程，逐步实现能力叠加、情趣提升呢？往前回溯，关于运用想象策略将文字转换为形象图景的阅读训练要素依次有：五年级下册第七单元"体会静态描写和动态描写的表达效果"，五年级上册第七单元"初步体会课文中的静态描写和动态描写"，四年级上册第一单元"边读边想象画面，感受自然之美"，三年级下册第一单元"试着一边读一边想象画面"，二年级下册第八单元"根据课文内容展开想象"，二年级下册第二单元"读句子，想象画面"，二年级上册第七单元"展开想象，获得初步的情感体验"。这些形成发展逻辑链条关系的阅读训练要素，由于教材同时提供了承载相应学习价值的适量文本，不仅能够帮助我们想象每一个节点学生语文素养发展的状态、图景，还能帮助我们想象学生语文素养发展的路径。这样的梳理同时也提醒每一个语文教师，要做足整个小学阶段统编版教材研读的功课，才能对学生语文素养发展做生长性的想象。

其三，结合单元人文主题，展望学生语文综合素养发展的蓝图。

我们来简单罗列一下从一年级到六年级都有哪些人文主题。一年级分别是自然、想象、儿童生活、观察、愿望、伙伴、家人、夏天、习惯、问号；二年级分别是大自然的秘密、儿童生活、家乡、思维方法、伟人、想象、相处、春天、关爱、童心、办法、大自然的秘密、改变、世界之初；三年级分别是学校生活、金秋时节、童话世界、留心观察、祖国河山、我与自然、美好品质、可爱的生灵、寓言故事、中华优秀传统文化、观察与发现、多彩童年、奇妙的世界、有趣的故事；四年级分别是自然之美、连续观察、神话故事、成长故事、家国情怀、历史传说故事、乡村生活、科普文、现代诗歌、作家笔下的动物、儿童成长、人物品质、中外经典童话；五年级分别是万物有灵、民间故事、爱国情怀、舐犊之情、四季之美、读书明智、童年往事、走进中国古典名著、遨游汉字王国、责任、思维的火花、世界各地、风趣与幽默；六年级分别是触摸自然、革命岁月、美好品质、保护环境、艺术之旅、走近鲁迅、民风民俗、外国文学名著、理想与信念、科学精神、难忘小学生活。

　　总览人文主题，我们会发现，统编版语文教材在编写意图上，是将学生语文素养的发展放在生活和成长逻辑中考量的，让学生在学习实践中充分感受到语文是生活的语文，是成长的语文，是为人生幸福奠基的语文。简单分类可以发现，每个年级的人文主题大致都会涉及这样几个领域：我与我们（愿望、伙伴、家人、相处、关爱等）、我们与自然（自然、夏天、大自然的秘密、春天、作家笔下的动物、保护环境等）、我们与社会（学校生活、家国情怀、乡村生活、走进中国古典名著、理想与信念等）、我们与世界（思维方法、改变、世界之初、世界各地、艺术之旅等）、我们与未来（想象、奇妙的世界、科普文等）。也就是说，这些人文主题基本涵盖了生活的方方面面，或与学生当下的生活和成长息息相关，或拓宽了学生的视野，引导学生关心自然、了解社会、探索世界和创造未来。在分析理解统编版教材"双线组元"的编排思路时，大家都会强调"人文主题"是暗线，人文素养是用渗透的方式落实在课程实践中的。语文教育是母语教育，母语教育中的人文素养的渗透，应该从各角度来认识和落实。一是教师要树立"为儿童全生活着想"（叶圣陶）的理念，让人文主题成为学生学习母语的"境遇"，即具有生命力的学习背景、情境和体验，让学生清晰地感知到不是学教材，也不是仅仅用教材来学习母语，而是在真实的丰富多彩的生活情境中学习母语；二是要利用人文主题设计创造性、开放性、立体的单元学习活动，引导学生真正通过母语学习认识世界、发展思维；三是借助人文主题引导学生构建属于自己的母语学习生活，在反思性、批判性学习中认识自我、完善自我。

如果借助《新课标》中的"学习任务群"来观照，我们会发现，学习任务群的"教学提示"中列举的课程主题，与统编版教材中的人文主题基本是一致的。例如在"文学阅读与创意表达"学习任务群中，提示第一学段可以围绕"春夏秋冬"主题情境学习阅读和表达，统编版教材第一学段就有多个单元的主题情境是"春夏秋冬"，包括一年级上册第四单元、一年级下册第六单元、二年级下册第一单元等。

二、梳理语文要素，可以提醒教师在课程实施中统筹兼顾，找准教材中隐含的学生语文学习的"最近发展区"

学习真正发生，不仅需要学生以主体身份参与学习活动并经历体验过程，还需要教师设计的学习活动正好与学生学习具体方法、提升具体能力的"最近发展区"相吻合。

"最近发展区"的理论是维果茨基提出来的，十分好理解（虽然存在一定的局限性，但对学习设计还是有方向性指导意义的）。维果茨基认为，学生的发展有两种水平：一种是学生的现有水平，指独立活动时所能达到的解决问题的水平；另一种是学生可能的发展水平，也就是能通过教学获得的能力。两者之间的差异就是最近发展区。维果茨基指出，教学应着眼于学生的最近发展区，为学生提供带有难度的内容，调动学生的积极性，发挥其潜能，超越其最近发展区而达到下一发展阶段的水平，然后在此基础上进行下一个发展区的发展。中国教师对最近发展区理论有一个形象的解读：跳一跳，摘果子。

那么，如何从统编版语文教材中的单元语文要素中找到"最近发展区"呢？梳理语文要素就是最简明的途径之一。以四年级上册第三单元的阅读和表达训练要素的落实为例，纵向梳理相关的单元语文要素，就会发现同一方面的知识、方法、能力发展，统编版教材是有序列化考量和设计的——

教材位置	选文	阅读训练要素	表达训练要素
三年级上册第五单元	《搭船的鸟》《金色的草地》	体会作者是怎样留心观察周围事物的。	仔细观察，把观察所得写下来。
三年级下册第一单元	《古诗三首》《燕子》《荷花》《昆虫备忘录》	试着一边读一边想象画面，体会优美生动的语句。	试着把观察到的事物写清楚。（引导学生借助记录卡写一种植物。）
四年级上册第三单元	《古诗三首》《爬山虎的脚》《蟋蟀的住宅》	体会文章准确生动的表达，感受作者连续细致的观察。	进行连续观察，学写观察日记。
五年级上册第七单元	《古诗词三首》《四季之美》《鸟的天堂》《月迹》	初步体会课文中的静态描写和动态描写。	学习描写景物的变化。

学习四年级上册第三单元的时候，教师能够联系到三年级两次"要素"相关的单元学习，就能基本判断学生已有的知识、方法、能力等方面的基础状态是怎样的，即学生已有水平如何。"优美生动"与"准确生动"，除了语汇量的积累外，两者之间隔着的是"细致观察"对事物得来的认知和判断，以及对用词用句的细心揣摩和体会，这些就是从"优美生动"抵达"准确生动"的最近发展区。同样，在表达训练上，要达到"进行连续观察，学写观察日记"的水平，已有水平应该是怎样的，也可以从三年级的语文要素中找到参照，最近发展区也就清晰了。

　　需要指出的是，教材单元语文要素对找准"最近发展区"所起的作用，一是需要在序列性梳理中找准相关的要素进行"思前想后"式的联系，二是不可机械运用这种联系，只能作为重要的参考，毕竟班级学生某方面实际的已有水平，不是教材语文要素所能规定的，教师要对学情有更加科学准确的了解和判断。

语文要素如何转化为学习目标

　　"语文要素"这一概念的提出和运用，是统编版教材的一个突出特点，也是统编版教材的一大亮点。从编写意图上看，语文要素的提炼和编排，意在将能够促进学生语文素养发展的各种基本"因素"（包括基本的语文知识、必需的语文能力、适当的学习策略和学习习惯等）分成一个个比较具体的训练点，有层次有逻辑地安排到教材各个单元中，让教材真正担当起帮助学生循序渐进地学习语言文字运用的要务。从教师教学角度看，语文要素更加明确地体现了各个单元的学习目标指向，为用教材教、用课文教语文奠定了坚实的基础，有效避免了教师在单元和课文教学时随意发挥或方向不明的窘境。从学生学习角度看，当学生有了一定的自主学习能力和母语学习的自觉时，语文要素可以帮助学生进行有方向的自主学习规划和有依据的自我学习评价。

　　语文要素的提炼和在统编版教材中的呈现，的确为语文教育教学带来了新的思路和期待，同时在教学实践中，也带来了新的问题和挑战。从三年级开始，教材在每个单元的导语页会用一两句话列出本单元的阅读学习要素和习作学习要素（一、二年级在教师用书的单元说明中指明），为单元的教与学指明要点。既然是"要点"，就是概括性的、方向性的，并不是具体的学习目标描述。这样一来，对"要点"的进一步解读，又成了教师研究教材、使用教材必须要做的事情，否则，对"要点"的把握有可能会出现不准确的状况，从而导致目标定位不科学、教学思路不清晰、教学方法不适切等问题的出现，进而影响了教与学的效果，导致教学又走进高耗低效的怪圈。

对语文要素做进一步的解读，目的是更加透彻地了解要素的内涵，帮助教师将每一条语文要素细化为具体化、清晰化的，具有操作性和评价性的单元学习目标。如果将《新课标》中描述的学段目标和学习任务群所指向的内容标准看成宏观层面的概述，那么统编版教材中呈现的语文要素就属于中观层面，从语文要素细化而来的单元学习目标，就接近微观层面，可以比较直接地指导对具体教学内容的选择和学习活动的设计了。

既然研究、解读语文要素，将语文要素细化为单元学习目标，是用好统编版教材、充分实现教材学习价值必须要走的路，那么，就要找到细化的依据、方法和路径，让这条路走得踏实，走得顺畅，走出一片母语教育的广阔天地来。

从追问出发

无论是指向语文知识和语文能力，还是指向学习策略和习惯养成，语文要素都是概括性、方向性的表述，都具有模糊性。比如"了解作者是怎样把事情写清楚的"（四年级上册第五单元阅读学习要素），这条要素指明了阅读这个单元课文时重点要学习什么，但通过什么样的方式和路径去"了解"，"写清楚"在这里的具体含义是什么，而"怎样"本身就是一个需要回答的问题，这些都需要教师先研究明白，然后才能准确定位这一要素所指向的单元学习目标。

要将一条具体的语文要素正确解读为具体的单元学习目标，就要从追问要素中表示行为、程度、条件等方面的关键词开始。只有当这些追问都找到了合适的答案，学习目标才会慢慢清晰起来。

"抓住关键语句，初步体会课文表达的思想感情"，这是四年级下册第一单元阅读学习要素。面对这条要素，至少需要追问四个问题："关键语句"指的是什么样的语句？用什么样的方式和途径才能"抓住"关键语句？"初步"是要求体会到什么程度？"体会"的方法和路径是什么？甚至还可以追问：为什么要学习的是通过"抓住关键语句"来初步体会文章表达的思想感情，而不是别的方法？为什么要定位为"初步"体会，而不是"深入"体会？只有当这些问题都有了明确的答案时，才真正弄明白了用该单元文本"教什么、怎么教"和"学什么、怎么学"的问题，才能进一步规划和设计与学习目标匹配的学习活动。

多角度解读

提出问题，是为了解决问题。解决问题，需要正确的思路。怎样找到"追问"的答案呢？显然，靠想象和经验是不可靠的。一套教材的编写，不会随意为之，编写者精心提炼的语文要素，肯定是反复推敲、深思熟虑后的成果——以《新课标》为依据和参照提炼，以整套教材的目标序列为基础编排，以相应的课文等单元内容为凭借保证落实。那么，将每一条语文要素细化为可操作、可评价的单元学习目标，也就应该有与语文要素的诞生相匹配的思维路径。

其一，对照《新课标》，明确要素提炼依据。

针对每一条语文要素，都要想一想它与《新课标》中"学段目标"和"课程内容"中的哪些内容相关联。例如，六年级下册第二单元的阅读学习要素是"借助作品梗概，了解名著的主要内容。就印象深刻的人物和情节交流感受"。《新课标》第三学段课程目标中，"阅读与鉴赏"的第4条第一句话是这样的："阅读叙事性作品，了解事件梗概，能简单描述印象最深的场景、人物、细节，说出自己的喜爱、憎恶、崇敬、向往、同情等感受。"六年级下册第二单元的阅读学习要素制定的依据就很清楚了。

其二，梳理发展线索，准确定位要素位置。

知识的积累、能力的发展、方法的习得、习惯的养成等，都是循序渐进的过程。一条语文要素出现在某册教材某个单元，通常是沿着具体的目标线索发展而来的，它是有层次的目标序列中的一环、一个点。对于学生而言，几乎每一条语文要素的学习落实，都是在已有知识、能力、方法、习惯等基础上的进一步提升，同时也是为以后进一步的发展打下新的基础。对一条语文要素进行目标细化，要将其放置于整套教材中，梳理出前后相关的语文要素，统筹兼顾，这样才能更加科学地定位要素需要落实的程度，如"初步"这类表示程度的词语该如何理解和细化。例如，五年级下册第四单元习作学习要素是"尝试运用动作、语言、神态描写，表现人物的内心"。要准确解读这条要素，明确其在学生习作能力发展中的学习价值，除了知道它属于"写人"类习作学习要素外，还需要弄清楚在整个教材的"写人"类习作当中，它处在什么样的位置。通常，将相关的习作学习要素用表格的方式列举出来，是一个好办法。

次序	册序与单元	习作内容	表达训练要素
1	三上第一单元	猜猜他是谁（用几句话或一段话写一个同学。）	体会习作的乐趣。（用几句话或一段话介绍自己的同学，激发习作兴趣。）
2	三下第六单元	身边那些有特点的人（用上合适的词语来形容一个人，写出这个人的特点。）	写一个身边的人，尝试写出他的特点。
3	四上第二单元	小小"动物园"（把自己的家想象成动物园，分别用一段话写一写家里的"动物"。）	写一个人，注意把印象最深的地方写出来。
4	四下第七单元	我的"自画像"（根据提示用一篇文章向班主任介绍自己。）	学习从多个方面写出人物的特点。
5	五上第二单元	"漫画"老师（选择一两件具体事情写出老师的特点。）	结合具体事例写出人物的特点。
6	五下第四单元	他＿＿＿了（写一个人陶醉、兴奋、吃惊……的样子，将事情的前因后果写清楚，经过写下来，特别要将他当时的情态写具体。）	尝试运用动作、语言、神态描写，表现人物的内心。
7	五下第五单元（习作单元）	形形色色的人（选择典型的事例来表现一个人的特点。）	初步运用描写人物的基本方法，具体地表现一个人的特点。
8	六上第八单元	有你，真好（通过具体的故事写出"有你，真好"的真实感受，表达自己的真情实感。）	通过事情写一个人，表达出自己的情感。

通过上面的表格可以看出,"写人"类习作的练习,教材在写法运用和能力培养上,是循序渐进地安排的,每次着力于一个点,逐步提升。前面多次强调从不同角度写出人物特点,五年级下册第四单元开始学习如何表现出人物的内心活动,要素中使用了"尝试"一词。"特点",无论是外在形象还是内在性格,都比一个人在特定情境中内心的想法和感受更容易了解和表达,这就体现出了层次性。同时,从"结合具体事例"表现人物特点到"运用动作、语言、神态描写"表现人物的内心,其中隐含着"发展的线索":"具体事例"中,人物是有动作、语言、神态的,但这些细节不是关注的重点;人物的内心活动也是在具体事情中产生的,若想读懂人物内心,就要关注人物的动作、语言、神态,也就是开始强调对"细节"的观察和描写。

其三,研读单元内容,解读要素具体内涵。

前面已经谈到,一条具体的语文要素,必须以相应的单元内容为凭借才能落实。"相应的单元内容"也就成了回答"追问",将语文要素细化为单元学习目标的重要参考和凭借。"相应的单元内容"主要指什么呢?就阅读学习要素而言,一是指单元每篇选文后的思考题或略读课文的导读,二是指"语文园地"中的"交流平台",三是指"语文园地"中的"词句段运用"。就习作学习要素来说,主要指教材单元习作页的提示和要求,还有"语文园地"中的"词句段运用"以及单元课文后的"小练笔"。细化口语交际学习要素,研读教材单元口语交际页提示和要求时,要注意将教材提供的口语交际情境与学习目标的关系梳理明白,情境本身不是学习目标,而是促进学习目标落实的内容和活动载体,换一个类似情境,也应该能够达成学习目标。

五年级下册第六单元的阅读学习要素是"了解人物的思维过程，加深对课文内容的理解"。如何"了解"人物的思维过程？了解人物的思维过程能从哪些维度"加深"对课文内容的理解？将这一语文要素细化为单元阅读学习目标，至少要想明白这两个问题。研读《田忌赛马》课后第二题、《跳水》的课后第三题和"交流平台"，答案就渐渐清晰起来，对应细化的学习目标就可以这样描述：

1. 借助画图的方法梳理文章主要内容和人物的具体做法，并依此推测人物的思维过程。

2. 联系文中人物处境，抓住描写具体情境的句子，根据当时的实际情况和人物的举动，推测人物的思维过程。

3. 在读懂故事人物想法、思维过程的基础上，理解人物品质，读懂作者的表达意图。

同是这一单元，习作学习要素是"根据情境编故事，把事情发展变化的过程写具体"，同时要注意情节的转折。"情境"怎么来？怎样才能做到故事中有"情节的转折"？带着追问，我们会发现，教材从素材、构思等方面给出了比较具体的提示，根据教材的提示和要求，结合"词句段运用"中的第二题，细化后的学习目标如下：

1. 回顾阅读过的探险故事，感受探险带来的趣味，积极主动地创造情境编写一个惊险刺激的探险故事。

2. 确定探险故事中性格各异的主人公，组成故事中的探险小队。从场景、装备、险情、求生等角度思考探险的具体情境，展开丰富合理的想象，用思维导图等方式帮助构思探险历程中遇到的困难和解决的办法，写出情节的转折和人物心理的变化。

3. 借鉴《跳水》或其他文章中表现气氛紧张的写法，让故事情节更加吸引人。

4. 积极主动地与同学交流文章，互相欣赏学习，并用修改符号进行修改。

其四，结合人文学情，合理定位学习目标。

在进行单元学习目标细化的时候，除了科学解读语文要素的内涵以外，还有两点需要考虑，一是每个单元的人文主题，二是班级真实的学情。

统编版语文教材以"双线组元"的方式进行编排，所谓"双线"，指的是宽泛的人文主题与语文要素这两条线。对于母语学习而言，人文主题不能只看作是需要"渗透"的思想教育的主题，而应该承载着更加真实、丰富的学习和成长价值。任何真实的学习都是学习主体自我建构意义的过程。儿童一般不会将学习阅读方法、提升阅读能力本身视为对学习意义的追求。具体的人文主题，让母语学习拥有了联结生活的通道，甚至让母语学习拥有了真实、真切的生活情境。四年级上册第三单元的人文主题是"连续观察"，在教学时，要通过具体的课程活动将这一人文主题转化为母语学习的"境遇"，让学生真实地观察生活，观察某种事物，在观察中发现和体验。比如，让学生在单元学习开启前，就种下一周内能够发芽的种子，进行持续观察和记录。这样真实的观察和记录，就成为学习这一单元的经验背景和真切的生活联结，让语言文字运用的学习，真正成为学生认识世界、发展思维、丰富情感的实践之地。教材中有些人文主题，还可以将教材单元创造成开放的、多维拓展的主题学习单元——创造性地使用教材，创造自己的教室课程，是让语文学习充满活力的应然选择。

如何在单元学习目标中体现对人文主题学习价值的关注呢？通常在进行单元学习目标定位时，将其放在学习意义建构的层面上予以考虑，写在第一条的位置。例如，四年级下册第一单元的人文主题是"乡村生活"，第一条单元阅读学习目标可以这样定位：阅读描写乡村景象和生活的古诗词和现代文，能从诗文描写的画面情景中初步体会到作家笔下乡村的淳朴、和谐与独特之美，有了解不同生活环境的意愿和热情，对不同的生活环境有初步的理解和判断。

不同的班级，学情往往不同。从大的方面来讲，不同地域，如城市的学生与农村的学生，在生活环境、阅读视野、兴趣爱好等方面就有很大的差别；从小的方面来讲，每个班级的教室和学习文化各不相同。学情不同，教室课程生活的创造方式和组织形式等也各不相同，必然对具体单元学习目标定位和活动设计有不同的要求。教师在对单元语文要素进行目标细化时，要根据自己班级的学情，做出更加准确的定位。

整体性规划

将单元语文要素科学地细化为清晰具体、具有操作性和评价性的单元学习目标之后，接下来要做的就是依据单元学习目标对单元学习活动进行整体性规划。

单元学习活动的整体性规划，要有目标序列下的关联意识，要关注单元内不同学习内容和板块（如阅读、习作与口语交际等）间的联系，要考虑具体学习目标落实的层次性。

所谓目标序列下的关联意识，对应的就是前面"多角度解读"

中所讲的"梳理发展线索，准确定位要素位置"，以保证在设计学习活动时做到前后兼顾，在学生已有的知识、能力和方法掌握的基础上再进一步，而不是想当然地从零基础起步，同时也不越位做过高的学习目标要求。例如，五年级上册第二单元习作"漫画老师"，要求用一两个具体事例来表现人物特点，做到以事写人就行，动作、语言、神态等细节描写等到五年级下册第四单元习作时，才是训练的重点，这次就不需要做具体要求。五年级下册第五单元要求"初步运用描写人物的基本方法，具体地表现一个人的特点"，就是在前面几次"写人"类习作基础上对方法与能力的综合运用和提高——事例要典型，也要注意运用人物动作、语言、神态等细节描写。作前指导与写后讲评的活动设计中，选材（事例）是否典型，细节描写的运用是否有助于表现人物特点，都是教师要关注的重点。

很多单元的阅读学习要素与习作学习要素以及口语交际学习要素之间存在一定的联系，设计学习活动时进行关联考虑、整体设计、相互结合，既能更充分地发挥各板块内容的学习价值，又能提高学习效率，还能让学习活动更具有体验性，更有意思。在关联设计中，往往为了更有逻辑地展开单元学习活动，各板块一般不再按教材呈现顺序按部就班地进行学习，而是重新组合、融合。例如，四年级上册第三单元"连续观察"，教学时可以将习作（观察日记）前置，再在课文学习过程中，结合从课文中学到的观察和表达方法，不断提高观察日记的撰写质量。同样，四年级下册第四单元"作家笔下的动物"，也可以将习作前置。

多数单元都揭示或隐含着"读写结合"的编排意图。哪方面进行"结合"，如何"结合"，"结合"的期待效果是怎样的，这些要在将语文要素细化为单元学习目标时就认真考虑，然后在进行学习活动设计时，关联设计也就成为必然选择。

在不同的单元，语文要素落实的方法、路径不同，与要素的内涵、性质有关。有的语文要素被细化为单元学习目标后，在方法、能力上是具有递进性的，需要一步步深入，才能有效落实学习目标；有的语文要素被细化为单元学习目标后，在方法习得上是并列关系，通过量的累积实现能力的提升。无论是哪种关系，都需要考虑学习活动设计的层次性。例如，四年级上册第二单元要学习运用提问策略进行阅读，细化后的单元学习目标，从学习多角度地提问，到区分问题的意义，再到方法能力的综合运用，就体现了递进性的层次关系。五年级下册第四单元，要求抓住文章中描写人物动作、语言、神态的语句，通过反复朗读、边阅读边批注、前后对比、角色扮演、联系生活实际等方法揣摩、体会人物当时的所思所想，体会人物的内心世界。这个单元在方法习得上是并列关系，不同课文重点学习运用的方法不同，最后要借助"交流平台"进行总结提升。

从以上分析来看，要将语文要素转化为学生的语文综合素养，要在要素落实的同时真正促进语文核心素养的落地，将语文要素细化为单元学习目标，并根据细化的单元学习目标科学地设计单元学习活动，的确是使用统编版语文教材时必须要走的路。

教材如何构建作文教学体系

　　要弄明白统编版语文教材是如何尝试构建相对独立的作文教学体系的，首先要做的是厘清统编版语文教材中显性地安排了哪些表达训练要素。我们可以通过下面的三张表，从三个不同视角了解一下统编版语文教材在构建作文教学体系上的整体规划。

三至六年级各单元习作内容与要素

册序	单元主题	习作内容	表达训练要素
三上	学校生活	猜猜他是谁（用几句话或一段话写一个同学。）	体会习作的乐趣。（用几句话或一段话介绍自己的同学，激发习作兴趣。）
	金秋时节	写日记	学习写日记。（了解写日记的好处以及写日记的基本格式。）
	童话世界	我来编童话（根据词语发挥想象编童话。）	试着自己编童话，写童话。（尝试运用改正、增补、删除的修改符号自主修改习作。能给习作加题目。）
	阅读策略	续写故事（根据图片信息续写故事。）	尝试续编故事。（能根据插图和提示续写故事，把故事写完整。能运用改正、增补、删除的修改符号，修改有明显错误的内容。）

注：括号内容为作者的补充解读。

册序	单元主题	习作内容	表达训练要素
三上	留心观察	我们眼中的缤纷世界（写最近观察时印象深刻的一种事物或一处场景。）	仔细观察，把观察所得写下来。
	祖国河山	这儿真美（把身边的美景介绍给别人。）	习作的时候，试着围绕一个意思写。
	我与自然	我有一个想法（针对生活中一种现象或问题写自己的想法。）	留心生活，把自己的想法记录下来。
	美好品质	那次玩得真高兴（把一次玩得高兴的事情过程写下来。）	学写一件简单的事。（把事情的过程相对完整地写下来，并表达出当时快乐的心情。）
三下	可爱的生灵	我的植物朋友（借助记录卡，写一写自己的植物朋友，试着把观察和感受到的写清楚。）	试着把观察到的事物写清楚，引导学生借助记录卡写一种植物。
	寓言故事	看图画，写一写（要把自己看到的、想到的写清楚。）	把图画的内容写清楚。
	中华优秀传统文化	中华传统节日（选一个传统节日，写自己家过节的过程或节日中发生的印象深刻的故事。）	收集传统节日的资料，交流节日的风俗习惯，写一写过节的过程。
	观察与发现	我做了一项小实验（把做小实验的经过写清楚，还可以写当时的心情和发现。）	观察事物的变化，把实验过程写清楚。
	习作单元	奇妙的想象（大胆想象，创造属于自己的想象世界。）	发挥想象写故事，创造自己的想象世界。
	多彩童年	身边那些有特点的人（用上合适的词语来形容一个人，写出这个人的特点。）	写一个身边的人，尝试写出他的特点。
	奇妙的世界	国宝大熊猫（围绕大熊猫吃什么、生活在什么地方等问题介绍大熊猫。）	初步学习整合信息，介绍一种事物。
	有趣的故事	这样想象真有趣（根据提示，选一种动物作为主角，大胆想象，编一个童话故事。）	根据提示，展开想象，尝试编童话故事。

册序	单元主题	习作内容	表达训练要素
四上	自然之美	推荐一个好地方（写出推荐的理由，吸引大家去看看。）	推荐一个好地方，写清楚推荐理由。
	策略单元	小小"动物园"（把自己的家想象成动物园，分别用一段话写一写家里的"动物"。）	写一个人，注意把印象最深的地方写出来。
	连续观察	写观察日记（试着进行连续观察，用观察日记记录自己的收获。）	进行连续观察，学写观察日记。
	神话故事	我和_____过一天（想象自己与神话或童话中的一个人物过一天，写出这一天的故事。）	展开想象，写一个故事。
	习作单元	生活万花筒（选一件自己印象深刻的事，按一定的顺序把这件事写清楚。）	写一件事，把事情写清楚。
	成长故事	记一次游戏（根据提示把游戏写清楚，可以写一写当时的心情。）	记一次游戏，把游戏过程写清楚。
	家国情怀	写信（给亲友或其他人写一封信，格式正确，寄给或发给对方。）	学习写书信。
	历史传说故事	我的心儿怦怦跳（选一件令自己心儿怦怦跳的事情写下来，写清楚事情的经过和当时的感受。）	写一件事，能写出自己的感受。

续表

册序	单元主题	习作内容	表达训练要素
四下	乡村生活	我的乐园（把自己喜爱的一个地方介绍清楚，写清楚为什么喜爱。）	写喜爱的某个地方，表达出自己的感受。
	科普文	我的奇思妙想（把自己想发明的东西画下来，再写出来，写清样子和功能。）	展开奇思妙想，写一写自己想发明的东西。
	现代诗歌	轻叩诗歌大门（尝试写自己的小诗，合作编写诗集。）	根据需要收集资料，初步学习整理资料的方法。合作编小诗集，举办诗歌朗诵会。
	作家笔下的动物	我的动物朋友（通过具体的情境、故事写出动物朋友的特点。）	写自己喜欢的动物，试着写出特点。
	习作单元	游_____（按照游览的顺序写一个地方，把游览的过程写清楚。）	学习按游览的顺序写景物。
	儿童成长	我学会了_____（根据提示把学会做一件事的经历、体会写出来。）	按一定顺序把事情的过程写清楚。
	人物品质	我的"自画像"（根据提示用一篇文章向班主任介绍自己。）	学习从多个方面写出人物的特点。
	中外经典童话	故事新编（根据提示选择一个故事重新编写故事内容。）	按自己的想法新编故事。
五上	万物有灵	我的心爱之物（写一写自己的心爱之物是什么样子的，怎么得到的，为什么会成为自己的心爱之物，写出自己的喜爱之情。）	写一种事物，表达自己的感情
	策略单元	"漫画"老师（选择一两件具体事情写出老师的特点。）	结合具体事例写出人物的特点。
	民间故事	缩写故事（根据提示缩写《猎人海力布》或其他民间故事。）	提取主要信息，缩写故事。

续表

册序	单元主题	习作内容	表达训练要素
五上	爱国情怀	二十年后的家乡（把想象到的场景和事情梳理一下，列提纲，分段叙述，把重点部分写具体。）	学习列提纲，分段叙述。
	习作单元	介绍一种事物（细致观察，搜集资料，写清楚事物的主要特点，试着用上恰当的说明方法，分段介绍。）	搜集资料，用恰当的说明方法，把某一种事物介绍清楚。
	舐犊之情	我想对您说（把平时想对父母说的话用写信的方式告诉父母。）	用恰当的语言表达自己的看法和感受。
	四季之美	＿＿＿＿即景（观察一种自然现象或自然景观，重点观察景物变化，写下观察所得。）	学习描写景物的变化。
	读书明智	推荐一本书（根据提示，向大家介绍推荐一本书，重点写清楚推荐的理由。）	根据表达的需要，分段表述，突出重点。
五下	童年往事	那一刻，我长大了（写一件自己在成长过程中印象最深刻的事，把事情的经过写清楚，还要把自己受到触动、感受到成长的瞬间写具体，记录当时的真实感受。）	把一件事的重点部分写具体。
	走进中国古典名著	写读后感（根据提示选择一篇文章或一本书写读后感。）	学习写读后感。
	综合性学习：遨游汉字王国	写一份研究报告	学写简单的研究性报告。
	责任	他＿＿＿＿了（写一个人陶醉、兴奋、吃惊……的样子，将事情的前因后果写清楚，经过写下来，特别要将他当时的情态写具体。）	尝试运用动作、语言、神态描写，表现人物的内心。
	习作单元	形形色色的人（选择典型的事例来表现一个人的特点。）	初步运用描写人物的基本方法，具体地表现一个人的特点。

续表

册序	单元主题	习作内容	表达训练要素
五下	思维的火花	神奇的探险之旅（从提示中受到启发，编写一个神奇刺激的探险故事。）	根据情境编故事，把事情发展变化的过程写具体。（注意情节的转折。）
	世界各地	中国的世界文化遗产（选择一处自己感兴趣的中国的世界文化遗产，搜集资料，写一份简介。）	搜集资料，介绍一个地方。
	风趣与幽默	漫画的启示（写清楚漫画中的内容，再写出受到的启示。）	看漫画，写出自己的想法。
六上	触摸自然	变形记（发挥想象，把自己"变形"后的经历写下来。）	习作时发挥想象，把重点部分写得详细一些。
	革命岁月	多彩的活动（写一次活动，写清楚活动过程；把印象深刻的部分作为重点来写，写场面时，既要写整个场面，又要写同学的神情、动作、语言；写出自己的体会。）	尝试运用点面结合的写法记一次活动。
	策略单元	＿＿＿＿＿让生活更美好（用故事写出什么让自己的生活更美好了。）	写生活体验，试着表达自己的看法。
	美好品质	笔尖流出的故事（根据给出的环境和人物，展开丰富的想象，创编故事，故事要围绕主要人物展开，情节吸引人，有环境描写和心理活动描写。）	发挥想象，创编生活故事。
	习作单元	围绕中心意思写（选择一个自己感受最深的汉字写一个故事，拟提纲，选材料，选择事例要能表达中心意思。）	从不同方面或选取不同事例，表达中心意思。
	保护环境	学写倡议书（仿照例文，就自己关心的问题写一份倡议书。）	学写倡议书。

续表

册序	单元主题	习作内容	表达训练要素
六上	艺术之旅	我的拿手好戏（写自己的拿手好戏是怎样练成的，有哪些有趣的故事，做到条理清楚，详略得当。）	写自己的拿手好戏，把重点部分写具体。（把感受、看法写出来。）
六上	走近鲁迅	有你，真好（通过具体的故事写出"有你，真好"的真实感受，表达自己的真情实感。）	通过事情写一个人，表达出自己的情感。
六下	民风民俗	家乡的风俗（介绍家乡的一个风俗，或者参加家乡一次风俗活动的经历，抓住重点，写出风俗的特点。）	习作时注意抓住重点，写出特点。
六下	外国文学名著	写作品梗概（根据提示选择一部作品写梗概。）	学习写作品梗概。
六下	习作单元	让真情自然流露（选择一种印象最深的感受，回顾事情的经过，回忆当时的心情，厘清思路写下来。）	选择合适的内容写出真情实感。
六下	理想与信念	我的心愿（选择自己最想和大家交流的心愿，根据表达的内容选择合适的表达方式写下来。）	习作时选择适合的方式进行表达。
六下	科学精神	插上科学的翅膀飞（写一个想象故事，将自己心中天马行空的故事写下来。）	展开想象，写科幻故事。
六下	难忘小学生活	学写策划书（策划简单的毕业活动，学写一份活动策划书。）	策划简单的校园活动，学写策划书。

分类梳理一览表

	三上
想象	我来编童话（根据词语发挥想象编童话。）
写景	我们眼中的缤纷世界（写最近观察时印象深刻的一种事物或一处场景。） 这儿真美（把身边的美景介绍给别人。）
写事	续写故事（根据图片信息续写故事。） 那次玩得真高兴（把一次玩得高兴的事情过程写下来。）
写人	猜猜他是谁（用几句话或一段话写一个同学。）
介绍说明（含状物）	
其他实用文题	我有一个想法（针对生活中一种现象或问题写自己的想法。）
其他	
	三下
想象	奇妙的想象（大胆想象，创造属于自己的想象世界。） 这样想象真有趣（根据提示，选一种动物作为主角，大胆想象，编一个童话故事。）
写景	
写事	看图画，写一写（要把自己看到的、想到的写清楚。） 中华传统节日（选一个传统节日，写自己家过节的过程或节日中发生的印象深刻的故事。）
写人	身边那些有特点的人（用上合适的词语来形容一个人，写出这个人的特点。）
介绍说明（含状物）	我的植物朋友（借助记录卡，写一写自己的植物朋友，试着把观察和感受到的写清楚。） 我做了一项小实验（把做小实验的经过写清楚，还可以写当时的心情和发现。） 国宝大熊猫（围绕大熊猫吃什么、生活在什么地方等问题介绍大熊猫。）

其他实用文题	
其他	
四上	
想象	我和＿＿＿＿＿过一天（想象自己与神话或童话中的一个人物过一天，写出这一天的故事。）
写景	推荐一个好地方（写出推荐的理由，吸引大家去看看。）
写事	生活万花筒（选一件自己印象深刻的事，按一定的顺序把这件事写清楚。） 记一次游戏（根据提示把游戏写清楚，可以写一写当时的心情。） 我的心儿怦怦跳（选一件令自己心儿怦怦跳的事情写下来，写清楚事情的经过和当时的感受。）
写人	小小"动物园"（把自己的家想象成动物园，分别用一段话写一写家里的"动物"。）
介绍说明（含状物）	
其他实用文题	写观察日记（试着进行连续观察，用观察日记记录自己的收获。） 写信（给亲友或其他人写一封信，格式正确，寄给或发给对方。）
其他	
四下	
想象	我的奇思妙想（把自己想发明的东西画下来，再写出来，写清样子和功能。） 故事新编（根据提示选择一个故事重新编写故事内容。）
写景	我的乐园（把自己喜爱的一个地方介绍清楚，写清楚为什么喜爱。） 游＿＿＿＿＿（按照游览的顺序写一个地方，把游览的过程写清楚。）
写事	我学会了＿＿＿＿＿（根据提示把学会做一件事的经历、体会写出来。）
写人	我的"自画像"（根据提示用一篇文章向班主任介绍自己。）

续表

介绍说明 （含状物）	我的动物朋友（通过具体的情境、故事写出动物朋友的特点。）
其他实用 文题	
其他	轻叩诗歌大门（尝试写自己的小诗，合作编写诗集。）

五上	
想象	二十年后的家乡（把想象到的场景和事情梳理一下，列提纲，分段叙述，把重点部分写具体。）
写景	_____即景（观察一种自然现象或自然景观，重点观察景物变化，写下观察所得。）
写事	缩写故事（根据提示缩写《猎人海力布》或其他民间故事。）
写人	"漫画"老师（选择一两件具体事情写出老师的特点。）
介绍说明 （含状物）	我的心爱之物（写一写自己的心爱之物是什么样子的，怎么得到的，为什么会成为自己的心爱之物，写出自己的喜爱之情。） 介绍一种事物（细致观察，搜集资料，写清楚事物的主要特点，试着用上恰当的说明方法，分段介绍。）
其他实用 文题	我想对您说（把平时想对父母说的话用写信的方式告诉父母。） 推荐一本书（根据提示，向大家介绍推荐一本书，重点写清楚推荐的理由。）
其他	

五下	
想象	神奇的探险之旅（从提示中受到启发，编写一个神奇刺激的探险故事。）
写景	
写事	那一刻，我长大了（写一件自己在成长过程中印象最深刻的事，把事情的经过写清楚，还要把自己受到触动、感受到成长的瞬间写具体，记录当时的真实感受。）

续表

写人	他＿＿＿了（写一个人陶醉、兴奋、吃惊……的样子，将事情的前因后果写清楚，经过写下来，特别要将他当时的情态写具体。） 形形色色的人（选择典型的事例来表现一个人的特点。）
介绍说明 （含状物）	中国的世界文化遗产（选择一处自己感兴趣的中国的世界文化遗产，搜集资料，写一份简介。）
其他实用 文题	写读后感（根据提示选择一篇文章或一本书写读后感。） 写一份研究报告 漫画的启示（写清楚漫画中的内容，再写出受到的启示。）
其他	

六上

想象	变形记（发挥想象，把自己"变形"后的经历写下来。）
写景	
写事	多彩的活动（写一次活动，写清楚活动过程；把印象深刻的部分作为重点来写，写场面时，既要写整个场面，又要写同学的神情、动作、语言；写出自己的体会。） ＿＿＿＿＿让生活更美好（用故事写出什么让自己的生活更美好了。） 笔尖流出的故事（根据给出的环境和人物，展开丰富的想象，创编故事，故事要围绕主要人物展开，情节吸引人，有环境描写和心理活动描写。） 围绕中心意思写（选择一个自己感受最深的汉字写一个故事，拟提纲，选材料，选择事例要能表达中心意思。）
写人	有你，真好（通过具体的故事写出"有你，真好"的真实感受，表达自己的真情实感。）
介绍说明 （含状物）	我的拿手好戏（写自己的拿手好戏是怎样练成的，有哪些有趣的故事，做到条理清楚，详略得当。）

续表

其他实用文题	学写倡议书（仿照例文，就自己关心的问题写一份倡议书。）
其他	
	六下
想象	插上科学的翅膀飞（写一个想象故事，将自己心中天马行空的故事写下来。）
写景	
写事	让真情自然流露（选择一种印象最深的感受，回顾事情的经过，回忆当时的心情，厘清思路写下来。）
写人	
介绍说明（含状物）	家乡的风俗（介绍家乡的一个风俗，或者参加家乡一个风俗活动的经历，抓住重点，写出风俗的特点。）
其他实用文题	写作品梗概（根据提示选择一部作品写梗概。） 学写策划书（策划简单的毕业活动，学写一份活动策划书。）
其他	我的心愿（选择自己最想和大家交流的心愿，根据表达的内容选择合适的表达方式写下来。）

教材中习作单元的内容与要素

册别	习作主题内容	表达训练要素
三年级上册	状物	仔细观察，把观察所得写下来。
三年级下册	想象	发挥想象写故事，创造自己的想象世界。
四年级上册	记事	写一件事，把事情写清楚。

续表

册别	习作主题内容	表达训练要素
四年级下册	写景	学习按游览的顺序写景物。
五年级上册	说明	搜集资料，用恰当的说明方法，把某一种事物介绍清楚。
五年级下册	写人	初步运用描写人物的基本方法，具体地表现一个人的特点。
六年级上册	围绕中心意思写	从不同方面或选取不同事例，表达中心意思。
六年级下册	让真情自然流露	选择合适的内容写出真情实感。

上面的三张表格，第一张实际上呈现的是作文能力培养的时间线索，第二张是对第一张表格内容的梳理，呈现的是整个小学阶段教材涉及了哪些主题内容和文体的作文训练，第三张呈现的是每学期专门安排的习作单元内容主题和训练要素。

通过上面三张表格的对比，可以得出以下结论：

从横向上看，习作内容丰富多彩，涉及面广，努力做到"为儿童全生活着想"，想象类、写事类、写人类、写景类、介绍说明类、实用文体类等都有，而且每一类的具体内容都与学生的生活紧密相关，来源于学生生活，服务于学生生活。

从纵向上可以看出两点。其一，每一类都在能力目标上体现了循序渐进、逐步提升的设计思路，如写事类，从把事情的过程写下来（三上）到把所见所想写清楚（三下），再到按一定的顺序写清楚（四上），再到写清楚事情的同时写出自己的感受、体会（四下），再到详略得当（五下）……能力发展序列十分清晰。其二，每一类作文内容和要素的安排，在时间上不是连续性的，而是与其他类的训练穿插编排。这是考虑到，无论哪一类的作文训练，都与学生语文综合能力的提升相关联，而综合能力的提升，是一个循序渐进的过程，具体到某一类作文能力的训练，要尽量体现出合适的节奏。

重视想象类习作实践，四个学年一共安排了十次想象类习作，而且想象的思路、角度各不相同，目的是在习作中呵护、发展学生的想象力和创造力。

注重有层次的、多维度的思维训练。无论哪一类的习作，都是先注重形象思维，再逐步渗透和发展逻辑思维，这从整个小学阶段的教材单元习作板块的内容编写方式可以看出来。每个单元的习作都是从内容入手，然后在选材和思路上提供写作支架。这样的编写，充分考虑了小学生的兴趣和思维特点，充分发挥形象思维的优势，循序渐进地培养学生的逻辑思维能力。同样属于九年义务教育阶段，小学教材中的"习作"与初中教材中的"写作"不仅仅是提法上的一字之差，还有内容呈现上的区别。小学阶段的每一次习作，标题都指向作文的内容，并将方法与技能渗透在内容任务中；初中阶段的每一次写作，标题都指向方法与技能，而内容是需要落实方法与技能学习和运用的。这样的变化，正好呼应了学生认知和思维水平的发展变化。

如果重点对比第二张和第三张表格，我们还要进一步厘清习作单元与普通单元习作之间的关系。统编版教材在习作教学上，努力尝试构建相对独立的作文教学体系，所以采用了"读写分编，兼顾读写结合"的编排方式。这种编排方式最突出的两点是：从三年级开始，每册都安排了一个独立的习作单元；常规单元内的表达训练要素，不一定与阅读训练要素存在对应关系（有对应的，也有不对应的）。那么，有了独立的习作单元，常规单元中的习作训练处于什么地位，又当如何理解？习作单元中的习作训练要素与常规单元的习作训练要素之间有没有联系？在对独立的作文教学体系进行构建的尝试中，习作单元与常规单元是如何共同构建习作教学序列的？思考和厘清这些问题，对教师更加科学地用好统编版教材，更好地帮助学生循序渐进地提升综合表达能力和水平，是十分重要的。

从上文第三张表（"教材中习作单元的内容与要素"表）中可以看出，八个习作单元的主题内容涵盖了《新课标》指出的"记实作文""想象作文""应用文"三大类。"记实作文"也就是常说的记叙文，以写人、叙事为主，写景、状物次之，其中三年级上册、四年级上册、四年级下册、五年级下册、六年级上册、六年级下册都可归入此类。"想象作文"最有利于学生想象力、创造力的培养，最有利于学生体会创造性表达带来的成就感，三年级下册习作单元主题内容就是"想象"。五年级上册的"说明"是说明文习作训练，属于应用文范畴。

认真审视第三张表，我们会感到疑惑，为什么记实作文比重如此之大，而想象作文和应用文比重如此之小呢？这里有三点需要辨明：第一，记实作文在内容主题上分成了写人、叙事、写景、状物四种，从训练习得的角度来考量，这四种不同的内容主题之间是相对独立的；第二，作文的分类标准不同，分法不同，例如也可以分为实用类和文学类（或者叫作信息类和文学类）；第三，教材编排了这八个习作单元，每个习作单元的学习目的是集中落实一个具体的表达训练要素，从一点上着力提升学生的表达素养。但学生综合表达能力的提升，仅靠每学期一个习作单元的学习是远远不够的，需要教材中每个单元的习作以及小练笔等建立联系，形成合力，才能达成小学阶段习作能力训练的最终目标。

梳理习作单元与常规单元习作之间的关系，能够帮助语文教师以不同内容主题为线索，厘清作文序列和体系建构在教材中呈现出的路径和策略，即帮助教师看清楚在整个小学阶段，八个习作单元分别聚焦的内容主题，在习作单元之前有过哪些相关的训练积累，在其之后又有怎样的发展提升。

下面我们分别以写人类习作和想象类习作为例，深入梳理两者之间的关系。

先来看看写人类习作的编排情况。

次序	册序与单元	习作内容	表达训练要素
1	三上第一单元	猜猜他是谁（用几句话或一段话写一个同学。）	体会习作的乐趣。（用几句话或一段话介绍自己的同学，激发习作兴趣。）
2	三下第六单元	身边那些有特点的人（用上合适的词语来形容一个人，写出这个人的特点。）	写一个身边的人，尝试写出他的特点。
3	四上第二单元	小小"动物园"（把自己的家想象成动物园，分别用一段话写一写家里的"动物"。）	写一个人，注意把印象最深的地方写出来。
4	四下第七单元	我的"自画像"（根据提示用一篇文章向班主任介绍自己。）	学习从多个方面写出人物的特点。
5	五上第二单元	"漫画"老师（选择一两件具体事情写出老师的特点。）	结合具体事例写出人物的特点。

续表

次序	册序与单元	习作内容	表达训练要素
6	五下第四单元	他＿＿＿了（写一个人陶醉、兴奋、吃惊……的样子，将事情的前因后果写清楚，经过写下来，特别要将他当时的情态写具体。）	尝试运用动作、语言、神态描写，表现人物的内心。
7	**五下第五单元**	**形形色色的人（选择典型的事例来表现一个人的特点。）**	**初步运用描写人物的基本方法，具体地表现一个人的特点。**
8	六上第八单元	有你，真好（通过具体的故事写出"有你，真好"的真实感受，表达自己的真情实感。）	通过事情写一个人，表达出自己的情感。

注：加粗的是习作单元。

从表格和教材实际呈现的内容来看，有这样几点值得注意：

每一次写人类习作内容都充分结合学生的生活经验。八次习作都是以学生熟悉的各种人物为写作对象。从三年级上学期开始，描写的人物对象依次是同学、身边人、家人、自己、老师、生活中较熟悉的人、生活中观察到的人、给自己带来温暖的人。其中，同学、家人、自己、老师等描写对象很具体，其他对象也集中在学生生活中熟悉的或接触到的人。这样的写作对象设定，让学生感受到习作就是表现生活的、富有生活情趣的、有意思的，写作的对象和内容直接与学生的表达兴趣建立了积极的联系。

每一次都注重基本写作方法的引导。每次习作都有具体的方法引导，例如"猜猜他是谁"，既有表达内容的提示（你选的是谁？他有哪些地方让你印象深刻？选择一两点写下来），又有示例做具体的写法示范，还有格式提醒、分享建议等。这些既包括构思方法的引导，也包含选材和修改方法的指引。小学阶段，多数学生对表达内容更感兴趣，所以方法的引导要为具体内容的表达需要服务，而不是聚焦方法的习得和迁移。

写作要求逐步提高，体现了循序渐进的序列性。这一点可以从上面的表格中窥其大略，从用几句话或一段话写一个人，到分别用一段话写家中每个人，再到用一篇文章写一个人；从多角度地写一个人的特点，到用一两件事表现人物特点；从运用描写人物的基本方法写出人物内心、特点，到既表现出人物特点又表达出自己的感情……大体上能看出，从三年级到六年级，写作方法在不断丰富，要求在逐步提高，直至学生的综合运用能力得到提升。

最后来看看写人类习作单元与单元习作之间的关系。我们发现，写人类习作单元安排在了五年级下学期，训练要素是"初步运用描写人物的基本方法，具体地表现一个人的特点"。在这一要素表述里，值得注意的是"描写人物的基本方法"，"基本方法"到底是哪些方法呢？在本单元里，教材通过精读课文和习作例文已经将表现人物特点的"基本方法"都清晰化了，比如"选择典型事例""运用外貌、动作、语言等描写""通过间接描写"等。难道这些基本方法真是靠本单元教学学到的吗？如果真是这样，那么写作文就变成最简单的事情了，根本不会出现"怕作文"的现象。实际上，这些基本方法是一次次、一步步积累而来的，是通过以往的单元习作打下坚实基础的。也就是说，前面六次单元中的写人类习作，循序渐进地渗透了描写人物的基本方法，五年级下学期的写人类习作单元的任务目标，可以理解为是对以往学习成果的一次"检阅"。六年级上学期最后一次写人类习作，重点落实在所写人物给自己带来的帮助，不仅要综合运用基本方法写人，还要表达出自己的情感，又是一次要求和能力的提升。

再来看看想象类习作的编排情况。

册序	单元	习作内容（话题）	表达训练要素
二上	七	小老鼠在干什么	看单幅图，想象写话。
二下	四	有趣的经历	用上表示时间的词，看多幅图想象写话。
三上	三	我来编童话	试着自己编童话，写童话。
三上	四	续写故事	尝试续编故事。
三下	**五**	**奇妙的想象**	**发挥想象写故事，创造自己的想象世界。**
三下	八	这样想象真有趣	根据提示，展开想象，尝试编童话故事。
四上	四	我和_____过一天	展开想象，写一个故事。
四下	二	我的奇思妙想	展开奇思妙想，写一写自己想发明的东西。
四下	八	故事新编	按自己的想法新编故事。
五上	四	二十年后的家乡	学习列提纲，分段叙述。
五下	六	神奇的探险之旅	根据情境编故事，把事情发展变化的过程写具体。（注意情节的曲折。）
六上	一	变形记	习作时发挥想象，把重点部分写得详细一些。
六上	四	笔尖流出的故事	发挥想象，创编生活故事。
六下	五	插上科学的翅膀飞	展开想象，写科幻故事。

注：加粗的是习作单元。

整个小学阶段，想象类习作一共安排了14次（含两次写话），足见统编版教材对想象类习作的重视。对想象类习作的重视，从根本上来说，是对呵护和发展学生的想象力和创造力的重视。14次想象类习作，其中习作单元所处的位置是第五，前四次里还包含了两次写话训练。为什么要将想象类习作单元放在靠前的位置，而不是像写人类习作一样安排在靠后的位置？这是因为天马行空的想象几乎是儿童与生俱来的的本领。三年级正是儿童开始发展逻辑思维的阶段，如何保护并继续发展儿童的想象力，此时就显得尤为重要。想象类习作单元的安排，是在前期想象类表达基础上的提升和发展，不仅引导学生学习运用不同的想象策略（相关想象、相似想象、逆向想象等），而且帮助学生从元认知上建立展开想象方法，从而在感受想象乐趣的同时，更加清晰地体验到想象的意义和价值。这次想象类习作单元的学习，可以提升学生想象的品质，为后面"靶向"性的想象类习作奠定了基础。

综合上述对写人类习作和想象类习作的分析，可以得出下面的结论：

第一，习作单元所涉及的八个内容主题，在整个小学阶段语文教材中，都有很多对应的单元习作内容安排（写人类8次，想象类14次，还不包括文后的小练笔）。这就可以看出，任何一类习作所关涉的训练目标，都需要一个长期的、线索清晰的、循序渐进的过程来落实和达成——它们呈现的就是基本的训练序列。

第二，习作单元不是某一类习作训练的起点，也不是终点，教材安排的时机是有一定讲究的，或者说，教师可以通过研究发现其时机安排的合理性。例如，想象类习作单元安排在三年级下册，这个时候，学生的思维发展仍以形象思维为主，但逻辑思维开始萌芽。学生除了喜欢且善于天马行空的想象外，还能尝试从不同想象故事的对比阅读中，发现和习得多样的想象策略，为己所用，进而创造属于自己的想象故事。往前看，如果没有从二年级写话就开始进行的想象实践和体验，没有写童话、续编故事的经历，学生要创造一个完整的想象故事，可能会存在构思和表达上积累不足、基础薄弱的尴尬。往后看，不仅想象的要求提高了，想象表达的境遇背景也更加丰富，对行文构思、谋篇布局的要求也更加明确。明确这种梯度编排，是十分必要的。

而在写人类习作中，习作单元又是在多次同类单元习作的基础上，进行方法、技能的综合运用。这说明，在同一类习作训练序列中，习作单元到底安排在什么位置，是根据学习规律来定的，并非随意为之。

除了以上两类习作，其他主题的习作单元与单元习作，同样可以看出这种精心的序列安排。这就启发教师在教学实践时心中要有这样的序列，教学习作单元时要清楚学生在表达训练要素的落实上有怎样的基础，目前应落实到什么程度，将来还需要有怎样的发展和提升。教学单元习作时要想清楚此次习作属于哪个内容主题，前后相关的习作有哪些，以科学地定位此次训练要素的落实程度。只有做到了这一点，才能帮助学生一个阶梯一个阶梯地攀登前进，不断提升习作能力和水平，体验习作学习带来的成就感。

学习任务群与语文要素的关系

　　语文教育作为母语教育，其重要性不言而喻。无论是站在学习者个体素养发展需要的角度，还是站在国家和民族整体素质发展的角度，都应该追求一种既扎根于中华文化又放眼世界文化，既立足于当下又放眼未来的母语教育。统编版教材在内容体系和目标系统上做出了新的探索和创新，但如何解读和创造性地使用教材，将新的课程标准理念借助统编版语文教材落实到课程设计和课堂实践中，是一线教师面临的一个大挑战。

　　《新课标》在课程目标的论述上，有了明显的变化，将学科核心素养作为基本依据制定总目标，以"识字与写字""阅读与鉴赏""表达与交流""梳理与探究"为明线，以"文化自信""语言运用""思维能力""审美创造"四个核心素养为暗线，呈现学段目标。而更大的开创性则体现在课程内容的设计和开发上，专门增加了"课程内容"板块。在课程内容的研制上，为了最大限度地提升学生的语文学科核心素养，在实现学科内部有机结合的同时，积极借鉴先进的学科理念，在整体定位上努力突出跨学科学习理念。以课程目标为导向，立足学生生活和成长需要，以人与自然、人与社会、人与他人、人与自我为参考维度，设计了语文学习任务群，统筹安排课程内容。

语文学习任务群，顾名思义就是以任务为导向或驱动，将课程内容大致归属于不同领域或性质的学习任务中，引导学生在运用语言文字的过程中循序渐进地发展语文素养。2017年版《普通高中语文课程标准》在"课程内容"部分设置了18个学习任务群，其中必修课程的学习内容包括7个学习任务群，分别是"整本书阅读与研讨""当代文化参与""跨媒介阅读与交流""语言积累、梳理与探究""文学阅读与写作""思辨性阅读与表达""实用性阅读与交流"。在义务教育阶段语文《新课标》中，课程内容设置了6个学习任务群，分别是基础型学习任务群"语言文字积累与梳理"、发展型学习任务群"实用性阅读与交流""文学阅读与创意表达""思辨性阅读与表达"、拓展型学习任务群"整本书阅读""跨学科学习"。

对于义务教育阶段的语文学科来说，"语文要素"和"学习任务群"是两个新的概念，大致来看，前者属于课程目标范畴，后者属于课程内容范畴。这两者到底会给语文教师带来什么样的新启示，会给语文教学实践带来什么样的新景象，目前还很难做出准确的判断。暂且不论这两个新概念是否需要进一步澄清，如果不得不运用这两个新概念，还是得先对概念本身做一番建设性的思考和探究。个人认为，6个"学习任务群"的提出，除了方便教师把握语文课程内容所指，也为教师自主开发教室课程提供了课程内容上的参考，同时还为教师从课程内容角度来把握教材单元内容提供了思路。

那么，课程内容上6个学习任务群的划分，与统编版教材"双线组元"的编排思路、以"语文要素"为抓手的目标落实路径之间，有怎样的关系呢？

一、学习任务群让教师以更宽广的视野看到语文要素的关联性

语文学习任务群的核心词"任务"，与统编版教材单元整体的学习任务，从根本上来讲是一致的，都是具体的课程目标导向的学习任务。将教材单元看作主题单元或者开发成具体的学习项目，它们就成了具体学习任务群中学生进行学习实践的载体。

统编版教材中语文要素的提炼和编织，使不同维度的语文学习要素呈现系统化，让语文学习在时间上具有了目标的连贯性，在空间上具有了目标的多维性，一定程度上保证了语文学习目标（尤其是本体性目标）循序渐进地落实。学习任务群中"任务"的实践性及其对儿童学习语文的特点的呼应，从课程内容角度最大限度地确保了学生语文实践的真实性和学习意义的自主建构成为现实。例如，统编版教材中很多单元的选文都是文学作品，这些单元的语文要素（主要是阅读训练要素）之间具有紧密的联系性和序列性。但是，这些单元在教材中分散于不同的年段、年级和学期，教学中如何帮助学生将这些"不连贯"的学习内容整合成"连贯性"的学习体验，就成了一大难题。

语文要素有两百多个，而学习任务群只有6个。虽然不是所有的语文要素都简单地依凭某一个学习任务群（从主题内容上看，有些单元同时属于两个甚至三个学习任务群），但必定在某一个或两个学习任务群中得到了目标落实的回应。这样，我们就可以通过梳

理，大致看清语文要素是通过哪个学习任务群来落实具体学习目标的。

学习任务群"文学阅读与创意表达"，"旨在引导学生在语文实践活动中，通过整体感知、联想想象，感受文学语言和形象的独特魅力，获得个性化的审美体验；了解文学作品的基本特点，欣赏和评价语言文字作品，提高审美品位；观察、感受自然与社会，表达自己独特的体验与思考，尝试创作文学作品"。在四年级、五年级的统编版教材中，属于这个学习任务群的单元和单元语文要素如下表所列（见表一）。从中我们可以看出，单元选文属于不同的文学类型，有写景散文、写人记事散文、诗歌、小说、童话等。从文体角度来看，在文体相同的单元，其语文要素的联系性很明显；而如果我们能够意识到它们都属于文学作品，都具有文学性，就能在言语思维和文学审美上，重新发现不同文体单元之间语文要素的联系性。例如，在写景散文单元中学到的阅读策略，可以迁移到写人记事散文、小说、童话故事等文学作品的环境描写中，从而更深入地领会文本的表达意图和写作智慧。再如，诗歌中的意象把握与欣赏，和抒情散文中的意象选择与运用是相通的，在教学时有意识地引导学生建立两者之间的联系，无论是阅读策略的研习，还是言语思维的发展，或是文化的积淀，都将使学生拥有更开阔的视野和更自如的融通迁移能力。

表一

任务群	册序	单元	阅读训练要素	表达训练要素
文学阅读与创意表达	四上	第一单元	边读边想象画面,感受自然之美。	推荐一个好地方,写清楚推荐理由。
		第六单元	通过人物的动作、语言、神态体会人物的心情。	记一次游戏,把游戏过程写清楚。
	四下	第一单元	抓住关键语句,初步体会课文表达的思想感情。	写喜爱的某个地方,表达出自己的感受。
		第三单元	初步了解现代诗的一些特点,体会诗歌表达的情感。	合作编小诗集,举办诗歌朗诵会。
		第四单元	体会作家是如何表达对动物的感情的。	写自己喜欢的动物,试着写出特点。
		第五单元	了解课文按一定顺序写景物的方法。	学习按游览的顺序写景物。
		第六单元	学习把握长文章的主要内容。	按一定顺序把事情的过程写清楚。
		第七单元	从人物的语言、动作等描写中感受人物的品质。	学习从多个方面写出人物的特点。
		第八单元	感受童话的奇妙,体会人物真善美的形象。	按自己的想法新编故事。
	五上	第一单元	初步了解课文借助具体事物抒发感情的方法。	写一种事物,表达自己的感情。
		第六单元	体会作者描写的场景、细节中蕴含的感情。	用恰当的语言表达自己的看法和感受。
		第七单元	初步体会课文中的静态描写和动态描写。	学习描写景物的变化。
	五下	第一单元	体会课文表达的思想感情。	把一件事的重点部分写具体。
		第二单元	初步学习阅读古典名著的方法。	学习写读后感。
		第四单元	通过课文中动作、语言、神态的描写,体会人物的内心。	尝试运用动作、语言、神态描写,表现人物的内心。
		第五单元	学习描写人物的基本方法。	初步运用描写人物的基本方法,具体地表现一个人的特点。
		第七单元	体会静态描写和动态描写的表达效果。	搜集资料,介绍一个地方。

二、学习任务群赋予了语文要素更丰富的学习目标和成长意义

使用统编版语文教材，如果教师只看到语文要素，在教学实践中就会围着语文要素做文章，把对学生具有丰富成长意义的母语学习，窄化为知识和技能的学习。学习任务群是语文要素所指向的学习目标得到落实的内容载体，基本可以看作是具体学习内容领域的定位，但不是由语文要素所主导的课程内容定位。

学习任务群追求课程内容、学生生活、语文实践之间的协调和融通，赋予了语文学习更具体的成长意义。学习任务群不仅加强了识字写字、日常会话、语言及文化积累、阅读鉴赏、表达交流与沟通、梳理探究、学会学习等语文关键能力的培养，还让语言、思辨、审美、文化等各方面的素养得到全面融合性的发展，并通过整本书阅读、跨学科学习等，促进学生语文核心素养与合作反思等素养的整体提高和协调发展。

"实用性阅读与交流"学习任务群强调教学要在日常生活的真实情境中进行，强调学习的实践性。低年级可以围绕"我爱上学""我爱我家""文明的公共生活"等主题设计学习任务。统编版语文教材有"我上学了""伙伴""家人"等单元主题，教师从学习任务群的角度明晰了学业质量要求，再来审视和解读语文要素时就会发现，语文要素所指向的学业目标相对来说局限于学科本体性目标。

再以"文学阅读与创意表达"学习任务群为例，来对比一下第三学段相关单元的语文要素与学习任务群的学业质量要求（见表二）。

表二

任务群学业质量要求	册序	单元	阅读训练要素	表达训练要素
1.独立阅读散文、小说、诗歌等文学作品,在阅读过程中能获取主要内容,用朗读、复述等自己擅长的方式呈现对作品内容的理解。2.能用文字、结构图等方式梳理作品的行文思路。3.能品味作品中重要的语句和富有表现力的语言,注意词语的感情色彩,通过圈点、批注等多种方法记录自己的阅读感受和体验,并主动与他人分享。4.能通过诵读、改写、表演等方式,表达自己对感人情境和形象的理解与审美体验。5.能借助与文本相关的材料,结合作品关键语句评价文本中的主要事件和人物,提出自己的观点或看法。6.能发现不同类型文本的结构方式和语言特点,感受内容、表现形式上的不同,积极向他人推荐,并有条理地说明推荐理由。在文学体验活动中涵养健康向上的审美情趣。	五上	第一单元	初步了解课文借助具体事物抒发感情的方法。	写一种事物,表达自己的感情。
		第六单元	体会作者描写的场景、细节中蕴含的感情。	用恰当的语言表达自己的看法和感受。
		第七单元	初步体会课文中的静态描写和动态描写。	学习描写景物的变化。
	五下	第一单元	体会课文表达的思想感情。	把一件事的重点部分写具体。
		第二单元	初步学习阅读古典名著的方法。	学习写读后感。
		第四单元	通过课文中动作、语言、神态的描写,体会人物的内心。	尝试运用动作、语言、神态描写,表现人物的内心。
		第五单元	学习描写人物的基本方法。	初步运用描写人物的基本方法,具体地表现一个人的特点。
		第七单元	体会静态描写和动态描写的表达效果。	搜集资料,介绍一个地方。
	六上	第一单元	阅读时能从所读的内容想开去。	习作时发挥想象,把重点部分写得详细一些。
		第四单元	读小说,关注情节、环境,感受人物形象。	发挥想象,创编生活故事。
		第五单元	体会文章是怎样围绕中心意思来写的。	从不同方面或选取不同事例,表达中心意思。
		第八单元	借助相关资料,理解课文主要内容。	通过事情写一个人,表达出自己的情感。
	六下	第一单元	分清内容的主次,体会作者是如何详写主要部分的。	习作时注意抓住重点,写出特点。
		第二单元	借助作品梗概,了解名著的主要内容。就印象深刻的人物和情节交流感受。	学习写作品梗概。
		第三单元	体会文章是怎样表达情感的。	选择合适的内容写出真情实感。

通过对比会发现，第三学段"文学阅读与创意表达"学习任务群中的学业质量要求，更明确地突出了语文实践的价值，以及在语文实践中提高语言运用的能力、提升语文综合素养，同时建构自我感知的学习成长意义。

同样，学习任务群让教师在教材的创造性使用上有了更清晰的思路。学习任务群强调任务情境的学习意义，教师以单元人文主题为基础，以语言文字运用为主线，进行学习任务的开发和设计。例如，五年级上册第六单元以"舐犊之情"为主题，为了使学习更加贴合学生真实的生活体验，可以将主题情境调整为"我眼中的爸爸妈妈"或"爸爸妈妈的陪伴"，对文本进行补充和调整，精心设计单元学习任务，将读写实践与学生生活紧密融合。

统编版语文教材编写专家明确指出，在习作内容的编排设计上，要努力构建独立的作文教学体系和序列。这是对以往教材习作内容编排的反思性调整，因为在以往多种版本的教材中，习作内容与主题和单元阅读内容与主题往往是一致的，习作仿佛是阅读的衍生物。这种内容主题一致的编排方式，使"读写结合"成为必然的同时，也固化了"读写结合"的形态，即用"写"来印证"读"——写得好不好，是为了印证读得透不透。如此一来，写作并没有获得独立的地位，更没有属于写作自身的训练体系与序列。

以往教材导致的写作训练体系与序列的缺失，致使一些教师提出了"指向写作的阅读教学"主张，强调语文教学应该以写作为本位。这种观点和实践自有其积极的一面，即不仅突出了"写"的地位，同时还指明了以读促写的路径，且反过来促进了阅读理解的深化。但是，这种观点也有消极的一面，一是让人误以为写作的基础就是阅读；二是矫枉过正，变以往"写作是阅读的附庸"为"阅读是写作的附庸"。

统编版语文教材努力做到"读写分编，兼顾读写结合"，是对以往教材编写体例的"反思性调整"，无论是对阅读教学还是写作教学，都具有积极意义。那么，统编版语文教材的"兼顾读写结合"到底是如何体现的，又当如何理解和指导实践呢？我们结合具体的教材内容案例做一番探讨。

习作单元，系统设计，以读促写

细读统编版语文教材，会发现从三年级上册开始，每册教材都编排了一个独立的习作单元。这是突出习作教学独立地位的教材编写意图的体现。对比这八个习作单元内容和体例的编写，会发现编写思路是一以贯之的，即都包括五个板块：精读课文、交流平台、初试身手、习作例文和习作。这一点体现的是读写结合设计的系统性。

这五个板块的系统设计，在一定程度上突出了习作教学相对独立的课程地位——习作既是单元学习的最终成果，也是整个单元所围绕的核心，还是组织单元教学活动的线索。同时，这样的设计还明确了"读写结合"的具体实践方式——"读"服务于"写"，循序渐进地、系统地丰富"写"的知识，提升"写"的能力。

五个板块中，有两个板块直接"以读促写"，分别是精读课文和习作例文，但这两个板块以读促写的具体形式和实践方式是有区别的。习作单元的精读课文，其重点学习目标仍然指向"读"，指向对文本的"解读"。例如，四年级上册习作单元第一篇精读课文是《麻雀》，阅读的主要任务呼应单元阅读训练要素"了解作者是怎样把事情写清楚的"，课后两个思考题都围绕着这一要素进行设计，第一题要求梳理故事的起因、经过和结果，第二题思考如何将特定的内容写清楚。显然，与普通单元的精读课文指向"读"的方法和能力训练不同，习作单元的精读课文的"读"，聚焦和思考的重点在于"解读"、领会文本"写"的思路和方法。再如，五年级上册的习作单元，两篇精读课文虽然在阅读任务上涉及了文本主要信息的提取，但深入思考会发现，信息提取的目的也隐含了对说明文内容选择和构思的领会。

习作单元的精读课文，为习作提供了具体的思路和表达方法，这种思路和方法的习得，与阅读体验是融为一体的。精读课文的"以读促写"，实质上是引导学生以欣赏和批判的眼光来"解读"文本是怎样实现表达意图的，从而在写作时进行积极的迁移运用。另外，从纵向上看，在三年级的习作起步阶段，习作单元的精读课文主要是从兴趣和情意上激发学生的表达欲望，兼顾表达思路和方法的启发；到了四年级，则更侧重思路和方法的启发。

与精读课文比较，习作例文进一步淡化了对文本内容和思想情感的理解，直接聚焦单元表达训练要素，"读"的目的是直接与学生的表达实践建立紧密联系，用于促进表达方法的内化和表达能力的提升。习作例文的主要功能是根据学生在"初试身手"或单元习作中暴露出来的问题，借助例文进行针对性的指导，帮助学生解决问题。所以习作例文什么时候用，可以根据实际需要灵活设计。

习作单元中的"交流平台"，是为了梳理总结从精读课文中学到的表达方法，"初试身手"是让学生尝试运用这些方法进行练习，并在练习中发现问题，为后续的学习活动指明方向、确定重点。

常规单元，多样联系，读写互促

统编版教材的常规单元习作安排，不再像以往各版本教材那样强调与单元课文的匹配，但仍然做到尽量匹配，以探索一条"读写分编、兼顾读写结合"的单元内容编写路径。

既然要建构独立的作文教学体系，为什么要强调"兼顾读写结合"呢？那是因为，当一个人有了阅读积累后，动笔写作时会自然地迁移运用阅读中积累的材料、方法、策略等，以实现自己希望达到的表达效果。那为什么不坚定地走"读写结合"这条路呢？因为写作能力的提升有其内部线索，包括思维能力的发展、表达策略运用能力的提升、写作范畴的拓展等。

统编版教材常规单元的读写结合，根据文本特点和学生需要，设计上比较灵活，结合的方式比较丰富，实现了读和写的相互促进。读写结合的形式多种多样，如课文后安排"小练笔"，习作内容与训练要素和阅读训练要素相匹配等。"小练笔"和习作所体现的读写结合元素，大致可以从四个维度来认识。

一是内容上的结合。这种结合是从学生的生活经验出发，用文本内容引起学生的情感共鸣，并激发学生的表达欲。在这种结合下，"读"激发了"写"的意愿，"写"加深了"读"的理解。例如，四年级上册第一单元《走月亮》，"小练笔"是仿照课文第六自然段写一写自己记忆中的月下情景；五年级上册第六单元课文围绕"舐犊之情"选文，习作要求学生把自己想跟父母说的话用写信的方式告诉父母。

二是情感意愿上的结合。有些单元课文给学生带来了特定的情感体验，集中激发了学生某一方面的情感，单元习作遵循学生的情感体验安排习作任务。在这种结合下，课文阅读成为习作的情感动力，习作成为学生情感抒发的需求。例如五年级上册第四单元，课文表达的是浓浓爱国情，激发了学生心中对祖国命运的关切和爱国情怀，习作题目是"二十年后的家乡"。"二十年后的家乡"这个话题，写的一定是想象的情景，想象的情感基础是对家乡的热爱，是对家乡美好未来的展望，而这一情感与爱国情怀是紧密关联的。

　　三是表达方法上的结合。单元选文都重点运用了某一种表达方法，课文后的"小练笔"或单元习作就是将课文中读懂的表达方法运用到自己的练笔和习作中，习得方法，形成能力。例如，五年级上册第一单元《落花生》，"小练笔"就是仿照课文借物喻人的写法，选择一种事物写一个人；六年级上册第二单元的课文《开国大典》《狼牙山五壮士》中运用了点面结合的场面描写方法，单元习作训练重点也是尝试运用点面结合的方法描写一次活动的场面。

　　四是能力上的结合。单元选文阅读促进学生习得某种思维或表达能力，单元习作任务就是相应能力的运用和提升。例如，统编版教材每学期都编排了想象类的习作，对应的单元课文阅读也是感受想象的神奇，思考题则指向学生再造想象的发展。从阅读时的再造想象，到习作表达时的创造想象，这种结合促进了学生想象思维的自然提升。

　　当然，四个维度的结合不是非此即彼，有时是几个维度同时参与的，这既是读写结合的自然状态，也有利于学生读写能力的综合提升。

　　语文教师认识到统编版教材中读写结合的不同形式、策略，目的是更好地指导自己的教学实践，确保学生读写能力的发展拥有更加清晰的方法和路径。

用活教材，
从单元整体入手

每个单元是怎样的一个整体

统编版教材和以往多个版本的教材一样，是以单元的形式编排的。小学每册教材八个单元（六年级下册六个单元），一共 94 个单元。整体梳理下来，相较以往版本的教材单元类型设置，最显性的区别是统编版教材在普通单元之外，设置了一些特殊单元。

从三年级开始，每册编排了一个习作单元，一共八个。同样从三年级开始，每个年级上册编排了一个策略学习单元，一共四个。从四年级开始，编排了一些文体单元，如四年级上册的神话故事单元，四年级下册的现代诗歌单元，五年级上册的民间故事单元，六年级上册的"小小说"单元（第四单元）等。此外，还有一个古典名著单元（五年级下册）、一个作家作品单元（六年级上册）、一个外国名著单元（六年级下册）。至于综合性学习单元，原人教版语文教材中也有。这些特殊单元的编排，体现了对语文学习目标和内容的重新认识和定位，比如习作单元的设置，为的是改变以往习作教学之于阅读教学实质上的从属地位，凸显习作表达学习的重要性，努力构建独立的习作教学体系；策略单元的编排，不仅体现了对阅读策略运用的重视，还从实际上促进了学生对阅读策略运用的元认知；文体单元、名著单元和作家作品单元的学习，让学生认识到了文学形式的多样性、不同文学作品的文化意义和审美价值，比较集中地学习不同文体的阅读方法和策略。

无论是普通单元还是特殊单元，每个单元都是一个具有整体性的学习组织单元。低年级的每个单元通常都会包括课文、语文园地两个板块内容，每册还有四个单元会安排口语交际板块，一个单元会安排"快乐读书吧"；中高年级除习作单元和综合性学习单元外，每个单元都会包括导语页、课文、习作、语文园地四个板块内容，其中一半的单元会编排口语交际，一个单元编排了"快乐读书吧"。这些板块内容不是随意堆砌在一起的，而是依据一定的逻辑进行组织编排的——总体上是围绕单元语文要素进行内容编排，综合考虑人文主题的一致性。

那么，应该怎样来认识统编版教材每个单元的"整体"概念呢？

一、就单元语文要素的落实而言，每个单元都是一个相对自足的整体

以四年级下册第一单元为例，我们来看看统编版语文教材每个单元大体是怎样做到自足的。

单元导语页明确了单元要落实的阅读训练要素和表达训练要素。阅读训练要素是"抓住关键语句，初步体会课文表达的思想感情"，表达训练要素是"写喜爱的某个地方，表达出自己的感受"。

这个单元编排了四篇课文，分别是《古诗词三首》（杨万里《宿新市徐公店》、范成大《四时田园杂兴（其二十五）》、辛弃疾《清平乐·村居》）、陈醉云的《乡下人家》、茅盾的《天窗》和刘湛秋的《三月桃花水》。选编这样四篇课文，不仅是因为每篇诗文都有能够帮助学生初步体会思想感情的"关键语句"，还因为这四篇课文都契合了"乡村生活"这一人文主题。人文主题的一致性，可以帮助学生通过文本阅读认识或重新发现乡村生活的美好和情趣，作为单元学习要落实的成长目标之一，人文主题同时也为单元读写活动创设了特定的学习"境遇"，让母语学习在认识世界、丰富情感的维度凸显出积极意义，使得阅读训练要素的落实有了真切的文化和生活背景，有了情感认同的基础。

每篇课文后面的思考题，都聚焦情感的体验，而"语文园地"中的"交流平台"，提示学生怎样"抓住关键语句"以帮助自己初步体会文章的思想感情——

| 交流平台 |

我发现课文中的一些语句表达了作者的思想感情。

我从《乡下人家》的最后一句"乡下人家，不论什么时候，不论什么季节，都有一道独特、迷人的风景"，感受到了乡下人家的美。

学习《天窗》时，我从"小小的天窗是你唯一的慰藉"这句话中，体会到天窗给孩子们带来的快乐。

说到"语文园地","词句段运用"中的第一题，不仅仅是词语理解与积累，更是用具体的词语钩联学生的生活和阅读经验，如果用在单元开启课上，可以作为学生初步领会人文主题，进而有情有趣地阅读理解课文的基础。

词句段运用

📖 读一读，选两三个词语，说说你体会到的乡村和城市生活的不同。

　　　　　　cuǐ càn　　　　　　　　　　　　　　　huáng
繁华　　璀璨　　高楼林立　　车水马龙　　灯火辉煌
　　　　wò　　mì　　chuī niǎo　　　　　　　　　quǎn
肥沃　　静谧　　炊烟袅袅　　依山傍水　　鸡犬相闻

再来看看为了落实表达训练要素，单元内部是怎样一种图景。细致研读，我们会发现，单元表达训练要素与单元阅读训练要素是相关联的。一是写的内容和表达的内容在情感倾向上有关联，四篇课文所描写的地方或事物，基本都是作者喜欢的；二是写法上有关联，四篇课文中都有直接表达作者情感和想法的语句，这次习作也提出要"表达出自己的感受"——快乐。感受怎么表达？一是直接表达，如同课文中可以帮助学生初步体会思想感情的"关键语句"；二是通过对具体地方的细致描写和自己在该地的活动来表现。这些都可以从单元课文中习得方法。再看看"词句段运用"中的第二题，这种基于"图像化"策略运用的读写实践，可以为习作中描写"乐园"的样子提供表达方法和经验积累。

如果再这样梳理其他单元内部的板块内容，就会得出这样的结论：

1.单元内选文一般都是为落实重点读写训练目标服务的，而且按编排的先后顺序在目标落实上具有层次性。

2. "语文园地"中的"交流平台"一般是对整个单元阅读训练要素的梳理、总结和提升（习作单元中的"交流平台"对应的是表达训练要素）；而"词句段运用"从课堂使用策略上看，有的可以用来开启单元学习活动，有的可以用来总结、积累单元中比较突出的语言运用的现象或方法，还有的可以为习作表达提供具体的思路和样式。

3. 统编版语文教材努力构建独立的习作教学体系，同时兼顾读写结合。单元内的阅读训练要素和表达训练要素之间大多联系紧密，体现了不同维度的读写结合，有的是人文主题和内容上的读写结合，有的是表达方法运用上的读写结合，有的是情感体验上的结合。

所以说，统编版语文教材每个单元的内容板块都是在学习目标统领下进行系统编排的，是一个个具有整体性的、相对自足的学习组织单元。

二、就单元语文要素的关联性、发展性价值发挥而言，每个单元都是一个相对开放的整体

认真研读统编版教材中的语文要素，就会发现，每一条语文要素都不是孤立的，要么在横向上与其他要素相联系，要么在纵向上有承前启后的作用。

以五年级下册第一单元为例，从以下两张表格就可以看出阅读训练要素与表达训练要素在纵向上的发展线索：

表一（阅读训练要素）

册序	单元	阅读训练要素
二上	第七单元	展开想象，获得初步的情感体验。
二下	第二单元	读句子，想象画面。试着有感情地朗读。
四上	第一单元	边读边想象画面，感受自然之美。
四上	第六单元	通过人物的动作、语言、神态体会人物的心情。
四下	第一单元	抓住关键语句，初步体会课文表达的思想感情。
四下	第三单元	初步了解现代诗的一些特点，体会诗歌表达的情感。
五上	第一单元	初步了解课文借助具体事物抒发感情的方法。
五上	第四单元	结合资料，体会课文表达的思想感情。
五上	第六单元	体会作者描写的场景、细节中蕴含的感情。
五下	第一单元	体会课文表达的思想感情。

从表一中可以看出，"体会课文表达的思想感情"是教材中反复出现的阅读训练要素，只是不同年级有不同的要求。这不同的要求，体现了对学生认知发展规律的尊重。从低年级借助"想象"，到中年级"边读边想"，以及抓人物动作、语言、神态，抓关键语句，再到高年级注意场景和细节，最后是本单元灵活运用以上方法"体会课文表达的思想感情"，体现了方法的积累、能力的进阶，循序渐进，逐步提升。

表二（表达训练要素）

册序	单元	表达训练要素
三上	第八单元	学写一件简单的事。
四上	第五单元	写一件事，把事情写清楚。
四上	第八单元	写一件事，能写出自己的感受。
四下	第六单元	按一定顺序把事情的过程写清楚。
五下	第一单元	把一件事的重点部分写具体。

分析表二，可以发现围绕"写事"，教材编排了五次相关的表达训练要素，足见写事方法和能力训练的重要性。从中年级"学写一件简单的事""把事情写清楚""能写出自己的感受"，到"按一定顺序把事情的过程写清楚"，再到高年级"把一件事的重点部分写具体"，难度上呈现出循序渐进的特点。这个表格让我们认识到，任何一项读写方法的习得、能力的形成，都不是一蹴而就的，都需要经历一个不断发展提升的过程。

两个表格还提醒教师，每个单元具体语文要素的落实，要在联系中做好准确定位，不随意拔高越位，也不做重复无效的工作。

三、就学生丰富多彩的语文生活创造而言，每个单元都是一个具有创造特性的整体

这一认识十分重要，语文学习生活应该是富于创造性的。"用教材教，而不是教教材"，这句话既是在强调教学内容选择和目标定位的重要性，也是在告诉教师，语文教育要有创造精神、创新意识。

将一个单元放置在相应的人文背景和生活背景下考量，并且充分考虑到学生的发展需要时，就会发现，每个单元都在学习方法和思路、资源拓展和运用、学生成长和发展等方面具有多元化的可能性。

同一册教材中的一些单元，由于人文主题或语文要素上的关联性，是可以进行重组的。例如，三年级上册第一单元的阅读训练要素是"阅读时，关注有新鲜感的词语和句子"，第七单元的阅读训练要素是"感受课文生动的语言，积累喜欢的语句"。这两个阅

读训练要素的关联性很明显，"有新鲜感的词语和句子"首先来自学生主观的体验，然后转化为学生的认知，并从中发现有特色的词语运用和句子表达。这些有特色，即新鲜感的词句，往往都是生动形象的，给人带来新鲜美好的语言体验。第七单元聚焦感受课文中生动的语言和积累自己喜欢的语句，正好可以看作是在第一单元基础上的语言体验的自然提升。这两个单元整合在一起展开以关联要素落实为驱动的学习活动，对学生语言经验的积累无疑更具有促进作用。

让学生爱上读书，是语文教育的重要追求。五年级上册第八单元的人文主题就是"读书明智"，除了要学习"根据要求梳理信息，把握内容要点"，引导学生多读书、好读书、读好书，更是重要的学习目标。这个单元的各个板块内容，无不围绕读书展开，口语交际是交流分享自己在文学书籍或影视作品中遇见的人物形象，作文是"推荐一本书"，"语文园地"中除了"书写提示"，其余都是围绕读书设计的学习内容和活动。那么，仅仅在教材所呈现的内容上下功夫，能很好地落实学习目标吗？很难。这就需要教师从学生的学习和成长需要出发，积极开发学习资源，重组单元学习内容和活动。首先，单元开启，要从学生的阅读生活分享入手，这样才能帮助学生主动地运用联结策略，领会课文中作者的读书故事和经验。其次，一定要选择一本以读书或书为主题的文学类书籍，组织共读，比如胡安·维拉罗的《疯狂爱书人》，让学生和故事中的人物一起去探寻书籍和阅读的秘密。最后，在媒介多元化的时代，推荐一本书有很多种选择，而教材只提供了一种思路。教师或是启发学生选择和运用不同的方式来推荐一本书，或是按照教材提示撰写推荐文章，或是策划一份图文兼备的图书推介文案，或是为一本书设计一份吸引人的腰封，或是为一本书撰写一段特点突出的推介语……多样化的表达，更具有生活代入感，更能展示学生的读书智慧。

当然，还有一些编排了经典文本的单元，在确保落实单元语文要素的基础上，可以由既有经典文本创生更丰富的学习成长价值。例如，四年级下册第六单元选编了管桦的《小英雄雨来》。通过小英雄雨来这一战争年代的爱国儿童形象，引导学生多角度地理解战争与儿童，初步了解不同艺术形式在表现手法上的相通之处，是完全可以落实的目标。同时可以补充相关资源，包括反映苏联卫国战争的短篇小说《夜莺的歌声》，电影《小英雄雨来》和《伊万的童年》等，这些文学文本和电影不仅主题一致，环境描写和渲染上也是一致的。

统编版语文教材单元的创造性，是需要教师站在学生学习成长的立场上，去发现并进行课程开发和实施的。

牢固树立四个意识，创生单元学习价值

　　自1954年人民教育出版社独立编写小学语文教材始，几乎每一套语文教材都是采用分单元的形式编写的，现在的统编版语文教材仍然是分单元编写的。教材分单元编写，教学当然要分单元组织落实。所以，为了科学地发挥每个单元的母语学习价值，读懂、读透每个单元，精心设计组织课堂内外的学习活动，是语文教师必须扎扎实实做好的功课。

　　统编版语文教材采用"双线组元"的方式编排，即每个单元都同时包含两条线索：人文主题和语文要素。用教材编写者的话来讲，"双线组元"的意义在于：以人文主题为线索，统筹安排，有利于发挥语文学科进行思想教育和情感教育的优势；将语文要素作为另一条线索，精选典范文本，安排必要知识，优化学习策略，有利于促进学生语言文字运用能力的发展。如果从单篇文章来看"人文主题"与"语文要素"这两条线，是极好理解的，前者指向的是文章的思想情感主题，后者指向的是文章的遣词造句、构思谋篇，读懂文章内容的方法、策略，以及在学习过程中养成的习惯、总结的规律等。一个单元围绕相同的思想主题选择三到四篇课文并非难事，但这三四篇文章都能在语言文字的运用学习上聚焦同一个或两个具体的目标，就需要编者在浩瀚的文本中进行精心甄选。

统编版语文教材按照"双线组元"的方式编写，是为了教师更好地教，学生更好地学，以落实语文课程立德树人、发展语言、提升思维、传承文化的重要价值。语文教师在教材使用中，要从研究教材开始，牢固树立目标意识、整体意识、关联意识和创造意识，在将教材用实的基础上将教材用活，和学生一起创生单元学习价值，为学生语文素养的发展服务。

教师在实施单元教学时，如何将目标意识、整体意识、关联意识和创造意识贯彻于课程行动中呢？下面结合统编版语文教材具体的教学单元进行探讨。

目标意识

任何一项活动，有了明确的目标，才有意义和价值，指向人的成长与发展的教育教学活动更需要明确的目标意识。统编版语文教材从编者角度将目标意识凸显了出来——每个单元的"语文要素"，就是指向语言文字运用的单元重点学习目标，而人文主题就是借由单元文本渗透的思想情感发展目标。

我们注意到，从三年级上册开始，每个单元的导语页都会有两项文字内容，一项揭示了单元的人文主题，另一项则指明了单元学习的语文要素。例如，五年级上册第一单元的导语页，揭示人文主题的文字是"一花一鸟总关情"，指明语文要素的文字是"初步了解课文借助具体事物抒发感情的方法。写一种事物，表达自己的感情"。

目标先行，使得教师设计教与学的活动有了依据和方向，有了预期结果的"引领"。这种明确学习目标的"导语"不仅对教师具有重要意义，对于学生来说，这种清晰的目标指引更具有积极价值，它使得学生既可以带着目标意识自主建构属于自己的学习过程，又可以借助导语页的目标对学习结果进行主体性评价。教材从三年级开始才有导语页，这是很合理的设计安排。教材既是教师教的凭据，也是学生学的凭据，一年级、二年级的学生还缺乏理性地进行学习目标管理的意识和能力，三年级学生的理性思维开始得到发展，学习中的自我管理能力应该受到关注和重视。"学为中心"的理念落地，就是从学生意识到自己在建构"我的学习"开始的，一年级、二年级虽然也应该强调和努力落实"学为中心"的理念，但限于学生的实际能力，更多地表现为让学生在学习实践中经历感性的体验过程。

从上面的分析来看，单元学习中的目标意识包括三个维度的含义。第一个维度是教师进行教与学的内容选择和活动设计时要有目标意识；第二个维度是学生建构属于自己的学习体验离不开目标意识；第三个维度是在语文学习生活中，师生用行动（对话）协商一致的、共同指向具体预期成长结果的目标意识。前两个维度是并列的关系，是第三个维度的基础。简单地说，第一个维度指的是教师知道自己应该教什么，并据此考虑怎么教；第二个维度是学生知道自己学什么，并探索怎么学；第三个维度就是师生在一致性目标引领下的共同协作，一起创生单元学习价值。

无论是哪个维度的目标意识，只有融入具体的课程行动当中，才是能动性的、有价值的。教师如何用目标意识引领课程行动？其一，教师在解读单元学习内容时，要始终具有目标意识。进行单元整体解读时，教师要认真探究，第一个语文要素，即指向阅读学习的重点目标，要借助哪几个文本来落实，为什么是这几个文本。以五年级上册第二单元为例，第一个指向阅读学习的语文要素是"学习提高阅读速度的方法"，安排了《搭石》《将相和》《什么比猎豹的速度更快》《冀中的地道战》四个文本。一一研读就会发现，这是几个文体不同、结构各有特点的文本。训练阅读速度，肯定是针对各类文本而言的，如果几个文本的文体、结构都类似，对训练阅读速度来说，就很难形成合力，无法帮助学生在实践中逐步形成能力。再看文本前面的读书提示，还会发现每篇文章具体的训练点是不同的，联系起来又是循序渐进的。"语文园地"中的"交流平台"，是对提高阅读速度的方法的梳理，是为了引导学生将这一学习目标进一步落实在平时的阅读中。这样一来，单元整体解读和具体文本的教学解读，就不会"见文忘标"，避免只在文本内容和表达特色上下功夫，就会考虑如何将阅读速度的训练与内容的理解、表达特色的领会结合起来。

其二，教师在设计单元学习活动时，要始终怀有目标意识。目标意识缺位，教师就容易想当然地围绕文本内容的理解和表达特色的体会来设计学习活动，而忘却"提高阅读速度"这种普惠性的能力训练，因为文本本身并不直接隐含这样的阅读诉求。以《搭石》为例，从学生初读时的读法尝试运用（用较快的速度默读课文，记下所用的时间。读的时候集中注意力，遇到不懂的词语不要停下来，不要回读），到读完后的时间自觉、内容信息的捕捉（你读这篇课文用了几分钟，了解了哪些内容，和同学交流自己的阅读体会），阅读速度训练与内容获取是融为一体的，学习活动既要关注阅读速度，又要关注内容信息的获取效率。我们看到，目标意识使得学习活动的设计，始终指向了单元具体语文要素的落实，让课堂学习有了明确的方向。

教师的目标意识不能代替学生的目标意识。学生的目标意识，在于使得学生成为自觉的学习者，自己明白学习的任务目标，从心理上就建立起了"我的学习"的观念。这就是第二个维度的目标意识。到了中高年级，预习，即独立自主的学习，成了一种能力需求和常态行动。预习做什么？导语页呈现的单元语文要素就是目标指引。有了清晰的目标意识，学生才会主动探求抵达目标的学习方法和策略，即自主建构"怎么学"的体验和认知。学习实践中，积极发挥导语页促进自主学习的价值，就是帮助学生树立目标意识，带着具体的任务展开属于自己的学习活动。

那么，第三个维度——师生共同拥有的、指向一致行动的目标意识，要如何产生，又如何促进单元学习价值的创生呢？好的师生对话，应该以"教师的目标即学生的目标、学生的目标即教师的目标"为事实基础，这样的事实是需要对话媒介的。导语页的语文要素描述是一个媒介，但这个媒介太笼统，对学生而言显得抽象了一些。教师可以再创生一个新的、更具体的媒介，如"周计划"或"单元学习规划"，内容可以围绕单元学习内容和任务，按日期和课时描述学习内容和目标，学生人手一份。这样一来，学生就可以根据具体的学习目标更自信地与教师展开学习对话和互动，也可以更灵活地自主管理学习活动和进度。中年级时，周计划或单元学习规划主要由教师制订提供，待到高年级，就可以由师生一起来制订了。

从根本上来说，生成性是"学为中心"的课堂的主要特征。"生成"并不等于随意发挥，而是为了更好地落实学习目标，完成学习任务。这样的生成，就依赖于教师和学生都心怀具体的目标期望，在特设的学习活动中展开对话——师生都清楚，课堂上我们要往哪儿去，怎么去，师生在具体的课堂活动中积极协商和互动。如果缺乏了指向一致性行动的目标意识，就可能出现"鸡同鸭讲"的尴尬现象。例如学习《搭石》，教师要求学生"速度较快地默读课文，看看几分钟读完，读完后脑海中了解到些什么"，学生做的，可能仅仅是想着自己能了解到哪些信息。出现这种目标错位，就是因为师生没有树立共同的目标意识。

整体意识

单元教学要有整体意识，这一点似乎在言说层面上已经达成了共识。大家都认可"一个单元就是一个整体"，这里的"整体"到底该如何理解，语文教育工作者尤其是语文教师，是否也达成了共识呢？如果对"整体"的理解并没有达成共识，那么整体意识就有可能风景各异了。

统编版语文教材中的每个单元，应该被理解为怎样的"整体"，需要认真梳理一番。先来看看下面单元整体解读的文字（五年级上册第四单元）——

本单元人文主题是爱国情怀，无论是古诗还是现代文，所有选文字里行间都蕴含着强烈的爱国之情。《古诗三首》（陆游的《示儿》、林升的《题临安邸》、龚自珍的《己亥杂诗》）写的都是诗人在国土沦丧、内忧外患之际的悲愤之情和对收复失地、重振国威的强烈渴望，《题临安邸》在忧国忧民的心境下，表达了对统治者安于现状、不思进取的强烈不满。《少年中国说（节选）》一文节选自梁启超的政论文《少年中国说》，节选的这几个自然段淋漓尽致地表达了梁启超的强国梦想和乐观精神。《圆明园的毁灭》表面是表达对圆明园被毁灭的无比痛惜，实际激发的是读者对侵略者野蛮行径的痛恨。《小岛》是一篇"小小说"，写了一位将军到一座小岛视察，亲眼见证了岛上的战士们如何在艰苦的条件下将对祖国的挚爱融进日常守岛生活中，表现了战士们和将军强烈的爱国情怀。除此之外，还在"阅读链接"中选编了闻一多的《七子之歌》。

单元内这些选文都表达了强烈的爱国之情，但每篇诗文的创作背景、具体的内容材料等各不相同，深入的阅读理解既要依托文本内容和表达本身，还要借助有关的背景资料，才能真切地与文本情感产生共鸣。所以，本单元重点阅读学习目标（语文要素之一）定位为：结合资料，体会课文表达的思想感情。"查找资料"是准确而深入地理解文本内容和思想主题的一种读书方法。要熟练掌握并运用这种读书方法，离不开具体的、激发了学生需求的阅读实践，选编"浓浓爱国情"主题的文本，是适切的选择。"查找资料"，为什么查？查什么？怎么查？阅读一个文本，当对文本叙述的事实和基于事实表达的情感有疑惑时，就要查找资料，掌握丰富的历史、文化背景，了解作者的写作背景，实现对文本准确、深入的理解。查找和运用资料的方法途径，是一步步积累、丰富的。教师要在了解学生已经熟悉哪些方法途径的基础上，引导学生进一步运用身边的资源查找资料，如图书馆、网络等。从三年级下册第六单元开始，教材中就开始引导学生通过查资料理解难懂的句子，六年级上册第八单元、六年级下册第四单元的重点阅读学习目标都是查找并借助资料深入理解文本内容。可见，教材不仅将查找和运用资料作为阅读理解的一种方法，更是作为一种阅读能力加以培养的。这个单元的教学，教师要结合阅读实践，引导学生初步梳理查找资料的目的、策略和途径，为以后在阅读中合理、熟练运用这一方法奠定基础，而不是局限于眼前的需要。

这就启示我们，"一个单元就是一个整体"至少包含两层意思。

第一层意思是，每个单元都是一个统一于具体学习目标下的整体，单元整体意识首先是单元目标意识统领下的认知。以五年级上册第四单元为例，单元内的四篇课文、"交流平台"等学习内容之所以被看作一个整体，是因为它们都是为同一个学习目标服务的，即结合查找的资料，体会课文表达的思想感情。当然，除了读写目标外，在那些人文主题鲜明的单元，所有课文都还是人文目标统领下的整体，但这种整体性如果缺乏线索清晰的情感体验的长线任务，对教室课程生活的整体性构建就不起决定作用。

此种层面的整体意识，使得具体学习目标的落实有了清晰的路径，单元内每篇课文按照先后顺序，循序渐进地促成了目标任务的达成；或者使得具体学习目标的落实有了足够丰富的实践体验基础，在多个文本的学习过程中将方法内化，将能力习得。例如，若想让学生深入体会课文表达的思想感情，让通过查找资料读懂文章成为学生熟练的阅读方法和实践能力，就要考虑单元内每篇文章在整体中分别承载的具体任务。研读教材，我们会发现《古诗三首》

明确提出了"结合注释和相关资料"读懂诗句的任务;《少年中国说（节选）》没有明确提出"查找相关资料"，并非可以不用查阅，而是有了《古诗三首》的学习经验，学生可以根据自己的理解需要主动查阅;《圆明园的毁灭》有两项明确指出查阅相关资料的任务，但与《古诗三首》中理解具体诗句的目的明显不同，前者更进一步地指向了对整篇文章的表达意图和情感的探究;《小岛》则将资料查找的阅读价值延伸到了丰富同类型知识上，帮助学生读懂作品的普遍性价值。学习完这四篇课文，在整体性学习目标的引领下，学生建立起的应该是整体性的学习体验。

"语文园地"中的"交流平台"，往往是对单元整体意识的诠释。这个单元的交流平台就结合《古诗三首》和《圆明园的毁灭》指出了查找资料的不同目的和价值。

作为一个整体，单元内的几个学习文本一般具有三种组织关系。第一种是循序渐进式的，每一篇课文的学习都进一步落实了单元目标，如五年级上册第二单元，就用"学习提高阅读速度的方法"这一阅读训练要素统领了四个文本。第二种是并列式的，主要通过阅读体验的量的积累以及同一个目标不同角度的落实，促进具体阅读方法和能力的习得，例如三年级习作单元的两篇精读课文和两篇习作例文，在体会想象的神奇、感受不同的想象思维方式上，就属于这种组织关系。第三种是前两种的复合型。不同的内部组织关系，对学习活动的整体性设计提出了不同的要求，这是教师需要进一步研究的。

除了单元内的几篇课文要看作一个整体，有的单元阅读要素和习作要素也是相关的，或是为习作提供了情感基础和内容启发，或是为习作提供了表达方法和策略……两者也要被当作一个整体来进行解读和学习规划。

第二层意思是，相较单元具体读写目标而言，单元内的每项学习内容和活动构成一个相对自足的整体，但在具体的目标序列和发展线索中，每个单元都属于相关目标序列统领下的、多个单元组成的整体中的一部分。针对同一个学习目标——结合资料读懂文本内容和情感，三年级下册的第六单元、五年级上册的第四单元、六年级上册的第八单元、六年级下册的第四单元组成了一个循序渐进、由浅入深发展落实的单元序列，也就是组成了一个大目标（大概念）统领下的整体，其中的每个单元都是大整体中的一部分。这种认知下的整体意识，其"整体"不再指具体单元本身，而是多个目标关联的单元形成的整体。这一层次的整体意识提醒教师，任何一个语文要素的落实都不是孤立的课程行动，都需要放在目标序列中考量，都需要"思前想后"。教师在进行单元解读时，关注曾经学习的相关内容和学生已有基础，就能比较科学地确定单元学习的起点；关注后续相关的学习内容、目标，就能把握好此单元学习的目标落实到什么程度。

单元整体意识并不是一种封闭式的观念，不是将一个单元看成一个孤立自足的整体，而是一个相对的整体。那么，整个语文课程生活也可以被看作一个更大的整体，一个具体单元就是其中的一个有机组成部分。这告诉教师，任何一个单元的学习活动都应该是开放性的，在落实具体读写目标的同时，为多种可能性的创造留有空间。

关联意识

在单元整体教学中，目标意识决定整体意识，整体意识引导关联意识。单元内的各项学习内容和活动只有建立起逻辑联系，这个单元才能真正成为一个具有积极学习价值的、构建完整学习体验的整体。单元学习的关联意识，目的是建构有联系的单元学习生活，从单元学习内容解读到单元学习活动设计，再到单元课堂实践，教师需要始终保有这一意识，才能帮助学生发现知识、能力、观念等方面的关系，厘清其间的联系，感受到学习的积极意义。

单元学习中的关联意识，应在三个角度上得到充分体现。一是教材单元本身呈现的学习内容和活动之间，要用关联意识明晰逻辑关系；二是在单元学习内容和活动与学生生活经验和情境之间建立起积极联系；三是在课内学习与日常成长生活（尤其是日常的读书生活）之间建立起联系。

先说第一个角度。在课堂解读、设计、实践过程中，教师首先要对单元内学习内容、学习活动之间的关联有科学的认识和理解。一般情况下，一个单元内的课文与课文之间、课文与"语文园地"之间、课文与习作以及口语交际之间都会有比较密切的关联（即使统编版教材努力构建独立于阅读教学之外的作文教学序列，但大多数单元内的习作内容和目标，还是与课文阅读有比较明显的联系的）。

以三年级下册第八单元为例，阅读要素是"了解故事的主要内容，复述故事"，习作要素是"根据提示，展开想象，尝试编童话故事"。仅仅看这两条读写目标，似乎没有多大关联，但细读单元文本和各部分内容就会发现，每项学习内容和活动都可以建立起逻辑关联。本单元选编的四篇课文，有童话，有民间故事，都充满奇妙的想象，富有趣味。这四篇课文的内容本身就能激发学生创造属于自己的想象故事的欲望，阅读时在情感意愿上就很自然地与习作任务建立起了联系。《慢性子裁缝和急性子顾客》课后的选做题，《枣核》导读中的"试着续编这个故事"，直接从表达实践的层面上，为习作在构思、语言上做了准备。再看看"复述故事"，无论是表格还是图示，都是故事结构的显性化，隐含了故事编写的构思策略，学生在习作时是可以迁移借鉴的。本单元的口语交际话题和要求，既是课文阅读的延伸，又为习作提供了更加丰富的故事范例和语言素材。"语文园地"中的"词句段运用"，在语言品味和运用两个层次上，都与课文阅读、习作有直接联系。明确了这些内容目标和任务间的联系，设计学习活动时，教师就要将这些联系体现在具体的内容选择和活动规划上，进而落实在课堂教与学的实践中。

单元内课文与课文之间的联系，除了在人文主题上具有一致性，更明确的关联在于它们都是落实阅读训练要素的凭据。在学习目标统领下的关联，从目标落实的角度看，有递进性的（如三年级下册第八单元），有互补性的（如五年级上册第一单元），不同的联系形态，对学习活动的设计就有不同的要求。

第二个角度是与学生全生活的关联。语文学习是母语学习，母语学习必然以学习者广阔的生活和文化境遇为基础。任何教材单元的学习，不可能外在于学生的生活体验和创造，单元学习内容和活动既需要与学生的经验建立联系，帮助学生更好地理解单元学习内容和目标，同时又用实践行动参与了学生生活经验的创造。

五年级上册第一单元，选编的四个文本（郭沫若的《白鹭》、许地山的《落花生》、琦君的《桂花雨》、冯骥才的《珍珠鸟》）都很经典，文质兼美，但文章所描写的事物、表达的情感，可能对学生来说很陌生，仅仅依靠文本语言和形象本身，不一定能让学生产生共鸣。那么，教师在单元内容解读时就要思考，学生的既有经验与文本内容之间可以在什么层面建立联系，单元学习内容和活动该如何帮助学生创造新的经验。例如郭沫若的《白鹭》中"诗意"的白鹭形象，如果学生从来没有见过白鹭，无论怎样优美的文字也会是"隔"的。在这种情况下，借助有关白鹭的视频建构经验，就显得极其重要。如果学生有相关经验，教师就要激活学生的经验，帮助学生建立起经验与文本内容之间的联系。

从另一个角度看，文本阅读和理解活动本身也是在帮助学生建构新的经验，这种经验的建构也需要更多维度的关联，才有积极意义。五年级上册第一单元的四篇课文都是借助具体事物抒发具体感情的，物与情的关联是依赖作者的具体生活经验的，理解这种物与情的关系，需要调动学生的相关生活经验，与学生的既有经验建立联系。例如，郭沫若从白鹭形象感受到了诗意的美，学生也有自己喜欢的诗意形象；一树桂花让琦君念念不忘，学生虽然没有类似的故土情，但可能也会触景生情，勾起对某人某地的思念……这种联系使得新的经验建构有了生活基础，阅读理解活动同时也是建构新经验的活动。言语经验的建构也是如此，新的语言只有融入学生的经验语言中，才能被内化，才能成为学生言语生命的一部分。

第三个角度是与学生的日常成长，尤其是读书生活建立密切联系。母语学习只有与学生的身心成长建立逻辑关联，才能达到叶圣陶先生所期望的"为儿童全生活着想"的境界。统编版教材"双线组元"中的"人文主题"这条线索，大多是与促进学生的身心成长有直接联系的。四年级上册第一单元的人文主题是"自然之美"，从单元文本的语言形象中，学生一般能间接感受到作家笔下的自然之美。这种间接感受如果缺乏真实的生活境遇，不能进一步启发学生走进自然、关注自然、热爱自然，就会被学生迅速淡忘，就无法参与到学生的成长生活中来。脱离学生日常成长的母语学习，学到的仅仅是僵化的知识，习得的仅仅是机械的技能。不仅是人文主题，文本内容本身也是丰富学生成长生活的源泉，《观潮》一文拓展开去，就是学科融合的探究性学习活动；《走月亮》中的浓浓亲情，未尝不是学生心中渴望的生活体验……

　　统编版教材努力为学生构建丰富多元的读书生活，提倡借由教材的运用将"读书为本"落实在师生的课程生活中，通过营造读书氛围，让学生成为"悦读"者。那么，教师在实施单元教学时，就要有意识地通过单元内容和活动激发学生读书的兴趣和愿望，引导学生自然地创造美妙的读书生活。例如，四年级上册第三单元可以为自然读物阅读拉开序幕，《昆虫记》《植物在想什么》等书，一定会将学生带进一个缤纷的动植物世界中；五年级下册第一单元可以开启童年主题的阅读，可以策划"古诗中的童年"阅读分享活动，可以构建从《祖父的园子》到整本书《呼兰河传》再到电影《黄金时代》这样立体的读书生活……

　　三个角度的分析，让我们看到，关联意识既是用好统编版教材单元本身，又是从具体单元出发构建"为儿童全生活着想"的母语学习生活的需要。

创造意识

《新课标》强调，语文教师要创造性地使用教材。统编版教材的使用当然也不例外。

使用教材时，教者首先要完成与编者的对话，也就是将教材研究透彻。研究的过程中，编者仅仅是通过教材呈现的形式和内容来参与对话，从这个意义上说，编者如同一个文本的作者，文本完成之后，就成为独立于作者之外的客观存在。作者隐身了，编者也隐身了——编者意图只能靠教材呈现的形式和内容来传达，"教师用书"不过是被授权的、并不完善的"补充说明书"而已。这样一来，教师就可以充分发挥主体性，调动自己的语文教育理念、经验等，多维度面对教材每个单元的形式和内容，将对话深入下去，拓展开去，创造性地发挥和落实每个单元的学习价值。

提倡教师在教材使用中的主体性，可以避免语文课堂的机械复制，避免千万个学生——"祖国的花朵"被"教教材"塑造成僵化统一的模样。因为教育要培养的是具备适应终身发展和社会发展需要的必备品格和关键能力的人，创新精神和创造能力培养是教育的必然追求。要培养学生的创新精神和创造能力，语文教师自己要有创新精神和创造能力，这种精神与能力就表现在母语课程的开发和实施中。在统编时代，语文教师的创造力主要体现在以统编版教材使用为基础的课程创生行动中，也就是将"用教材教"——"创造性地使用教材"落实于课程实践。

这就是说，针对统编版教材的使用，教师必须要有创造意识。创造意识强调创造性地使用教材，要以前面提到的目标意识、整体意识、关联意识为基础，先将教材用实，再根据学生的实际和需要以及教师个人的特长和风格，结合可以利用的教育教学资源，将教材用好、用活。用好统编版教材，要在每个单元的教材解读和教学实施上下功夫。

首先，语文教师要坚定一个信念——创造，它是语文课程实践的本质。每一节语文课，都是学生创造新的学习经验的实践，都是一个活动生成、能力生长的过程。如果一节节语文课经历下来，学生觉得语文课堂学习都是一成不变的套路，毫无新意，就说明课堂失却了创造性，偏离了学习的本质。以一篇篇课文、一个个单元为学习对象的语文教学，很容易因为教师的惰性陷入僵化的模式，所以语文教师对自己的课程设计与课堂实践要始终保持警惕，避免创造性的缺失。

旨在用好统编版教材、最大化创生单元学习价值的创造意识，主要体现在单元学习内容和学习形式两个方面。坚定了"创造"之信念，语文教师就要从这两个方面着手，用心研读每一个单元，创造性地开展单元教学活动。

一是根据单元学习内容的特点，创设和运用特设的学习境遇，构建立体的母语课程生活。

以五年级下册第一单元为例，可以围绕"童年"用"不一样的童年，一样的童心童趣"将话题展开，合理规划文本阅读、电影解说、艺术欣赏、主题研究等活动，为学生的学习特设境遇，师生共同创建一段立体的母语课程生活。可以想象，这样一段以母语学习为核心目标的课程生活经历，将给学生带来丰富的成长体验。

再以四年级上册第四单元为例，在文本阅读的基础上，结合"快乐读书吧"，可以开创中国神话和希腊神话对比阅读的课程活动，也可以分别开展以"创世神话"或"英雄神话"为话题的多文本比较阅读（群文阅读）活动，还可以探究神话的起源、价值和阅读神话的时代意义。

二是根据单元学习内容和目标的关联性，大胆进行单元重组。

笔者尝试过整合三年级上册第二单元和第七单元进行教学。为什么这两个单元可以整合起来开展学习活动？一是两个单元的重点读写目标（阅读训练要素和表达训练要素）具有关联性，二是两个单元的人文主题和选文内容基本一致，都是描写自然之美，表现人与自然关系的。文本的写法特点也能成为整合的理由，《秋天的雨》与《大自然的声音》在篇章结构和段落结构上是一致的；《听听，秋的声音》与《大自然的声音》虽然文体不同，表达的诗意主题却是一致的。

三是打破常规思路，从整本书阅读出发，自然地抵达具体单元的学习。这样就能有效避免学生产生"整本书阅读"为"语文"服务的感觉，学生平时读的书多了，语文单元学习自然而然会成为读书生活的有机组成部分。例如，可以先读《小学生萧红读本》，再学习五年级下册第一单元；先读《小学生鲁迅读本》，再学习六年级上册第八单元。

四是将母语课程开发实践与统编版教材有关单元进行整合。例如，听读张鸣跃的《最悲悯的枪杀》、孙道荣的《瞄准》或李汉荣的《唐朝的韭菜》，开启六年级上册第六单元"保护环境"的学习；

将五年级上册第六单元"舐犊之情"拓展成一个感受和反思成长的母语主题课程，包含"成长的心事""成长的伙伴""师长的关爱""我们的世界在长大"等几个有联系的板块，选择文质兼美的文本展开阅读学习，同时将单元文本融入其中；四年级上册第八单元的"历史传说故事"阅读，也可以拓展为借助群文阅读了解人类历史的起源与发展，帮助学生初步建立科学历史观的母语主题课程。

总之，只要教师能够持守目标意识、整体意识和关联意识，确保在课程生活中有序列、有逻辑地落实语文学习目标，就能和学生共同构建丰富多彩、具有成长价值的母语课程。

单元整体教学，就是把一个单元看成相对自足的学习整体，在明确的学习目标统领下对单元学习内容和活动进行系统规划，整合设计，关注联系，关注发展，充分发挥和落实单元学习价值，以清晰的路径促进学生语文素养的提升。

为什么要进行单元整体教学？理由有三。其一，统编版语文教科书分单元组织编排。其二，每个单元都是围绕特定的人文主题和语文训练要素进行选文和规划学习内容的，选文一般都是为落实重点学习目标服务的，选文的编排顺序在目标落实上具有层次性，选文与其他学习内容之间也多具有关联性。其三，从纵向上看，一至六年级十二册教材，很多单元的目标之间具有联系性和发展性，每个单元都是完整的语文知识和能力体系中的一环，教学时只有立足当下，思前想后，以大整体为背景，对每个单元进行整体设计，才能让单元内的学习内容和活动形成合力，既使得这"一环"扎扎实实，又能在学生的语文素养发展路径中起到承前启后的作用。

每个单元的内容编排大同小异，都包括选文阅读、口语交际、习作、"语文园地"等板块，但认真研究起来，会发现各板块在呼应单元人文主题和落实语文训练要素上，体现出了各个单元的特性。这就启示教师，不同特性的单元，整体教学的规划思路和课程实践是不同的。

一、单元整体教学的常规思路

一般来说，单元整体教学的规划设计有三种常规思路，分别是要素统领式、话题推进式和任务驱动式。

要素统领式

要素统领式也可以称为目标统领式，就是围绕语文训练要素的落实，整体规划、组织设计单元教学。例如，四年级上册第二单元是提问策略学习单元，四篇选文的编排，是为了循序渐进地培养学生阅读提问的习惯和能力。这四篇课文，从"看看你可以提出什么问题"到"想一想可以从哪些角度提问"，再到"筛选出对理解课文最有帮助的问题"，再到"把问题分分类，选出你认为最值得思考的几个问题，并尝试解决"，在提问策略的运用上是循序渐进的，能够帮助学生在阅读实践中实现从"敢问"到"善问"的能力进阶。这样的单元，就要围绕要素的层层落实进行整体性的教学规划，帮助学生一步步提高提问的水平，以提问策略的内化促进阅读理解的深化。

再如五年级上册第四单元，人文主题是"爱国情怀"，收录了《古诗三首》《少年中国说（节选）》《圆明园的毁灭》《小岛》四篇课文，习作话题是"二十年后的家乡"。这个单元的阅读训练要素是"结合资料，体会课文表达的思想感情"，表达训练要素是"学习列提纲，分段叙述"。表面上看，很难用要素统领的策略进行单元整体教学规划，但认真解读单元内容和目标，就会发现阅读训练要素和表达训练要素都能在人文主题的统领下紧密结合，相辅相成，且表达训练要素也可以在阅读学习中埋下伏笔。四篇课文的教学规划自不必说，看看习作与阅读学习是怎样受辖于人文主题并在训练要素上建立起联系的。"二十年后的家乡"这个话题，写的一定是想象的情景，想象的情感基础是什么呢？是对家乡的热爱，是对家乡美好未来的展望。这样的情感基础，与单元选文的"爱国情怀"是紧密关联的，是一体的。虽然习作的重点学习目标与阅读的重点学习目标没有直接的联系，但课文与习作话题在情感上的相通，会为习作时的想象提供积极的情感基础和意愿，教学时利用这种情感，就能很自然地激发学生想象和表达的热情。另外，"列提纲"并非新方法，在低中段的阅读学习活动中都有过不同层次的实践。阅读中，为了更清晰地理解文本的表达思路，或者更准确地概括文本内容，学生都运用过类似列提纲的方法策略。《圆明园的毁灭》《小岛》这两篇文章都可以运用列提纲的阅读方法，以便更加清晰地理解作者的行文思路。这样就与表达训练要素有了自然而然的联系。所以，这个单元也很适合运用要素统领式的整体规划策略。

话题推进式

有些单元的学习内容非常贴近学生的生活，甚至就是学生平时生活中十分关心的话题。母语学习要为儿童全生活着想，对于与学生生活和身心成长密切相关的主题或话题，最合适的教学组织方式就是围绕话题，步步推进，用阅读和表达将话题推向深入，同时实现学生语文素养的发展。

五年级上册第六单元的人文主题是"舐犊之情"，编排了三篇课文（《慈母情深》《父爱之舟》《"精彩极了"和"糟糕透了"》），口语交际的话题是"父母之爱"，习作内容是"我想对您说"（写一封信向爸爸妈妈诉说真心话）。显然，这个单元的内容就是学生体验深切的真实话题。用话题推进的方式规划组织单元学习活动，既能保持学生学习的积极性，又能让学生体会到母语学习"发展心灵"的价值，使得单元读写训练要素的落实具备坚实的经验和情感基础。

四年级上册的第四单元是神话主题单元，神话因其神奇而对学生具有特殊的吸引力。神话是怎么产生的，中国神话与西方神话有何异同，现代人为什么要读神话……这些话题可以将单元学习活动有节奏、有层次地推向深入，使得单元整体教学的学习价值更加突出。

六年级上册第六单元的人文主题是"保护环境"，同样是学生生活中熟悉的话题，用话题推进式的思路进行单元整体教学规划和设计，单元学习的整体性、关联性和发展性就能同时在学生的心中明晰起来。

任务驱动式

当一个单元的学习目标和内容，可以转化为学科学习任务或生活情境任务时，以任务的完成为目标，调动学生探究学习的兴趣，激发学生学习的内驱力，是一个适宜的选择。

四年级上册第三单元，阅读训练要素是"体会文章准确生动的表达，感受作者连续细致的观察"，表达训练要素是"进行连续观察，学写观察日记"。"观察"是一种方法、一种能力、一种习惯，是做学问的必需，也是生活的需要。将"观察"设置为一项目标清晰的任务，从讨论如何观察一种动植物的生长变化、习性特征入手，布置具体的观察记录任务，将表达训练前置，就是一种任务驱动式的单元整体教学规划和实践思路。观察，是一种生活情境任务，同时也是学科学习任务。

五年级上册第一单元围绕"万物有灵"这个人文主题，要落实的读写训练要素分别是"初步了解课文借助具体事物抒发感情的方法"和"写一种事物，表达自己的感情"。这个单元可以围绕学科学习任务来进行整体教学规划，任务是探究单元内的四篇课文，了解作者描写四种动植物的不同目的，进而从整体上感知、领会借物抒情的表达方法，并在习作表达中初步尝试运用。

二、单元整体教学的创意思路

单元整体教学规划与设计有常规思路，也有创意思路。常规思路遵循教材本身的组织编排形式和意图，紧紧围绕教材内容，根据学生的学习特点和需要以及教师的教学理解，对单元教学内容进行整体性的教学规划与设计。创意思路虽然基于教材单元内容和形式，但不囿于内容本身，而是大胆突破，在教材单元基础上进行创新、创造，构建更加开放、更加契合班级学生特点和需要的教室母语课程。

运用创意思路进行单元整体教学规划与设计，要立足这样几点认识：

1. 创造性地使用教材是《新课标》对教师提出的要求和建议。

2. 有了教材不等于有了现成的课程，教室里的语文课程是师生智慧的共同创造。

3. 创意思路是在教材基础上对学习内容与形式的创新。落实单元语文训练要素，仍然是创意思路要牢记的重点教学任务。

4. "读书为要"要落实为学生学习和生活的常态，需要教师在依托教材创造的学习过程中帮助学生建构意义丰富的读书生活。

5. 语文学习是母语学习，母语学习要"为儿童全生活着想"，帮助学生建构多维度的联系，使学生以主体身份感受到母语学习的成长价值。

根据不同单元的特点，单元整体教学规划与设计有以下几种具体的创意思路。

沟通境遇式

母语学习一旦与学生熟悉的生活建立起密切的联系，母语学习的意义就在主体性体验中得到了彰显，学生学习的主动性和意义的自主建构就会顺理成章。"境遇"一词源自叶圣陶先生的《小学国文教授的诸问题》一文。叶圣陶先生认为："儿童既处于特设的境遇里，一切需要，都从内心发出。"有了从内心发出的需要，学生就会积极主动地去学，就会自主建构学习的意义。

在常规思路里，我们谈到"话题推进式"中的话题，往往是学生熟悉、关心和有真切体验的话题。很多适合运用话题推进式思路进行单元整体教学规划与设计的教材单元，也适合运用沟通境遇式的创意规划与设计。三年级上册第六单元围绕人文主题"祖国河山"编排了《古诗三首》《富饶的西沙群岛》《海滨小城》《美丽的小兴安岭》等文本，习作话题是"这儿真美"。三年级学生仅仅靠文字阅读和想象，是很难从情感上认同和欣赏不同地方各具特色的自然人文之美的，只有当学生与这些地方以某种方式亲切"相遇"，才会用心领略这些地方的美。学习这个单元，可以利用地图来帮助建构单元诗文描写景观的地理概念，"特设一种境遇"，将单元文本写到的地方和学生自己游览过的地方都在中国地图上标出来，从而将学生的直接经验与阅读建立起联系。这样一来，单元诗文中的词句就会因为学生生活经验的唤醒和参与，重新获得生命的活力，自然地沉淀为学生的言语经验。如果能够将与学生游览过的美景有关的诗文补充进来，在教室里读一读，欣赏欣赏，教室课程生活就会多一份情趣。这种充满创造性的单元学习生活还可以更丰富，例如在学习这个单元的同时，开展"跟着古诗游神州"的晨诵课程，或者写一写自己身边的美景，将自己的文章放进"诗文地图"中。

五年级上册第八单元"读书明智"，也适合运用沟通境遇式的策略进行创意规划与设计，因为读书是学生最熟悉的生活。这个单元可以从组织学生办"个人藏书展"或"读书分享会"等活动开始，将读书话题拓展开来，将家庭读书生活与语文课程创造建立起联系，这些丰富多彩的读书生活体验就成了单元学习的境遇，也成为单元学习的重要内容。

六年级上册第六单元"保护环境"，同样可以沟通学生的生活境遇，构建一段融合的、开放的母语学习课程。例如，从观看相关纪录片入手，引导学生关注身边的环境问题，再带领学生调查了解家乡周边湿地、森林、河流几十年来的变迁情况，在现实情境中感受环境问题，有了这些丰富的境遇，再来阅读教材文本，并补充阅读《濒危动物》《让城市返回大自然》等读物，丰富间接经验，加深对环境问题的理解。最后，撰写倡议书就成了学生心之所系了。

经典浸润式

统编版教材中很多单元的选文都是经典或来自经典。经典的价值不能停留在"例子"层面上，而应该拿来欣赏、咀嚼、品味，应该引导学生浸润其中，汲取语言、知识、思想等多方面营养。

五年级下册第一单元"童年往事"，其中三首古诗是经典，选自萧红《呼兰河传》的《祖父的园子》也是经典。这样的单元，正是师生一起阅读经典、浸润经典的好契机。单元的创意规划可以围绕"古诗中的童年"设计晨诵课程，再从"整本书阅读"《呼兰河传》入手，将电影、音乐等元素次第展开，就能创生更丰富的单元学习价值。

六年级上册第八单元"走近鲁迅"，可以将适合学生阅读的鲁迅作品作为创意课程的重要内容，例如《小学生鲁迅读本》。

这类能够自然地将经典阅读融进单元学习的教材单元不是很多，但对于落实"读书为要"理念，却有积极作用，教师要抓住机会，认真规划和设计，将单元创造性的学习价值扎扎实实地落实到教室母语课程生活中。

主题探究式

统编版语文教材中有些单元的主题具有探究价值，可以运用阅读探究的策略进行单元整体教学的创意规划与设计。

以四年级上册第四单元为例，这个单元是围绕"神话"主题进行组织编排的，读写训练要素也有赖于神话主题的文本阅读和想象性写作。探究神话主题时，不能只以学生阅读的兴趣为基础，阅读探究要深入，教师就要对神话这一文学现象和体裁进行先期的深入研究，占有大量的资料，形成自己的理解，这样才能规划和设计有逻辑的创意课程。此外，教师要研读不同民族国家的创世神话，要探索神话的现代性意义，要阅读《神话的力量》之类的书籍。

当然，每个教师对不同单元的理解是不一样的，创意思路也就各不相同。除了上面介绍的三种，还有很多其他思路，比如单元重组式。四年级上册第四单元和第八单元的人文主题分别是"神话故事"和"历史传说故事"，两个单元在故事类型上可以开展对比阅读，两个单元的语文要素也可以有层次地联系起来，更好地落实。第八单元在阅读上要求学生了解故事情节，感受人物形象，简要复述课文，注意顺序和详略；第四单元在阅读上则要求学生了解故事的起因、经过、结果，学习把握文章的主要内容，并感受神话中神奇的想象和鲜明的人物形象。显然，这两个单元的阅读要求在学习目标上属于同一方向且有发展性联系，进行整合可以创生更鲜明的学习价值。

运用创意思路进行单元整体教学规划与设计，需要教师付出更多的时间精力，一般来说，一个学期能有一到两次这样的课程实践就很不错了。对于学生而言，这样的单元创意会让母语学习生活变得更加丰富多彩，更加令人期待，学生语文素养的发展也将收效显著。

如何提升单元整体学习价值

读和写始终是语文学习最重要的两项活动和任务。统编版语文教材虽然在构建相对独立的习作教学体系上做出了新的探索，除了编排习作单元外，还尝试在某些单元内部进行"读写分编"。但是，由于"读"与"写"天然的关联性，大多数单元遵循的仍然是"读写结合"的编写思路。

"读写结合"体现在教学实践中，都会惯性地贯彻"以读促写"的思路，"读"成为"写"的铺路石，似乎阅读的唯一目的就是最后能写出一篇合格的习作。这种单向的结合，不仅弱化了阅读体验和成长价值，而且会对学生的习作思维造成惯性依赖，带来更多约束。

在科学的、具备开放性成长价值的"读写结合"中，"读"和"写"应该是灵活的合作关系，"读"可以促进"写"，"写"反过来也可以推动学生运用更加灵活多元的视角，阅读一个或一组文本。所以，使用统编版语文教材进行单元整体教学规划、设计和课堂实践时，以习作的多元化体验为线索来组织单元整体学习活动，应该成为单元整体教学的选择之一。

以习作的多元化体验为线索的单元整体教学有哪些具体的思路呢？我们知道，统编版语文教材中的习作单元，虽然编排了两篇侧重落实阅读训练要素的精读课文，但由于单元性质的限定，教学时会自然地聚焦文本中与习作训练要素相对应的内容和写法。如果教师习惯于按照教材单元内容和活动编排的顺序展开教学活动，到了四年级、五年级，很多学生就会对这种"为习作服务"的阅读失去兴趣。主动性的缺失，必然导致阅读体验的弱化和所得的窄化。为了帮助学生积极主动地探寻和建构多元的学习意义，以习作的多元化体验为线索的单元整体教学，可以根据不同的单元人文主题、要素关系以及单元内容等，选择不同的规划、设计和实践的思路。

思路一：以丰富生活体验和积累相关素材为目的

学生的生活经验有限，大多数单元文本内容和其他学习内容，对于学生来说都是陌生而新鲜的。学生学习具体的单元内容，不仅仅是一个语言文字运用学习的过程，也是一个认识世界、拓宽视野的过程，还是一个重新审视个体生活与认知的过程。在这个过程中，如果学生能够有意识地将文本学习中获得的间接体验，与个体生活的直接体验积极关联，就有可能激活记忆深处的相关生活经验，使生活体验变得丰富起来。生活体验的丰富，也就为习作素材的积累提供了源头活水。

教师在单元教学过程中，结合单元文本和其他学习内容，有意识地将激活学生的生活经验作为隐性的学习目标，以丰富学生相关习作素材的积累，是以多元化习作体验为线索的单元整体教学思路之一。

　　五年级上册第一单元围绕"一花一鸟总关情"这一人文主题，编排了四篇很经典的文章，即郭沫若的《白鹭》、许地山的《落花生》、琦君的《桂花雨》和冯骥才的《珍珠鸟》。"初步了解课文借助具体事物抒发感情的方法"是单元阅读训练要素，"写一种事物，表达自己的感情"是单元表达训练要素。从读写训练要素来看，这个单元遵循的应该是读写结合的编排思路。

　　"写一种事物，表达自己的感情"是一个很宽泛的定位，"一种事物"可以是任何事物，"感情"可以是爱，可以是恨，也可以是爱恨交织……而单元习作要求将这一定位具体化了，要求学生写自己的"心爱之物"。单元习作的这种定位，使得单元文本不仅可以为表达方法提供借鉴，在素材启发上也具有积极价值。

　　从学生角度考虑，这个单元如果采用习作前置的策略，引导学生有意识地结合课文的学习来修改自己的习作，操作性并不强，因为学生的"原始"表达与单元文本在构思、语言上一定会有很大的差距。而如果按照单元内容编排的顺序开展学习活动，再在习作过程中鼓励学生借鉴单元课文的构思和表达，似乎也缺乏操作性，因为单元习作中的写法提示会限制学生的思路，学生的表达从构思到语言运用都会趋同而缺乏活力。

　　那么，怎么做才能帮助学生在课文学习的同时拥有清晰的习作体验，让习作体验成为单元整体教学的一条重要线索呢？

　　单元开启，话题要从学生熟悉的角度切入：你熟悉身边的哪些动植物？跟同学说一说自己喜欢的动植物，并简单讲讲理由。课文阅读的时候，可以设计一张表格（如下所示），在学习具体课文时让学生自主填写：

课文	白鹭	落花生	桂花雨	珍珠鸟
让我联想到的事物				
联想到的细节或故事				

在完成表格的过程中，学生的生活经验被激活了，习作素材得到了多方面的准备，阅读的价值提升了，习作的序曲奏响了。更重要的是，习作素材的积累并不仅仅停留在写的对象上，还会潜移默化地积累如何写的素材。这就为学生在习作时自由灵活地表达奠定了坚实的基础。

思路二：以敏于生活体验和丰富语言经验为目标

"熟视无睹"是多数人面对日常事物的真实反应，学生也不例外。生活是丰富多彩的，接触的事物是多种多样的，但学生对生活中的点点滴滴未必会有独特而深切的体验。如果不具备语言敏感力，大多数学生在缺少指导的情况下，不会有意识、有目的地积累语言经验，就会出现"读过很多书，还是不会写作文"的现象。进行单元整体教学规划时，如果能针对性地提高学生对生活的敏感度，同时在生活体验与语言表达之间建立联系，并借助单元文本丰富语言的积累，启发表达的创意，就能让单元阅读和习作合力展现出更加丰富的学习价值。

四年级下册第四单元的人文主题是"作家笔下的动物"，选编了老舍先生的《猫》《母鸡》和丰子恺先生的《白鹅》。这些动物都是人们生活中常见的、熟悉的小动物，即使是对此不熟悉的城市里的孩子，也会联想到自己熟悉的其他小动物。这样的文本主题和内容，是学生进一步观察、感受身边小动物的特点，体会自己与小动物的感情、故事的催化剂，进而能够为学生分享自己和小动物的故事提供表达的参照和启发。

有了上面的认识，以习作体验为线索的单元整体教学规划就有了清晰的路线。

单元开启，从聊身边的小动物入手，让学生自由痛快地写一写自己眼中的某个小动物，表现出小动物的特点，表达出自己对小动物的真实感情。写好后，要有一个班级内分享的过程，一些同学描写的小动物就会和他们的文字一起，给其他同学留下深刻的印象。这不是简单的习作前置，而是要促使学生带着鲜明的、真切的生活体验去阅读单元文本，在阅读中建立起积极的联结——大多数四年级学生都能够自动地建立起生活体验维度的联结，语言运用和表达方法的联结需要有相应的活动支架。

在单元文本学习中，单元选文和阅读链接就隐含了比较阅读的策略运用，教师只需要将比较策略系统化和扩大化，就能让学生的生活体验和刚获取的表达经验成为比较阅读中的重要组成部分。系统化，指的是从生活体验和表达方法两个方面展开比较，运用思维导图或表格帮助学生学得明白，学有所获。扩大化，是指适当补充有关动物描写的文本，帮助学生从多个角度敏于直接体验，丰富间接体验，积累多样化的语言和语言表达的经验。

文本阅读、比较的过程，也是一个帮助学生不断完善自己作品的过程。写好小动物相关的习作，并不是单元习作任务的终点。该单元的习作任务是一个虚拟的情境任务——寻找丢失的小动物，请人照看或收养小动物等。不同的情境任务，表达的重点有所不同，而前面的学习过程中积累的生活体验和表达经验，就为这次习作奠定了坚实的基础，做足了素材收集和表达的准备。相较单元开启时的习作而言，最后的习作属于相互关联的"二次习作"。

这种教学思路也适用于五年级上册第六单元和六年级上册第二单元。

思路三：以自主评价作品和拓宽表达思路为驱动

学习是一个不断积累和提升的过程。很多习作都是在以往的基础上对相关主题习作的进一步提升。比如，五年级的说明文写作可以看作是四年级"观察日记"的升级版，六年级上册第四单元"笔尖流出的故事"与以前的写人记事习作也是一脉相承的。

在进行单元整体教学规划与设计时，以习作体验为线索的另一个思路，就是同以往的习作建立联系，引导学生回头审视自己以前的作品，结合单元文本提供的"新标准"再做自我评价，同时也就拓宽了表达的思路。

以六年级上册第四单元为例，习作是"笔尖流出的故事"，习作训练要素与阅读训练要素属于"读写结合"的关系。如何让这种结合发挥最大的学习成长价值呢？那就要先研究一下单元内经典短篇小说的情节安排、环境描写、人物塑造等是不是能够直接给学生提供参考，帮助学生"笔尖流出"精彩的故事来。由于阅读和写作经验的制约，多数学生很难根据习作提供的三组人物和环境展开想象，创编一个完整的故事。只有少数喜欢写故事的学生，能够自如地进行构思，并借鉴课文中习得的表达方法创作自己的故事。面对这种情况，适合学生的做法就是先引导学生将自己以前写人记事的作品收集整理出来，重新阅读并自主评价。学生将自己最真实的作品作为参照，能够让单元文本阅读与自己的表达经验建立联结，阅读理解就具有了一定的针对性，单元习作时，"创作"的提升目标也就更加清晰明确。

教师要意识到，这样的单元习作体验，并不仅仅体现在素材的积累、方法的学习和运用上，更重要的是对"读者意识"的习得和感受。正是情节的曲折、环境的渲染、人物的刻画吸引了读者，才让故事更有阅读的价值。在以前写人记事作品基础上的提升，表面上看是情节安排、环境描写、人物刻画上的提升，实际上是更加鲜明的读者意识带来的内驱力，让"创作"有了更高的自我要求。

以习作的多元化体验为线索的单元整体教学，应该还有更多契合学生母语学习和成长需要的思路，有待我们一线教师在教学实践中做进一步的探索和提炼。

"语文园地"的变化解析与教学建议

统编版语文教材每个单元都有一个"语文园地"。既然叫作语文"园地"，想象里就会有一个个助力学生增长语文知识、学习语文方法、丰富语言积累、习得表达策略、养成良好习惯、创造多彩多姿的学习实践体验的栏目或板块。的确，翻开统编版教材，从一年级到六年级的"语文园地"都设有丰富多彩的栏目。但这些栏目并不是固定不变的，随着年级的升高，栏目也在发生着变化。到底有怎样的变化，这些变化蕴含着怎样的编排意图，与学生语文学习的发展有怎样的联系，教学中应该怎样用好这些栏目……这些问题值得认真研究和对待。

一、一至六年级"语文园地"栏目设置的变化及其编排意图

一年级、二年级编排有"识字加油站""字词句运用""写话""书写提示""我的发现""展示台""日积月累""和大人一起读／我爱阅读""查字典"等栏目，其中"识字加油站""字

词句运用""日积月累""和大人一起读 / 我爱阅读"算是常规栏目，"展示台""书写提示"穿插安排，"写话"从二年级才开始出现，上学期三次，下学期四次。

三年级、四年级的栏目有"交流平台""词句段运用""识字加油站""书写提示""日积月累"等，其中"交流平台""词句段运用""日积月累"是常规栏目，"识字加油站""书写提示"穿插安排。

五年级、六年级的栏目有"交流平台""词句段运用""书写提示""日积月累"等，其中"书写提示"是非常规栏目。

纵向比较，我们会发现随着年级的升高，"语文园地"中的栏目越来越少了，一年级、二年级总共达到9个，三年级、四年级是5个，五年级、六年级只有4个。为什么会越来越少呢？其一，随着年级的升高，有些栏目从"语文园地"中分离出来，成为一个独立的单元内容板块。一年级、二年级没有习作，二年级出现的"写话"被安排在了"语文园地"中；一年级促进课外阅读的栏目叫"和大人一起读"，二年级拓展阅读的栏目叫"我爱阅读"，是结合单元课文主题的阅读拓展。从二年级开始不再有"和大人一起读"的栏目，每学期设置一次"快乐读书吧"——"快乐读书吧"脱离"语文园地"，成为独立的内容板块。其二，随着年级的升高，一些具体的学习能力、方法、习惯等已经落地，不必再进行专项操练。"查字典""展示台""识字加油站"都是最基础的识字方法的学习和习惯的培养，到了中高年级，随着识字能力的提高、方法的熟练运用、习惯的养成，为了尊重学生的语文学习需要，"查字典"从二年级下册开始不再出现；"识字加油站"从三年级开始不再是常规栏目，从五年级开始不再出现。

识字学词是一年级、二年级语文学习的重点目标。在"语文园地"中，"识字加油站"是固定栏目，紧密联系学生生活，激发识字兴趣，丰富识字方法，培养自主识字的习惯。"展示台"有的是进一步引导和鼓励学生在日常生活中主动识字，分类积累词句，培养自主积累语言的习惯；有的是用展示的方式引导学生关注和养成语文学习必需的良好习惯，如写字姿势、图书馆礼仪等。

一年级、二年级的"字词句运用"到了三年级开始变为"词句段运用"，从栏目名称的细微调整就可以看出，对语言现象的关注点变化，遵循了由小到大的发展路径。它们的共同之处在于，都是对所在单元课文中突出的、有生长价值的语言现象进行集中综合的练习，目的是不断丰富学生的语言积累，提高学生对语言的感悟、理解能力，并学习运用规范的、多样化的语言形式进行有目的的表达。

统编版语文教材从三年级开始，将"语文园地"的第一个栏目固定为"交流平台"。"交流平台"交流什么呢？主要是总结学习方法，用方法促进阅读能力的提升。"交流平台"围绕所在单元的阅读训练要素，从学生的语言实践中提取可迁移运用的方法，总结一些重要的学习经验，引导学生将感性认识上升到理性认识，将零散的感知整合为系统的认知，将无意识的行为变为有意识的行为，也就是一个对"学习"的学习过程，是走向"元认知"的实践体验。其实，"字词句运用""词句段运用"也隐含了这样的目标追求。

"书写提示"在一年级时聚焦笔顺的学习，二年级时聚焦笔画部件间的位置及大小关系，三年级时聚焦如何从笔画入手将字写得美观，四年级时聚焦字与字之间的位置关系和行款的设计安排，五年级开始涉及软笔书法的书写示范。从单个字到一句一段，从田字格到横线格，从笔顺笔画到行款安排，这种变化明显体现了对写字要求的不断提高。

二、用好"语文园地"的四个建议

怎样才能最大限度地发挥"语文园地"之于学生母语学习的价值呢？

1. 语文教师一定要立足单元整体教学，在整体意识观照下，研读每个单元"语文园地"的具体栏目及其与其他板块内容之间的联系。这样就避免了板块间的"各自为政"，在联系中帮助学生建构自己的学习实践，形成知识梳理、方法习得、能力发展和习惯养成的鲜明体验。例如，"交流平台"与单元阅读训练要素的紧密联系，必须要有整体意识，要进行整体学习规划；"词句段运用"同样与单元课文中出现的有学习价值的语言现象紧密相关。

有了整体意识就会发现，"语文园地"中各个栏目的学习，不一定是按照教材的先后顺序展开的。有的可以与某篇课文某个板块的学习相结合（如"字词句运用"或"词句段运用"），或者与课文阅读结合，或者与习作结合。

2. 要善于发现和建立"语文园地"内不同栏目间的联系。一个"语文园地"中的不同栏目，有时候能找到一个统一的线索将它们联系起来展开学习活动。例如，四年级上册第一单元的阅读训练要素是"边读边想象画面，感受自然之美"，"交流平台"是对这一训练要素的梳理和提升,"词句段运用"的第一题具有鲜明的画面感,第二题是从表达角度实践画面描绘,"日积月累"中的《鹿柴》一诗需要运用这一方法来品读欣赏。

3. 要关注不同年级相同栏目之间的发展变化,让学生感受到自己在语文学习中的成长。以"书写提示"以例,二年级的学习要回顾一年级的,三年级的学习要回顾二年级的……同一册中,前后单元也要建立起联系,让学生看到自己的变化和提升。

4. 要将"语文园地"的学习与学生广阔的语文生活建立起联系,不能上成围篱高高的、与外界隔绝的封闭"园地"。"识字加油站""展示台"从内容上就可以看出与学生生活的紧密联系,"和大人一起读"亦然。"日积月累"也要根据内容的特点,引导学生在生活中进一步积累,有些诗词还可以拓展成主题晨诵。从四年级开始,"书写提示"如果与学生硬笔书法作品的创作联系起来,无论是对于兴趣的提高还是能力的提升,都会有明显的增值。

"整本书阅读"教学的三个共性目标

当民间"整本书阅读"成为一种共识性课程，探索和实践了二十多年后，统编教材终于以教材内容的形式宣告了"整本书阅读"的重要性。小学语文统编教材每册都安排了一次"快乐读书吧"，结合相关单元的人文主题或课文特性，推荐并指导学生阅读整本书。教材中每个"快乐读书吧"列出来的书目数量在四本左右，如果学生能读完六个年级四十多本书，估算一下，可以达到400万字，远远超过了《新课标》规定的小学阶段145万字的课外阅读总量。随着"整本书阅读"的教材化，如何认识并构建学生成长需要的"整本书阅读"课程，便成了语文教师必然要面对的课题。

如今，《新课标》在"课程内容"标准中明确了"整本书阅读"的地位，使得"整本书阅读"成为6个学习任务群之一。

语文课程内容设置"整本书阅读"学习任务群，"旨在引导学生在语文实践活动中，根据阅读目的和兴趣选择合适的图书，制订阅读计划，综合运用多种方法阅读整本书；借助多种方式分享阅读心得，交流研讨阅读中的问题，积累整本书阅读经验，养成良好阅读习惯，提高整体认知能力，丰富精神世界"。

落实以统编版教材"快乐读书吧"栏目为指引的"整本书阅读"，首先要明确的是，课程目标到底应该如何定位？这在《新课标》中的"课程目标"和"课程内容"中都能找到依据，综合来看，无论是童话还是寓言，是神话故事还是民间故事，是科普读物还是中外名著，都应该聚焦以下三个共性目标。

一、激发阅读兴趣，发展阅读趣味，创造积极的阅读生活

这是"整本书阅读"最基础的课程目标。《新课标》"整本书阅读"学习任务群的"教学提示"中就指出"应创设自由阅读、快乐分享的氛围"，"激发学生的阅读兴趣，丰富阅读体验，拓展阅读视野"。

当下，虽然"整本书阅读"从理论到实践层面上，受到了前所未有的重视，但是全民阅读还没有形成风气，各种碎片化、快餐化的娱乐又大量充斥于学生生活之中。让学生真正爱上阅读，教师就必须在"整本书阅读"课程建设和实施上付出更多的努力。所以，激发阅读兴趣，发展阅读趣味，创造积极的阅读生活，让学生真正爱上阅读，是"整本书阅读"课程建设和实施最基础的目标。

怎样用"整本书阅读"来激发学生的阅读兴趣，发展学生的阅读趣味呢？具体而言，要在以下几个方面着力。

其一，家校联动，营造积极的阅读环境。

日常状态下，很多学生自由选择自己喜欢的整本书阅读，兴趣是从内心自然生长出来的。教材"快乐读书吧"指定的书目，不一

定适合某些学生的"口味"或当时的情绪，那就需要在具体的"整本书阅读"课程上重视兴趣激发。最理想的状态，是从一年级第一个"快乐读书吧"的阅读活动开始就做到班级与家庭的积极联动，营造学生向往、享受的阅读环境。毕竟，越小的儿童，越容易受环境熏染。

统编版教材第一个"快乐读书吧"安排在一年级第一单元的后面，主题为"读书真快乐"，这样的安排应该是深思熟虑的。"读书真快乐"不是别人告诉的，而应该是自己体验到的。怎么让刚入小学的儿童体验到读书的快乐，从而爱上阅读呢？正如教材中的配图和文字所示，既要营造家庭读书环境，又要营造教室（学校）读书环境，最好的做法是家校联动，从一开始就一起携手营造积极的读书环境。读书环境包括物态环境和行动环境。在物态环境上，做到家中和教室里都整齐摆放着适合学生阅读的书籍，供学生随时取用；在行动环境上，家长和老师要做学生的读书榜样，自己阅读，带着孩子一起读，主动与孩子分享阅读的收获，倾听孩子的阅读发现和体验。而且，要将这些作为家校的约定，逐渐变成家校共同拥有的习惯。

有了一年级第一学期的基础，随着年级的升高，家校联动的方式可以更加多样，比如结合"快乐读书吧"的阅读书目，开展"家长说读书""家校读书日""读书访谈"等互动性活动。

其二，因书制宜，选择适切的策略，设计合适的活动。

《新课标》指出整本书阅读教学应以学生自主阅读活动为主，"引导学生了解阅读的多种策略，运用浏览、略读、精读等不同阅读方法"，"设计、组织多样的语文实践活动，如师生共读，同伴共读，朗诵会、故事会、戏剧节，建立读书共同体，交流读书心得，分享阅读经验"。学生的兴趣各不相同，需要教师去发现，进而在策略选择和活动设计上积极呼应。

三年级下册"快乐读书吧"主要是引导学生阅读寓言故事，包括《中国古代寓言》《伊索寓言》《克雷洛夫寓言》。寓言故事的"整本书阅读"，与单元课文阅读是紧密关联的——这个单元的人文主题就是"寓言是生活的一面镜子"，阅读训练要素是"读寓言故事，明白其中的道理"。课文中的寓言故事既有意思，又包蕴着学生很容易理解并当作"镜子"的道理。有意思的故事情节，有特点的故事角色，好懂的道理，在给学生带来学习趣味的时候，老师顺势将相关的整本书带给他们，兴趣自然就得到迁移和发展了。例如，学习《守株待兔》和"阅读链接"中的《南辕北辙》之后，老师马上引出《中国古代寓言》，开启整本书阅读。

五年级下册"快乐读书吧"引导学生阅读四大古典名著。从单元课文的编排来看，首先应该是鼓励并引导学生阅读原著。原著是古白话，即半文言的，学生读起来有一定的困难，即使学习了课文，习得了一些方法，仍然是很大的挑战。但是，除了《红楼梦》，学生或许对《三国演义》《西游记》《水浒传》中的很多故事都很熟悉且感兴趣，那么就可以在学生已有的兴趣基础上做文章。我教过的一个班级，学生都喜欢阅读挑战，毕竟是第一次阅读半文言的长篇章回体小说，所以在选择第一本读什么的时候，我把决定权给了学生，大家投票，大部分选了《三国演义》。那些没有选《三国演义》的学生，也被其他人感染，加之想到将来不乏机会读自己喜欢的书，对读《三国演义》也提起了兴致。其次是运用联结策略，鼓励学生探索原著小说是如何塑造人物的，发现与《三国演义》有关的成语或歇后语的背后故事，将阅读变成"探秘寻宝"的"游戏"。最后是根据班级每学期都会有的自编、自导、自演的戏剧展示，许诺所有根据《三国演义》故事改编的戏剧都将得到展演的机会。这样一来，学生的阅读兴趣高涨，阅读"挑战"就成了有意思的游戏活动。后来学生改编的"诸葛亮舌战群儒"片段的表演，赢得了很多赞赏，还被邀请到其他年级演出，被推荐参加区教委组织的比赛，拿到了一等奖。学生因此更加喜欢阅读以及经由阅读创造的丰富多彩的班级生活了。

其三，凸显"发现"的力量，重视学生在整本书阅读中的不同"发现"。

"发现"是培养学生阅读兴趣的关键词。正如《新课标》在"教学提示"中所言："应创设自由阅读、快乐分享的氛围，善于发现学生阅读整本书的成功经验，及时组织交流与分享；善于发现、保护和支持学生阅读中的独到见解。"发现整本书中的趣味、奥秘，从阅读中体验一次次惊喜；发现整本书引起共鸣的生活体验，从阅读中读到自己；发现阅读同一本书，同伴会有不同的关注点和想法，从阅读中认识、理解他人；等等。"整本书阅读"课程中，一定要鼓励"发现"，欣赏"发现"，分享"发现"，这是阅读意义建构的核心力量，能够让学生深切地爱上阅读。前面谈到阅读《三国演义》要有意识地鼓励学生围绕具体的方向去发现，就是一个例子。

"发现"是需要进行课程化设计的。《中国古代寓言》《伊索寓言》《克雷洛夫寓言》等书可以同步阅读，边阅读边比较，发现故事的异同点；阅读《中国神话故事》与《希腊神话故事》时，可以引导学生发现不同神话世界里人物之间的关系，同样是起源神话，比较发现中国神话与希腊神话对世界和人类起源解释的异同；阅读《十万个为什么》，引导学生在阅读时注意作者米·伊林针对水龙头提出了多少个"为什么"，从而读懂米·伊林的思路；阅读《三国演义》，让学生去探寻武艺高超的吕布为什么那么早就"退出""三国大舞台"；阅读《骑鹅旅行记》，一个笼统的"发现"话题——结合作者的创作背景和自己的生活经验看看自己在阅读中能发现哪些秘密——就可以激发学生的兴趣

当然，"发现"不应止于教师的课程设计引导，只要是学生自己的"发现"，都应予以积极回应，创造分享的机会。这样一来，学生才会带着思考、带着慧眼享受阅读，学生的阅读趣味也会因此得到不断发展和提升。

二、习得阅读方法和策略，让学生成为熟练的阅读者

阅读不单单是一种兴趣，如同一个热爱骑行的人，他会因为骑行知识的不断丰富和骑行技能的不断积累，更加擅长这项运动，更加喜爱这项运动，"整本书阅读"也是如此。教师要笃定地认识到这一点，并不是读得多，一个人就一定能成为"熟练"的阅读者。阅读方法和策略的习得与运用，必须作为"整本书阅读"课程的重要目标加以落实，要"引导学生了解阅读的多种策略，运用浏览、略读、精读等不同阅读方法；通读整本书，了解主要内容，关注整体与局部、局部与局部之间的关系；重视序言、目录等在整本书阅读中的作用"。

《新课标》课程语境下的整本书阅读，学习读书的一般方法和

策略是重要的课程目标。不同种类的书籍，对阅读方法和策略的要求既有相同点，也有不同之处。整本书阅读策略的学习和运用，在文学类书籍和信息类书籍中表现不同；在文学类书籍中，文言或半文言（小学主要是半文言）的阅读策略也有不同。

三年级下册"快乐读书吧"指定阅读的是寓言，这与第二单元学习的课文文体是一致的，运用的阅读方法策略也是一致的。人们对寓言的认识，用最简洁的话概括就是"小故事大道理"，从中读出"大道理"是寓言阅读的价值取向。怎样才能读出寓言中蕴含的大道理呢？那就要运用提问、联结和转化策略。通过提问寓言故事中的角色做了什么、为什么那么做、结果怎么样，来读懂故事内容；通过联结策略，联系生活中类似的人和事，深入地理解故事中的道理；通过评价和运用，促进认识提升和自我教育。无论是阅读《中国古代寓言》还是《伊索寓言》《克雷洛夫寓言》，阅读策略的熟练运用，都是学生能够从阅读中体验到更多收获的保障——如果课程仅仅停留在分享故事和自己的体会上，所得可能就会大打折扣。

四年级下册"快乐读书吧"指定阅读的是科普类作品，首要推荐的是米·伊林的《十万个为什么》。科普类作品属于信息类书籍，阅读信息类作品，必须提取信息、联结生活、积极转化，学习和运用的主要阅读策略是提问、推测、联结、确定重点以及转化。带着自己感兴趣的问题阅读，边读边结合问题与信息进行推测，可以帮助阅读者更好地把握要点；真正读懂信息类书籍，也需要联结生活经验。一般来讲，阅读信息类书籍，要善于确定重点，聚焦重要信息，这就要学习确定重点的策略，如关注标题、捕捉关键词等。阅读《十万个为什么》，不能让学生泛泛地读，要将阅读策略的学习与运用凸显出来。打开这本书的目录，根据标题选择自己最感兴趣的篇章先阅读，这时要运用提问和推测策略，如"这一篇章会告诉我什么"；同时要运用联结策略，如"我对这一现象有怎样的知识积累"。翻到这一篇章开始阅读时，就要根据自己最想知道的信息以及文中的小标题来确定重点，明确哪些地方需要细读。阅读过程中，提问、推测和联结始终伴随着进程，最后促成转化——综合评价和运用。一旦学生学会熟练运用这些阅读策略，阅读各种信息类书籍的效率就会大大提高。

再以《三国演义》小说原著的阅读为例。对于五年级学生来说，阅读原版《三国演义》的挑战主要来自四个方面：词句的文言色彩浓厚，难读懂；历史背景遥远陌生，难理解；人物众多而复杂，难梳理；生僻字较多，难识记。所以，从单元课文学习中习得的阅读方法和策略是基础，在此基础上，还要学会运用四个具体的方法：学会阅读回目标题；学会分清人物主次；策略对待生字新词；积极参考必要资料。

阅读文学类书籍，联结、推测、提问、图像化转化等是常用策略。而小学生阅读儿童小说，如《柳林风声》《绿野仙踪》《宝葫芦的秘密》等，角色代入（与联结策略密切相关）是非常重要的，这会促进学生在阅读中丰富情感体验、提升自我认知、追求更积极的自我实现。

三、参与班级文化创造，促进学生多维度成长

这是"整本书阅读"，尤其是以教材为背景的"整本书阅读"最容易忽视的课程目标。《新课标》明确指出，"整本书阅读"要为学生"丰富精神世界"服务。

在师生应成为学习和成长共同体的班级环境下，任何学科学习都不应该只是学科的，而应该是班级生活的一部分，是班级生态创造的重要内容和力量。语文学科因其母语教育的属性，对学生精神成长的影响尤为重要；属于语文学科的"整本书阅读"课程，会通过班级打造的阅读文化，为学生多维度的成长带来深刻影响。

整本书的内容和主题本身就蕴含了一定的价值取向，每个人包括儿童，带着自己的经验阅读，都会在情感上、认识上、行动上受到或多或少的影响，尤其是故事类的整本书。当"整本书阅读"以班级课程的形式存在于班级生活中，这些价值取向会通过师生共同创造的阅读活动得到彰显，更加明晰化。可以想象，当"整本书阅读"成为班里的常态化课程，成为师生的共同生活方式，它就变成大家共同拥有的一种班级文化，给师生的精神成长带来显著的影响。

"整本书阅读"的组织形式和具体活动多种多样，不同的组织形式和具体活动，指向的成长目标有所不同，这也揭示了"整本书阅读"成长目标的丰富性。

"整本书阅读"，尤其是"共读"，应该积极参与班级文化创造，多维度促进学生成长。"共读"必然有共同的行动，有相互的启发，有求同存异的态度。共读《十万个为什么》，分小组针对不同篇章出题给其他小组，这个过程中有合作与协调，有智慧共享，有共同的成就感体验；共读《毛毛》，对毛毛形象的讨论，对时间之花的理解，应联结学生自己对倾听、时间、亲情、友情的体验和感悟，在教室中营造良好的倾听环境，帮孩子树立正确的时间观念；共读《一百条裙子》《特别的女生萨哈拉》，可以将理解故事情节与人物，和塑造班级同伴文化联系起来；共读《疯狂爱书人》，可以通过讨论分享，引导学生多读书、爱读书，助力构建教室读书文化。

故事类整本书阅读，往往离不开一个环节，即评价人物。对于小学生来说，评价人物就是人生观的自我启蒙。教师精心设计有关人物评论的整本书阅读交流活动，可以引导学生推己及人，笃定追求真善美的信念，这比道德说教更有助于滋养心灵。所谓"一个人的精神发育史就是他的阅读史"，"整本书阅读"课程几乎可以说为学生的阅读史写下了重要的开篇。

教室里的"整本书阅读"课程，必然会参与塑造学生共同的童年记忆。记忆若是积极美好的，就会为学生成为终身阅读者奠定基础；记忆若是平淡无趣的，可能会让学生从小失去阅读兴趣。所以，教师在规划和实施"整本书阅读"时，心中要有为学生塑造美好记忆的愿景，并落实到教学行动中。以选书为例，除了教材指定阅读书目，要给学生多样选择的机会；阅读活动，要让学生以主体的身份参与到策划和组织中来，要为学生提供阅读成果展示的机会。比如，在班级里定期开展"聊书节目"，由学生主持，邀请学生嘉宾围绕"整本书阅读"的话题热聊。

作为班级内的重要课程内容之一，如果"整本书阅读"不能自然而然地参与班级文化建设，那就不仅仅是遗憾，而是课程的失误了。

大单元教学与单元整体教学

一、什么是大单元教学

统编版语文教材以单元的形式进行内容组织和编排，每个单元围绕一定的人文主题，根据单元语文要素所指向的学习目标，设计编排了课文、口语交际、习作、"语文园地"等板块。除了"读写分编"的单元，一般而言，各板块都具有紧密的联系，共同指向的学习目标使它们成为一个整体。这个整体中的各项内容是按照一定的思路被编排到一个单元里的，为落实单元学习目标"分工合作"。因此，进行单元整体教学，是由教材的单元组织和编排意图决定的，应该成为教师单元教学实践必须贯彻的理念。

随着对学习如何真实发生，如何帮助学生主动建构学习意义等议题的重视和研究的深入，大单元教学开始成为语文教育者的积极选择，理论研究和实践探索方兴未艾，各种培训和成果展示热火朝天。

如果说单元整体教学是基于教材编写意图、单元组织与编排形式的必然选择，那么又该如何看待大单元教学呢？两者之间有什么样的联系和区别呢？基于统编版教材单元的大单元教学又该如何设计和实施呢？

要回答上面这些问题，先要厘清大单元教学到底是怎么回事。

从字面上看，"大单元教学"比"单元教学"多了一个"大"字。这个"大"字如何理解呢？一般的诠释是，"大单元"的"大"既是一种教学理念，也是一种实践思路。作为理念，它指的是对一个概念的理解需要经历由浅入深的过程，这个过程只有在一个相对真实的、目标明确的情境任务中才能体现出来并得到落实。

作为一种实践，它强调以可迁移的概念的理解为目标，依据目标落实的需要，选择并组织学习内容和资源，规划设计通向目标实现的任务，以任务为驱动推进学习者的实践活动，在"教—学—评"一致的情境中抵达目标导向的学习结果，最终促成学习者对概念的多层次理解。从学科教育角度来看，大多数语文教育者认为大单元教学更有利于学科核心素养的发展。

"大单元"之"大"，不是量的意义上的"大"，而是一种整体性、系统性、生长性课程思维的形象化呈现。"大单元"体现的是这样一种教学思想：零碎的知识只有经过结构化的组织，才能转化为系统性的认知能力；可迁移的能力只有在真实的体验性任务中才能形成；学习意义必须在元认知的参与下才能实现主体性建构；素养的形成需要经历一个由浅入深、循序渐进的学习探索过程。

这样看来，《新课标》的教学建议就指向了大单元教学的理念和思路："教师要明确学习任务群的定位和功能，准确理解每个学习任务群的学习内容和教学提示。在此基础上，综合考虑教材内容和学生情况，设计不同类型的学习任务，依托学习任务整合学习情境、学习内容、学习方法和学习资源，安排连贯的语文实践活动。"

二、大单元教学与单元整体教学的异同

显然，从学习目标的定位和学习内容的选择组织等方面看，大单元教学的学习单位仍然是"单元"，这与"单元整体教学"的"单元"内涵是一致的。具体而言，它们在这样几点上是一致的：都是运用系统性思维设计课程；都重视真实任务和学习境遇的创设或运用；都具有开放性，追求知识与能力的可迁移性；都追求"教—学—评"的一致性和一体化。

它们也有比较明显的区别。

第一，单元整体教学基于学科单元目标和内容逻辑进行课程设计，大单元教学不仅基于单元目标逻辑（内容往往不是现成的，需要对教材单元内容进行调整、补充和重组），还基于单元目标上的"大概念"的理解逻辑进行课程设计。第二，单元整体教学解决的仅仅是学科任务，大单元教学在解决学科任务的同时，还渗透了可迁移的"思想"的理解。也就是说，教师或教师团队投入更多的时间和智慧来开发和设计"大单元"，并不仅仅是为了像单元整体教学一样更好地落实单元学习目标，还为了促成学生在习得"举三反一"的基础上，进行"举一反三"，用"大单元"学习中习得的"思想"解决问题。第三，大单元教学的学习任务是基于问题解决的真实的探究性任务，是基于学科又超越学科的表现性任务；单元整体教学

往往立足于教材单元预设的学习任务展开学习活动。前者的学习情境需要根据目标和任务进行开发，后者的学习境遇已经暗含于教材，教师只需要根据学生的实际学习情况进行调整。

三、大单元教学设计和实施举例

如何理解大单元教学与单元整体教学的不同呢？下面以三年级上册第五单元为例做更具体的讨论。

进行单元整体教学，单元学习目标已经由语文要素指明，即从课文中发现作者是从哪些角度留心观察事物的，学习从事物的不同角度进行观察，把观察所得写下来与读者分享。单元学习内容就是课文、交流平台、"初试身手"、习作例文和习作。单元整体教学的实施图景是这样的：先依据单元学习目标确立成功标准（制定单元学习目标通常要借助课程内容解读语文要素），再对各板块内容进行系统规划，科学设计学习路径和活动，然后循序渐进地组织学习活动，得到与学习目标匹配的学习结果。

同样是这个"把观察所得写下来"单元，大单元教学应该如何设计和实施呢？

第一步要追问的是，这个单元要理解的大概念是什么？留心观察是发现周围事物之美的基础。这是一个可以持续理解的大概念，是超越学科认知的观点，同时可以从学科学习中得到印证。由于语文学习在认识世界和思维发展上的特殊价值，大单元教学在提炼学科大概念时，往往会先提炼出更具普遍意义的超越学科领域的主题大概念，比如四年级的神话大单元就可以提炼出这样的神话主题大概念：神话是各民族认识和探索世界的想象产物，塑造并传承了各民族的精神风貌。提炼超越语文学科领域的主题大概念并非硬性要求，这是为了帮助教师以更加宽广的视野来看待大单元教学的延展性意义。我们也可以直接聚焦学科领域来提炼大概念：留心观察可以帮助我们积累关于周围事物的丰富素材，助力我们写好自己眼中的缤纷世界。随着单元学习活动的推进，学生应该会对这个大概念进行持续性理解，最终转化为认知和行动自觉。

第二步是确定学习目标。大单元学习目标要基于学科素养和课程标准，结合学生需求和单元主题或性质来确定。学习目标决定了学习内容和资源的选择与组织、学习活动的设计、学习结果的评定，所以，在进行大单元教学设计时，学习目标的确定并不依赖于对教材单元内容的研读，而是正好相反，学习目标决定了单元内容的价值。单元语文要素可以作为参考，以基本确定单元学习目标，然后从《新课标》中找出对应的目标要求，研究相关知识或学生能力，提炼出"核心问题"。

《新课标》在第二学段"表达与交流"板块中指出："观察周围世界，能不拘形式地写下自己的见闻、感受和想象，注意把自己觉得新奇有趣或印象最深、最受感动的内容写清楚。"这是学生第一次学习如何观察周围世界，写下观察所得。这个方法与能力单元的核心问题可以确定为：怎样观察周围事物才会有更多的发现？要解决这个核心问题，就要从文本阅读中发现作者是从哪些方面观察事物的，并运用不同感官从不同方面仔细观察自己感兴趣的事物，把观察所得写下来。这就是这个"大单元"的学习目标。

"大单元"的一个主要特征是任务驱动，因此第三步就是设计核心任务。一个科学适切的核心任务，既能够呼应目标，又能够"预约"结果，它以目标为导向，在真实的任务情境中解决目标问题。什么样的任务能够承载和落实这个大单元"把观察所得写下来"的学习目标呢？比如"选择自己感兴趣或印象深刻的事物或场景写一篇文章，把自己的观察所得介绍给大家"。这样表述核心任务，目标是匹配的，学习结果也能很好地呈现，但是缺少真实的任务情境，没有"真实"的问题需要解决，任务缺乏驱动力。再比如"出一期《我们眼中的缤纷世界》作文专刊，每个人为专刊撰写一篇描写身边事物的文章"，怎样完成核心任务？需要做两件事，一是为学生提供学习资源，二是给予学生必要的学习支撑。学习资源主要是文本，适时补充相关视频会更好地激发兴趣，引导学生调动不同感官进行观察。为了开阔学生视野，不局限于一种动植物的观察和描写，除了教材中的四个文本（两个写动物，两个写植物），可以再补充《火烧云》《趵突泉》《大青树下的小学》《槐乡的孩子》等文本，按照类别把这些文本分成四组，分别是动物、植物、自然景观和人的活动。

有了文本，怎么使用才能帮助学生完成核心任务呢？接下来第四步是设计完成任务的路径，也就是将核心任务进行分解，使学生能够有计划地、一步一步完成任务。根据学习目标落实的需要，可以将核心任务分解为以下几个小任务：

1. 阅读文本：从文本中积累至少30个词语，制作词语积累卡。

2. 比较文本：给几篇文章所写的事物进行分类，说明为什么这样分；同时列举自己观察过的相应事物或场景。

3. 细读文本：从每类文本中选择一篇文章，研究作者分别观察了什么，是用什么感官观察的，列表呈现出来。

4. 选择观察对象：从自己观察的事物中选择一种，用表格呈现不同角度的观察所得。

5. 撰写与投稿：根据表格内容，有顺序地写下观察所得。向同学展示自己的观察所得，根据组员建议修改后给专刊投稿。

6. 编辑作文专刊：根据所写事物给每篇文章分类，分栏目或板块编辑专刊。（如果是展板展示，就根据分类给展板划分板块；如果是出一本书，就按分类设置板块。每个小组负责一个板块内容的审阅和排版。）

小任务的设计已经包含了必要的学习工具，让学生不仅知道学什么，还知道怎么学，学习结果是怎样的。

第五步是学习结果评价的设计和实施。评价并非整个任务完成之后的步骤，每个小任务的完成都要有评价，做到"教—学—评"一体化。评价的第一原则是目标导向，针对小任务所承载的小目标，要设计学生能理解、可操作的量规，也就是"成功标准"。

总结下来，一个大单元的设计和实施一般包括五个步骤：提炼大概念，提炼核心问题，设计核心任务，分解任务并开展学习活动（同时提供学习支架），进行学习结果评价（提供评价量规）。

四、大单元教学和单元整体教学如何选择

在教学实践中，大单元教学与单元整体教学，到底选择哪一种学习方式更好呢？无论选择哪种学习方式，最终目的都是更好地落实学习目标。学习目标落实的质量才是关键，所以，两者之间并没有先进和落后之分。如果以"大单元"理念来落实单元整体教学，

那就不需要做什么选择了。

　　单元整体教学是单元学习目标落实的基本保障，如果教师没有单元整体意识，孤立地进行单篇教学，板块之间也没有建立联系，那么教材单元的设置也就失去了意义。这样的教学是碎片化的，是高耗低效的。从对比中我们可以看出，大单元教学的基础是整体意识，在整体意识和系统规划上它可以看作是单元整体教学的"升级版"。从上面的案例中也可以看出，"大单元"设计更加看重教师的课程设计和创造能力，通常还需要借助团队的力量才能设计出一个合适的"大单元"。落实"大单元"教学，对教师的教学时间管理、学习活动指导等都会是更大的挑战。再者，小学生的自主学习能力处在起步阶段，很难自主建立一个"大单元"，需要教师帮助他们不断梳理"大单元"学习的逻辑线索。相较单元整体教学，一个"大单元"的教学所需的教学智慧更大一些。

　　在使用统编版语文教材的背景下，大单元教学可以作为一种教学理念渗透在单元教学的设计和实施中，而真正以大单元教学方式开展教学活动，更应该成为教师努力的方向。

第三辑

———

统编教材使用的

冷思考

统编版语文教材使用的五个疑问

统编版语文教材推广使用好几年了，教材使用培训如火如荼，让大家对统编版教材的教学效果充满了期待，也心怀忐忑。经过教育行政部门的多次培训，应该说教师对教材的解读已经很透彻了，但不可否认的是，广大一线教师参加完培训，翻着自己马上要在课堂上使用的那套教材，仍然有很多疑问。毕竟，从教材解析到实践运用之间还有一段距离，这个距离就是教师如何将专家、教研员对教材的解析转化为自身认识和行动的过程。转化的过程，不仅需要教师自己调动已有经验对教材进行再认识，还需要教师结合自己班级学生的实际情况，对教材在教室里的使用图景展开联想和想象。在这个过程当中，教师难免会对教材使用产生更多具体的问题。

为了帮助一线教师同人更好地备课，笔者试着回答几个问题。

问题一：统编版语文教材每个单元的课文教学是不是只需要落实导语页（三至六年级）写明的阅读训练要素？

导语页一般有两条语文要素，第一条是依托课文学习落实的阅读训练要素。阅读训练要素定位的是单元课文学习的共同目标和重点目标。一篇文章，在思想内容、语言运用、结构安排、表达方法等各个方面都具有自己的特点，都蕴含着多方面的学习价值。它被编入具体单元内，除了承载单元重点学习目标的落实任务外，还应有常规性学习价值，如字词学习、朗读训练、语言积累、思想启发等，以及文本独特的学习价值，比如有的文章结构独特，有的文章大量运用某一修辞手法，等等。常规性学习价值，通常是每一篇课文都具有的，或是作为学生的自主学习任务（如字词学习），或是与重点学习目标的落实融为一体（如朗读训练、语言积累），它们是实现单元重点学习目标的基础。由文本特性决定的学习价值，如果是班级学生实际需要的，也要作为文本学习的明确目标加以落实。

四年级上册第三单元的阅读训练要素是"体会文章准确生动的表达，感受作者连续细致的观察"，这条要素里包括两个具体的学习目标，一是指向文章表达特点的，二是指向作者观察方法和态度的。这意味着单元内的选文可能在表达上都有准确生动的特点，所写内容都来自作者连续细致的观察。那么，教师就要一篇篇研读课文，看看文章里哪些描写是准确生动的，哪些内容体现了作者观察的"连续细致"，这些是落实重点阅读训练要素的依凭。但学生要想从文章中真正体会和感受这些，首先应该读通、读熟课文，从整体上了解文章内容，这就是落实常规性学习目标。学习古诗是要诵读沉吟、入情入境的，这是古诗学习的独特诉求；《蟋蟀的住宅》将蟋蟀比作人来写，这种蕴含了作者情感的表达令读者感到亲切，同时也能让读者感受到作者对蟋蟀欣赏的态度，体会这种写法就成为学习目标的一个选择。

这么看来，单元导语页的阅读训练要素就是课文学习的核心，是单元文本都要围绕着落实的，但不是学习文本的唯一目标。当然，除常规性学习目标，其他因文本特性或学生实际需求而提炼的学习目标不能过多，一项足矣，不能喧宾夺主，湮没了单元重点训练要素。

问题二：策略单元的课文只需要用来学习阅读策略吗？

这个问题可以参照"问题一"来判断，首先要思考一下学习和运用阅读策略的目的是什么。目的自然是更好地读懂文章，实现自己的阅读目标。所以，策略的学习和运用一定不能落在策略本身，而要让学生感受到策略运用的价值。例如，学习提问策略，目的是通过提问帮助自己多角度地理解文本，从文本中汲取更多自己需要的养分。策略单元的学习，不能止于策略，要从策略的把握和运用中再进一步，去理解文本何为和为何。

问题三：每个单元的阅读训练要素和表达训练要素到底该落实到什么程度？

这个追问和思考十分必要。五年级上册第四单元的阅读训练要素是这样表述的："结合资料，体会课文表达的思想感情。""结合资料"应该落实到什么程度呢？是让学生自己根据理解的需要去查阅资料，还是由教师提供对理解有帮助的资料？运用资料，是为了解惑、促理解、悟情感，还是达到"知人论世"的目的？如果仅仅研读这个单元本身，是不容易给出答案的，怎么办？要梳理十二册教材，结合相应的训练要素做出定位。除了单元导语页的语文要素，结合课文的时代背景和课后思考题，我们可以对五年级下册第四单元的阅读训练要素作如下解读：结合查找的资料，体会课文表达的思想感情；而六年级上册第八单元的阅读训练要素则可以解读为：借助相关资料，理解课文主要内容。对比就会发现，五年级下册的资料是需要学生自己查找的，上册并没有提出查找的要求。六年级上册要"借助相关资料"，资料怎么来？没做要求，因为学生已经学习过查找资料。更重要的是，这个单元以"走近鲁迅"为主题，是需要"知人论世"的，所以资料要更充分，要能够支撑对课文主要内容的正确和深入理解。这么联系起来看，单元语文要素落实到什么程度就能把握得更准确了。

教师仅仅研读一册教材是不行的，应该研读整个小学阶段的十二册教材，要细致梳理十二册教材的语文要素，否则就会"见木不见林"，就容易"迷路"。有条件、有兴趣的老师最好是将初中三年的语文教材也看一看。笔者让学校为每位语文教师都准备了一到六年级的一整套语文教材，就是这个用意。

问题四：每个单元的教学实施，一定要按照单元内容编排的顺序进行吗？

教材是例子，教材是"死"的，人是活的，学生才是目的，学生的需要才是起决定性作用的，教师应该从学生学习的视角来创造性地使用教材，而不是被教材控制并用教材来控制学生。

例如，五年级上册第一单元口语交际的话题是"制定班级公约"，作为该单元的第一项学习内容和活动就非常合适。有些单元的习作也可以前置，尤其是那些明显"读写分编"的单元，课文学习与习作很难作为一个整体进行系统设计，也就不必在乎先学习什么，后学习什么了。

甚至，一册教材八个单元的学习，也不一定要按照教材编排的先后顺序来展开。五年级上册第二单元是学习提高阅读速度的策略单元，开学两个星期后才学习，学生自己可能早就读过这些文章了，彼时再进行速度检测，就得不到真实数据了，放到最前面来学习未尝不可。

问题五：单元导语页的语文要素表述得过于笼统，怎么让它变得更加具体、明确？

如果觉得表达训练要素不够具体，缺乏操作性，那就研读一下教材单元习作编排的具体内容。一般来说，教材编排有话题、素材、思路提示等，操作性很强。

面对阅读训练要素，先要学会追问，再对照具体的文本做具体的操作性表述。例如"边读边想象画面，感受自然之美"，具体到《观潮》一文，可以先追问"读什么，想象哪些画面，感受什么事物的哪种美"，再这样表述目标：边细读课文中描写观潮人群和潮水的文字，边想象潮来前、潮来时、潮去后的画面，感受钱塘江大潮的壮观。再如"初步了解课文借助具体事物抒发感情的方法"，要联系具体文本追问"课文写了什么事物，作者借助这一事物抒发了什么样的感情，是怎样借助这一事物抒发感情的"。

别把"语文要素"用成了"双刃剑"

统编版语文教材有一个很大的亮点，就是每个单元都有明确的"语文要素"，简单地说是每个单元都有明确的重点学习目标。从三年级开始，每个单元都会有一个导语页，导语页下方的两句或三句话分别指向该单元阅读训练要素和习作训练要素。有了明确的阅读训练要素，教师就知道单元内几篇课文主要是用来学习什么的了，或是学习某种常用的阅读策略，或是习得某种语文知识，或是训练某项阅读能力，等等。而有了明确的表达训练要素，就是有了单元习作的重点目标和重要评价标准，写什么、练什么一目了然。

有了明确的语文要素，教学就有了明确的目标，课堂学习就有了着力点，不至于稀里糊涂地"教课文"，或是由着老师的性子"跟着感觉走"。例如，策略单元中的课文主要是用来学习具体的阅读策略的；编排在五年级上册第三单元的民间故事，主要是用来学习创造性复述故事以及提取信息缩写故事的；习作单元的文本主要是用来"以读促写"的……教师围绕单元语文要素的落实选择学习内容，设计学习活动，是使用统编版教材的必然选择，至少可以保证课堂教学不走错方向。例如，《卖火柴的小女孩》被编入三年级上册的童话单元，阅读训练要素是"感受童话丰富的想象"，那么引导学生发现和感受文本中最丰富的想象就是教师教学的应然选择，而不至于将自己的文学性解读（结构、对比、主题等）都带到课堂上，令三年级的小朋友一头雾水。

但是，除了单元语文要素这一首要学习目标，是否还有其他适切的学习目标需要同时落实，很多教师对此感到茫然。一旦茫然，就有可能将语文要素用成"双刃剑"，过度拘泥于语文要素，而忽视了基础性目标和其他与文本特性密切相关的学习目标。如何避免将语文要素用成"双刃剑"？这是语文教师需要思考并进行实践探究的重要课题，关系到学生的语文学习生活是被一个个语文要素限制住，还是在落实语文要素的同时体验到语文学习的丰富性、创造性和成长的多样性。

一

随着年级的升高，基础性目标成为落实单元语文要素的根基，应该通过学生的自主学习认真落实。

哪些是基础性目标？课文学习中的识字写字、词语积累、朗读等都属于基础性目标。识哪些字，写哪些字，积累哪些词语，课文后面的识字表、写字表和教材后面的词语表已经清清楚楚地呈现了出来；至于朗读，初读是为了读正确、读通顺，进而是为了帮助理解和表达。在落实这些基础性目标上，课堂花的时间可能很少，字词学习的板块往往只涉及教师梳理出的重点字词，要么是容易出错的，要么是对理解文本内容至关重要的。怎样保证学生落实了这些基础性目标呢？要让学生养成认认真真预习的习惯，要精心设计预习单，要在巩固练习中进行检测。课堂上与落实基础性目标有关的学习活动，既要与预习相呼应，又要成为课堂的有机组成部分，设计更要有心——有匠心。例如，字词听写可以与对课文内容的整体把握结合起来，分组听写；朗读检查，对待短文可以分自然段检查全篇，对待长文要选择关键句段，或是不容易读好的，或是有表达特色的，或是对课文理解有帮助的。

　　语句通顺、表意清晰、有连贯性、书写工整干净等习作要求，从三年级开始几乎都成了基础性目标，单元表达训练要素不再提及。不再明确要求的原因，一是它们曾经作为重点学习目标在低年级写话训练中出现过，二是它们应该成为学生自觉的品质追求。但是在学习实践中，很多学生在这些基础性的目标要求上都存在问题。这不难理解，因为习作要表达的内容越来越复杂，需要的语言越来越丰富，对逻辑思维能力的要求越来越高，学生在习作时容易顾此失彼，进而影响习作水平的整体提升。这就需要教师根据学生的实际情况，在学习过程中发现个性和共性问题，进行个别辅导，或在作文讲评课上对共性问题进行针对性引导。

二

　　每个文本，尤其是经典文本，都是一个学习对话的主体，蕴含独特的语文学习价值，是落实单元语文要素之外不可忽视的学习目标。

　　可以说，统编版语文教材以"语文要素"统领单元文本学习的编排思路，从编排意图和实际呈现形式上将所有课文都定位成了"例子"——落实阅读训练要素的"例子"。王荣生教授曾经将教材文本分成四类：定篇、例文、样本和用件。虽然很难将统编版教材中的选文分别归类，但从"用课文教什么、学什么"的角度分析考量，还是可以做出大致定位的。比如，策略单元中的课文大致可以看作"用件"，习作单元和文体阅读单元中的课文大致可以看作"样本"，剩下的大都属于"例文"。"例文"是"为相对外在于它的关于诗文和读写诗文的事实、概念、原理、技能、策略、态度等服务的"（王荣生《语文科课程论基础》），这正好与统编版语文教材的编写专家对"语文要素"的解释相吻合。那么"定篇"呢？"定篇"相当于经典，通常是课程标准规定的必学篇目。这种文本本身就是语文课程学习的对象，学习的目的在于传承文化，掌握文本本身。统编版教材中，除了古诗词，似乎就没有这样的必学篇目了。"定篇"是不可以随意替换的，如果《去年的树》可以用《卖火柴的小女孩》替换，《冬阳·童年·骆驼队》可以用《月是故乡明》替换，那么它们就不可能是"定篇"了。

如此一来，需要探讨两个问题。其一，那些被视作"经典"的选文，如《花的学校》《祖父的园子》《穷人》《少年闰土》，以及五年级下册第二单元（走进中国古典名著）和六年级下册第二单元（外国文学名著）等，除了用作"例子"，是不是也可以成为教室母语课程中的"定篇"，让文本本身不仅成为课堂学习的对象，还能作为课下阅读欣赏和探究的着力点？其二，被选编进具体单元的古诗词，除了一眼就能看出与落实语文要素有关联之外，是否更应该被当作"定篇"来对待？况且，有的古诗词与语文要素的落实并没有多大联系，比如，《赠刘景文》根本就不是一首写景诗，却被放在三年级上册第二单元——只因为诗中写了秋景。

定篇，或者说经典，都具有语文要素之外的独特学习价值，应全面解读文本的经典意象、文化内涵、作品特色、社会影响等，并选择适合学生的角度深入探究，涵泳品味，沉淀于心。因此，教师应当具备"创造性地使用教材"的敏感和自觉，甚至需要有"责任意识"。学习这一类课文不能只停留在课文和节选本身，要拓展至整本书或作者的相关作品，教师若被单元语文要素束缚了手脚，学生就只能看见"院子里高墙上的四角的天空"了。

三

阅读策略是策略单元的重点学习目标，但掌握阅读策略是为了提升阅读能力和品质。

策略单元最容易让教师只盯着阅读策略的学习，而忽视了掌握阅读策略的目的——更好地理解文本内容、更有效地实现阅读目标，导致课堂教学始于策略，也止于策略。教师要深化教学思考，例如，学习提问策略时要追问：学生为什么要学习和掌握提问策略？当然不仅仅是为了学会从不同角度提问或者能判断问题的价值，而是以"会问"促进"会读会学"，得到更加丰富的阅读收获。

所以，策略单元要以学习阅读策略为核心目标，还要将阅读策略所服务的阅读目的在课堂上清晰地呈现出来，让学生用策略来解决阅读中的问题，在实践中感受掌握具体阅读策略的意义和价值。

四

单元语文要素的学习不一定始于此单元，更不能止于此单元，一定要在能力习得、习惯养成、方法掌握、知识建构的过程中不断强化运用，直至内化。

每个单元都有明确的阅读训练要素和表达训练要素（一些单元还有识字写字、口语交际等方面的训练要素），单元语文要素的变换容易给教师造成错觉，以为一个单元的学习结束了，单元语文要素落实的任务就完结了。在教师的这种错觉下，学生的语文学习就会变得支离破碎，就无法自我组织知识、能力、习惯、方法等方面的经验，语文综合素养的提升就变成"靠天收"的偶然现象了。

使用统编版教材，语文教师更要"心里有杆秤"，随时衡量一下每个单元语文要素的落实情况。比如"学习用批注的方法阅读"，学生在学习该单元之后会用批注方法吗？常用批注方法吗？再如"通过课文中动作、语言、神态的描写，体会人物的内心"，学习该单元之前，学生有过这种阅读自觉吗？在学习该单元的过程中，学生运用这种方法的能力得到提升了吗？以后遇到写人的文章，学生会通过动作、语言、神态来感受人物心情吗？能与人物产生情感共鸣，更好地理解人物形象和文本内涵吗？尤其是，当下一单元也都是写人记事的文章，但要落实的语文要素变了，"通过课文中动作、语言、神态的描写，体会人物的内心"要不要迁移运用到新的单元学习中呢？只有教师关注了这些问题，在教学中渗透关联、发展和运用意识，学生才会将不同单元学到的知识与方法、习得的能力、养成的习惯等"随身携带"，不断运用于阅读实践或表达实践，才是真正的"好好学习，天天向上"。

五

再来明确一下落实语文要素与发挥文本学习价值之间的关系。

1. 语文要素指向重点学习目标，但不是全部学习目标。

这是最容易理解的认识。任何一个编入教材的文本，都是为学生的母语学习服务的。母语学习在不同的阶段会有不同的目标诉求，但目标往往不是唯一的，在重点学习目标，即单元阅读训练要素指明的方向之外，还会有常规性的学习目标，例如字词的学习积累、朗读训练、阅读方法与策略的运用，以及文本特性决定的"附加"目标等。以四年级上册第三单元为例，阅读训练要素，即阅读重点学习目标是"体会文章准确生动的表达，感受作者连续细致的观察"，单元文本的阅读学习大多要为落实这一语文要素助力，但每个文本一定还承载了更加丰富的学习目标。

在阅读训练要素之外，单元文本到底还承担了哪些具体的学习目标，需要从学生实际、文本特性等多个角度考虑。例如，上述单元的古诗学习肯定要背诵积累，要熟练运用"边读边想象画面"的阅读方法，要体会古诗表达的思想情感。再以四年级上册第一单元的《走月亮》为例，这是一篇生动优美的散文，诗意的语言，诗意的情感，值得细细品味。从学生实际来说，《走月亮》中表现出来的美好亲子时光与自然景象融为一体，最易勾起学生心中类似的经历和体验，仿写也就成了很自然的目标诉求。四年级上册第二单元是阅读策略学习单元，显然，文本不仅仅是用来学习提问策略的，提出问题后的思考，无论是指向内容理解还是语言习得的，都是文本承载的学习目标。

如果教师认真研读每个文本后面的思考练习题，就会发现练习题也不仅仅是对应单元阅读训练要素的。例如，《蟋蟀的住宅》的课后习题是："用自己的话介绍蟋蟀住宅的修建过程，想想为什么蟋蟀的住宅可以算是'伟大的工程'。"

如果文本阅读学习仅仅在语文要素这一端下功夫，不仅会窄化文本的原有学习价值，还可能无法落实语文要素，毕竟不同的学习目标之间是相互联系、相互成全的。

2. 并不是单元内的每一个文本都必然对应了语文要素的落实。

一般情况下，一个单元内的三到四个文本都服务于阅读训练要素的落实。上面列举的几个单元，无论是古诗还是其他文体的文本，都可以聚焦重点学习目标选择学习内容，设计学习活动。但有的单元会有例外。例如六年级上册第二单元，阅读训练要素和表达训练要素都聚焦点面结合的场面描写，编排的文本有毛泽东的《七律·长征》、沈重的《狼牙山五壮士》、李普的《开国大典》、王愿坚的《灯光》。细细阅读这四个文本会发现，只有《狼牙山五壮士》和《开国大典》运用了典型的点面结合的场面描写方法，而《七律·长征》和回忆性叙事散文《灯光》由于缺乏典型的场面描写，所以也不存在点面结合的写法。如果教师不注意到这一点，一定要牵强附会，让学生从《七律·长征》和《灯光》中发现点面结合的写法，就会令学生一头雾水了。

《七律·长征》的首联"红军不怕远征难，万水千山只等闲"，是全诗的总领，后面三联都是围绕首联展开的，但这种结构与场面描写中的点面结合，显然不是一回事。有的教师根据单元阅读训练要素，想当然地将整个长征历程解读成"面"，将诗中的跨五岭、越乌蒙、渡金沙、闯大渡、过岷山等解读成"点"，是不合适的。《灯光》一文，更是找不到点面结合的场面描写内容。那么，为什么会将这两篇课文编排在这个单元里呢？笔者认为，这应该更多地考虑到了人文主题和目标的需要。

语文教师想得透一点，教材的价值发挥一定会大一点，这是肯定的。

策略单元教学的五点思考和建议

　　统编版语文教材从三年级开始编排了三种特殊学习单元，即习作单元（每册教材一个，共八个）、策略单元（每个年级上册一个，共四个）、综合性学习单元（五年级下册、六年级下册各一个）。习作单元是为了探索并构建相对独立的作文教学体系，循序渐进地提升学生的作文能力和水平；策略单元主要指向常用阅读策略的学习和运用；综合性学习单元既充分体现了语文是母语学习，也显示出整合的理念。本文主要探讨策略单元的理解和教学实践思路。

　　先来说一个概念：策略。人们常常在文章中使用这样的概念组合——"策略与方法"，但几乎没有人曾在文章中将"策略"与"方法"区分开来阐述清楚，仿佛这两个概念是一体或者一致的。问题是，如果这两个概念是一致的，为什么不只用其中一个，非得两个一起用呢？既然两个概念不同，那么"策略"与"方法"有什么联系和区别呢？查阅《现代汉语词典（第7版）》可知，"策略"用作名词时，意思是"根据形势发展而制定的行动方针和斗争方式"；

"方法"是指"关于解决思想、说话、行动等问题的门路、程序等"。初读这两个概念的词典解释，不好判断它们的联系和区别，细细推敲，似乎"策略"应该引领和包含"方法"，"策略"指向"方针"，"方法"指向"门路、程序"。再请教能力不俗的"百度"，并没有找到更清晰明确的解释；为两个概念加上相同的限定词"阅读"，也没见到对"阅读策略"和"阅读方法"的比较分析。笔者不揣浅陋，根据词典中的解释，结合统编版语文教材中"策略单元"要学习的阅读策略，认为"策略"是方向性的，"方法"是解决问题的具体路径。比如，"预测"是策略，落实这一策略靠的是具体的方法，包括根据重要内容信息进行预测、根据故事线索进行预测、根据故事发展逻辑进行预测、综合内容信息进行预测等不同方法。

回到策略单元理解和教学的探讨中来。

常用的阅读策略大概有"预测与推演""启动先备知识""视觉化""自我监控""联结""提问题""总结""综合与评价"等。统编版语文教材四个年级编排的四个策略单元分别指向"预测""提问题""提高阅读速度""选择阅读方法"，后两种都可以归入"自我监控"。这是小学生阅读实践中需要经常运用的几种阅读策略，对提高学生的阅读理解能力、阅读效率都十分重要。

策略单元的教学是为学生语文能力的提升服务的，教师应该从学生成长需要的角度来理解策略单元的学习价值。落实策略单元的教学实践，语文教师需要认识到以下几点。

其一，学生学习任何一种阅读策略都不是零起点。三年级的学生已经有了三四年甚至四五年的阅读经验，从在爸爸妈妈的陪伴下开启阅读的那一刻开始，他们就已经在实践某些阅读策略了，只是缺乏有意识的总结（没有启动元认知）而已。学生在一年级、二年级阅读绘本时便常常运用到预测策略，教师教学这一策略单元之前应该了解真实的学情，帮助学生启动先备知识，在原有基础上通过进一步的实践运用使策略清晰起来，让策略运用转化为习惯、能力。至于"提问题""提高阅读速度""选择阅读方法"等阅读策略，学生同样都有过相关的学习经验，如果教师不顾学生的已有经验，从零开始设计学习活动，就会令学生感到无趣，破坏学习的积极性和主动性。

其二，阅读策略的学习并不始于策略单元，更不能止于策略单元。学生学习阅读策略是为了能在阅读实践中更加灵活自如地运用这些策略，帮助自己提高阅读能力，丰富阅读经验，提升阅读效率和品质，绝不是为了了解策略而学习策略。阅读策略是知识，更是实践运用的能力。在策略单元学习之后，教师要有意识地将策略运用渗透到今后的阅读活动设计中，了解学生运用策略的自觉性、习惯和能力的发展，帮助学生在策略运用上达到"自动化"的境界。阅读策略运用的价值不能仅停留在课堂阅读学习上，更要服务于生活中的阅读。教师要有意识地引导学生将阅读策略的运用迁移到整本书阅读、生活常态阅读中，让学生在阅读实践中体会阅读策略的积极价值。

其三，策略单元的学习目的不是掌握有关阅读策略的知识，而是培养运用策略的习惯和能力。止于知识的学习是没有价值的学习，知识只有得到应用才是活的知识、有生命力的知识，因为它促进了能力的生长。所以，在策略单元的教学中，教师要处理好阅读策略知识和策略实践运用的关系，以学生能否灵活运用策略为评价的目标和依据。

其四，以学为中心，教师可以灵活调整策略单元学习的时机，以便阅读策略更好地服务于学生的母语学习和阅读生活。四年级上册的提问策略单元的学习，主要是培养学生的问题意识，教给学生提问方法，因而可以放到第一单元前面来学；三年级上册的预测策略单元可以跳出教材，在更真实的阅读情境和任务中习得，比如在故事听读、绘本阅读、整本书共读时有意识地进行学习和运用。

其五，阅读策略并不止教材策略单元中的四种，教师要根据学生阅读学习的需要，在适当的时候和学生一起发现、总结其他常用阅读策略。尤其是在应用文阅读和整本书阅读中，常常用到"联结""总结"等阅读策略，教师要适时渗透，帮助学生了解、掌握并灵活运用，真正提升学生的阅读能力和阅读品质。

习作单元的"不变"与"变"

一

统编版语文教材从三年级到六年级，每学期编排一个独立的习作单元，一共八个习作单元。八个习作单元基本涵盖了小学阶段最常见的几种内容的习作训练，具体见下表。

册别	习作主题内容	表达训练要素
三年级上册	状物	仔细观察，把观察所得写下来。
三年级下册	想象	发挥想象写故事，创造自己的想象世界。
四年级上册	记事	写一件事，把事情写清楚。
四年级下册	写景	学习按游览的顺序写景物。
五年级上册	说明	搜集资料，用恰当的说明方法，把某一种事物介绍清楚。
五年级下册	写人	初步运用描写人物的基本方法，具体地表现一个人的特点。
六年级上册	围绕中心意思写	从不同方面或选取不同事例，表达中心意思。
六年级下册	让真情自然流露	选择合适的内容写出真情实感。

教材是用于教与学的材料和资源，且不是一般的材料和资源，而是承载国家意志、贯彻教育方针、体现最新学科教育理念的，具有目标导向性和内容规定性的、地位特殊的材料和资源。尤其是"统编"教材，毫无疑问，一诞生就具备了"权威性"。

既然统编版教材具有"权威性"，那么研读教材并吃透教材编写意图，就成了一线教师绕不开的课题。

教材编写意图由谁来解释？理所应当是由教材编写者解释。如果教材编写者解释得足够清楚，并且教材使用者都完全明白和信服，那教材使用起来就省心多了。

但现实情况似乎很复杂。

《新课标》倡导教师要创造性地使用教材，这就从纲领上削弱了教材编写者的"权威性"，甚或让教材编写者自觉卸下了部分责任，而作为教材使用者的一线教师，在收获部分权利的同时也肩负重担。毕竟教材不等于课程，更不等于具体教室里的母语课程。课程始终是进行时的，是创造着的，是动态的。

从教材的习作单元到教室里的习作单元学习，是一个创造性的动态过程，包含创造性理解、创造性转化、创造性实施等。

二

这里就需要探讨一个话题：对于依托统编版教材的习作单元教学而言，什么是不变的，什么是变化着的？

先来看看两个"不变"。

第一个"不变"显而易见，是教材对习作教学的重视，体现在独立的习作单元的设置上，体现在教材编写者提出要努力构建独立的习作教学体系的课程追求上。

第二个"不变"是每册教材中习作单元编写的体例。八个习作单元，训练的内容目标各有侧重，而体例是完全相同的，都是由"精读课文（两篇）""交流平台""初试身手""习作例文（两篇）""习作"五个部分组成。

第一个不变，显然从任何角度看都是积极的；而第二个不变，是值得探讨和质疑的。

教材不变的体例与实际存在着的两个重要"变数"是矛盾的。

第一个"变数"在于，学生在"变"。这一"变"包含三层意思，第一层是学生从三年级到六年级，身心在成长变化，智识在发展变化，母语学习和运用能力在发生变化；第二层是不同时间入学的学生（比如今年的三年级学生与去年的三年级学生）是变化的，在日新月异着的当下，时间轴上不同学生的整体差异性也越来越大；第三层是不同地域的学生存在地域环境的差异，必然会投射在对学习内容和目标的理解、内化上。

第二个"变数"在于，教师在"变"。首先，每个教师对学科、教材的理解，都带有自己与众不同的认识和经验上的烙印；其次，同一个教师，随着自身专业素养的发展变化，对教材和课程的理解也会发生变化，从而带来实践的变化。

这两个变数又总是相互融合、相互作用的，从而使得矛盾更加复杂。教材的使用，不可能避开这些矛盾。当然，从根本上讲，相对于教材不变的体例，关键的变数还是学习者，即学生。

将教材单元转化为教室课程，就是要积极解决上述矛盾，以期让习作学习更加科学、更加灵活，让学生学得扎实、学得轻巧、学得有滋有味。

<h1 style="text-align:center">三</h1>

解决矛盾的方法，不是"以不变应万变"，而是要"创造性地使用教材"。体例是死的，人是活的，课程不能被体例束缚住，教学不是为体例服务的，而是为学生的学习成长服务的。面对习作单元，教师要积极大胆地"变"，要用"变"来创造真正适合学生的教室习作课程。如何求变，如何创造呢？

其一，根据年级变化，从借力体例到打破体例。

三年级上学期，学生第一次与习作单元"相遇"，此时还是学生习作起步的阶段。对于语文课堂学习而言，大多数学生在教师的暗示下，会有"学步"的被动体验。实际上，低年级的学生不仅有意且有能力将一件事表达清楚，很多学生还具备了一定的作文能力，仅仅是由于识字量的限制，不能轻松地将"说"变成"写"。因此，起步阶段先欣赏有意思的课文，可以激发学生自主创作的欲望，教师再有意识地引导学生注意写作的方法并进行针对性仿写，或许就能从实际上降低难度，确保多数学生体验到"付出努力就有收获"。

兴趣激发和"成功体验"是这个阶段十分重要的课程追求。教材习作单元的编写体例不仅给了学生抵达"成功"的路径（从精读课文中习得表达方法到写出自己的相关作品），还给了学生"攀登"的抓手（交流平台、初试身手）。教师要理解编者意图，要尽量遵循教材体例，一步一步地开展活动，让目标落地。

等到四年级的时候，学生的自主阅读能力显著提升，对学习的认识也更为理性，元认知显得更加重要。这时候如果再按照教材的体例一成不变地展开课程活动，很多学生可能就有些厌倦了。再加上学生已经写过很多篇作文，很多学生可能早就做到了"把事情写清楚"，若再按照体例来组织学习活动，就背离了"学为中心"的理念。此时打破体例，才是负责任的选择。

"打破"不是破坏，而是创造性地使用。怎么打破？比如，学习四年级上册习作单元的精读课文时，不妨让学生将自己以前写事的作文拿出来，对照课文来评价自己的作文，看看是否做到了"把事情写清楚"。做到了便有新的收获，原来自己无意间早已用过那样的写法，而现在完全可以有意识地运用之；没做到，那就想一想在哪些地方可以改进以达到新的目标要求。那么，"初试身手"就变成"再试身手"的游戏活动了，后面的习作任务就可以变成"打擂台"了。

到了高年级，先写、后学、后教，就应该成为首要选择。

当然，"学为中心"还提醒教师，要尊重学生的差异性，仍有一些学生需要"按部就班"的学习活动才能勉强完成目标任务，那就要因材施教，充分借力教材体例了。

其二，充分遵循学习规律，适当调整教材体例。

教材中的学习活动和内容编排都有先后顺序，但在教室课程实践中，这一顺序是应该根据学生实际需要进行灵活调整的。

单纯的模仿式学习往往会忽视学习者已有经验的积极作用，对于已经具有一定经验的学生来说，过于突出模仿学习，其学习效率是低下的。

先尝试，再对照"范式"进一步提升，将已有经验与新的知识技能建立起联系，这样的学习更有利于知识的内化和能力的提升。

为了确保有效学习，在充分研究学生和习作单元内容的基础上，教师应该对教材体例进行适当调整。这是创造性地使用教材的体现。

例如，五年级下册的习作单元主要是学习运用描写人物的基本方法，具体地表现一个人物的特点。这种习作训练目标并非第一次出现，学生已经有过多次相关的"实战经验"。所以，这个单元的学习既可以将"初试身手"调整为第一课，也可以将教材体例中最后的习作任务调整为第一项任务，同时是贯穿始终的任务。

其三，根据学生需要，适当进行内容调整。

内容和活动是体例的组成部分。体例的组成形式和顺序可以调整，体例中的内容也可以进行调整。调整的目的当然是更加有效地展开学习活动，让学生能够有更多的收获。

其实，教材在不断调整习作单元的内容，尤其是选文。例如三年级下册的习作单元，原来的第一篇精读课文是《小真的长头发》，现在调整为《宇宙的另一边》。编者调整单元选文，一定也是为学生的"学"考虑的。

内容调整，可以有不同的思路。

一种是调整精读课文和习作例文的用法。例如，在学习不同的想象方法时，三年级下册习作单元中的两篇精读课文都是启发相关想象的，而习作例文《一支铅笔的梦想》是启发相似想象的，《尾巴它有一只猫》是启发逆向想象的，因而都可以在这一点上进行对比阅读。而五年级下册习作单元中的《我的朋友容容》未尝不可以调整为精读课文，而将《人物描写一组》作为例文。还可以将精读课文都当作习作例文来运用，或者在两者之间不做明显区分。

一种是拓展精读课文，为学生积累丰富的语言经验提供更广阔的背景。例如，在学习《人物描写一组》中的《摔跤》之前，可以先让学生阅读《小兵张嘎》，这样一来，学生对描写人物的基本方法就会有更深切的感知和体验了。

一种是进行课文替换。如果教师发现更合适的精读课文或者习作例文，是可以大胆进行替换的。有的教师会将班级学生创作的优秀作品作为习作例文，这往往更能激发学生的学习积极性，取得更好的学习效果。

一种是将以前学过的课文作为习作例文，或者直接利用学过的课文来激活学生的经验，让学生有意识地进行学习过程和成果的自我监控。

总之，根据学生实际和需要，对教材内容进行重组、选择和再创造，用"变"来应对"不变"，是教师面对体例固定不变的习作单元时应该采取的姿态和行动。

口语交际教学中的话题与目标是什么关系

"用教材教"而不是"教教材",这似乎早就变成了一种共识。所以,当我们将单元语文要素科学准确地细化为单元学习目标之后,接下来要下的功夫,是如何以教材为依凭来落实这些学习目标。

"用教材教",十分清晰地说明了教材不是学习的直接内容和目的,而是一种学习资源——相对重要的学习资源。"条条大路通罗马",教材不过是其中大家以为最好走的一条路而已。如果行路人的目标是"罗马",却一心执着于脚下的这条路,就有可能本末倒置,走上一条不归路。

统编版语文教材从三年级开始增加了导语页,导语页的一项重要内容是指明本单元的阅读训练要素和习作训练要素,但没有口语交际训练要素。口语交际训练要素在哪儿呢?在每次的口语交际学习内容页的右下角,"回形针"扣着一张"活页纸",纸上通常会写有两条或三条训练要素——如果可以称为"要素"的话,或许也可以直接当作口语交际的学习目标。

既然"活页纸"上的两条或三条才是这一次口语交际学习的目标，那么，口语交际的话题就应该是为达成目标服务的，相当于到达目的地的其中一条路——教材唯一提供的一条路，但不是唯一的一条路。说白了，也就是可以走另外的路到达目的地，可以换一个话题落实本次口语交际学习目标；说透了，生活中遇到同类的口语交际情境，在本次课堂上学到的方法、习得的能力就能派上用场，帮助学生顺畅地完成交际任务，解决具体问题。

　　那么，老师们在口语交际教学时是否也做到了"用教材教"呢？话题和目标是否厘清了呢？近来拜读了几篇杂志上的口语交际教学设计、实录，发现大多是在教教材，教话题，把话题本身当成了口语交际学习的目标。

　　一位老师在设计《朋友相处的秘诀》时出示任务环节，第一个环节给出的只有话题任务，没有口语交际学习的目标任务。第二个环节要求学生按照流程单（各抒己见—畅所欲言—静心倾听—汇聚思想）分组讨论，汇聚小组对这一话题的看法。第三个环节参照教材中提供的另一个话题例子来整理小组观点。第四个环节提供了一个于话题有用的绘本，启发学生增补观点。第五个环节是汇报交流，结课前老师推荐阅读关于友情的书。

　　就话题本身的交流和成长目标的落实来说，这是一个精心而扎实的设计。但是，就口语交际的方法和能力目标来看，这是一个目标意识不强的设计。

　　如何突出目标意识，让学生在以后的讨论中做到"活页纸"上明确提出的两点呢？这就需要围绕方法和能力的习得设计学习活动。第一个环节要凸显目标任务，而不是只让学生了解话题任务；

第四个环节提供参考，不要独立作为一个活动，应该融入第二个环节，在分组讨论时适时补充，启发观点；最后结课时，可以推荐阅读有关友情的书，但更应该引导学生总结这次口语交际学会哪些记录和讨论信息、整理和汇报小组意见的方法，思考为什么要这么做，确保以后进行话题讨论时能够沿用这些方法。

口语交际教学要做到正确处理话题和学习目标的关系，避免本末倒置，教师就要有明确的目标意识，围绕学习目标进行教学设计。蔡春锦老师的《"辩论"（统编本六下）教学设计》，就是一个值得老师们学习的设计。蔡老师之所以能够科学定位教学目标，在活动设计中凸显目标意识，是因为她做了非常细致的教学思考，厘清了话题与目标的关系，做到了"用教材教"，而不是"教教材"、教话题。

警惕"名著导读"变成"名著误读"

"快乐读书吧"是统编版语文教材编写的一个重要学习内容，目的是让"读书为要"的理念深入人心，确保"整本书阅读"从课程设计到实践都变成现实，从而为学生大量阅读和创造高质量的阅读生活保驾护航。

从二年级开始，"快乐读书吧"推荐阅读的大都是中外经典，大致书目如下：

册序	书目	关联单元
二上	《小鲤鱼跳龙门》《"歪脑袋"木头桩》《孤独的小螃蟹》《小狗的小房子》《一只想飞的猫》	第一单元
二下	《神笔马良》《七色花》《一起长大的玩具》《愿望的实现》	第一单元
三上	《安徒生童话》《稻草人》《格林童话》	第三单元
三下	《中国古代寓言》《伊索寓言》《克雷洛夫寓言》	第二单元

册序	书目	关联单元
四上	《中国古代神话选编》《希腊神话故事》	第四单元
四下	《十万个为什么》《看看我们的地球》《灰尘的旅行》《人类起源的演化过程》	第二单元
五上	民间故事	第三单元
五下	《西游记》《三国演义》《水浒传》《红楼梦》	第二单元
六上	《童年》《小英雄雨来》《爱的教育》	第四单元
六下	《鲁滨逊漂流记》《骑鹅旅行记》《汤姆·索亚历险记》《爱丽丝漫游奇境》	第二单元
注：加粗为教材中首个推荐作品。		

多年以来，教材不仅是语文教育教学的依凭，也是居于首要地位的指挥棒，以教材课程的形式呈现"整本书阅读"，无疑能确保广大一线教师在实践上重视"整本书阅读"的指导和研究。根据统编版教材"快乐读书吧"栏目提供的阅读书目，很多一线教师认认真真做起了"名著导读"的功课，撰写教学设计，录制短视频微课，执教公开课、研讨课等。以往只有那些认同并提倡"整本书阅读"的语文教师在做这方面的功课，如今"整本书阅读"指导已经成为广大一线教师的普遍行为。一到学期初或者学习相关单元的时候，教师就会要求学生购买"快乐读书吧"推荐的书，就会运用各种方法策略引导学生读起来。这里不得不说，一部分教师的积极行动，除了与教材的导向有关外，与考试将涉及"快乐读书吧"内容也有极大的关系。因此，"快乐读书吧"提供的书目，读不读已经不是问题，怎么读和读出什么样的效果，才是老师们最关心的。

面对具有鲜明的年龄特征和个体差异的学生，上好一节名著导读课并非易事。教师如果对学生和名著本身的研究不够深入透彻，极有可能做一些吃力不讨好的事情，又或者只是自说自话，自我感觉良好，实际上败坏了学生阅读整本书的趣味却不自知。

一线语文教师上名著导读课，应该警惕的是，不要一厢情愿地教学，将名著导读演变成"名著误读"。

功在千秋的名著导读为什么会演变成功亏一篑的"名著误读"呢？大致有以下几个方面的原因。

一是忽视学生年龄特征和能力基础，盲目拔高阅读要求。在低中年级最容易出现这种状况。例如，一位教师在进行《神笔马良》的导读时，既要求学生用思维导图画出这本书讲了哪些故事，又要求学生"写出"阅读前、阅读中、阅读后的疑问，还要求学生摘抄精彩句段积累写作素材。显然，对于二年级学生来说，这些要求都太高了。二年级学生的逻辑思维还没有发展起来，将一本书的故事分成几个部分，并用思维导图呈现出来，对于大部分学生来说都是不可能完成的任务。疑问往往会伴随着阅读行为的发展而产生，但受识字量的限制，让二年级学生写下疑问想必不易，让他们"说来听听"才是合适的选择。至于摘抄精彩句段，积累写作素材，与二年级学生的能力和需求就离得更远了。盲目拔高要求，学生就会产生畏难情绪，觉得阅读整本书是一件痛苦的事情，怎么还会爱上读书呢？

二是空谈阅读方法，缺乏结合具体文本内容的直观性操作指导，忽视学生的实际需求和真实体验。不少教师在上名著导读课的时候会十分重视阅读方法的指导，这是必要的，毕竟了解和掌握更多的阅读方法可能会带来更正向的阅读体验。但是，方法只有与具体的阅读内容和真实的阅读体验相结合，才能有助于学生积极运用，在运用中收获阅读带来的丰硕成果。有些教师在名著导读时仅仅是空谈方法，没有联系具体的书本内容，学生不能即时操作、体验，以致教师传授的方法越多，学生越觉得整本书阅读枯燥无聊乃至难度甚高。如此一来，教师所谓的精心准备，肯定事与愿违了。

三是片面追求相关资源的丰富性，追求热闹的课堂氛围，喧宾夺主。一些经典名著不仅广为流传，而且被人们创造性地用多种艺术形式加以演绎，如拍成电影、电视剧，改编成舞台剧等；还有些名著成为人们文化生活中的主题元素，比如与名著有关的旅游景点等，这些都可以作为导读时激发学生阅读兴趣的资源。但在实践操作中，有的教师对找得到的资源都奉行"拿来主义"，在课堂上一一展示，没想到学生对这些资源的兴趣远远胜于阅读名著。例如《西游记》的导读，课堂上大量展示电视剧、电影的片段，由于电视剧、电影更直观形象，对学生的吸引力更大，就会出现很多学生读书敷衍了事，看剧观影却积极投入的现象。

四是教师自说自话，忽视了学生既是课程的中心，也是最重要的课程资源。在名著导读时，很多教师习惯于预设学生都没有读过具体的内容，以为学生是从导读课上才知道有这么一部作品的。在这样的认知支配下，教师的导读内容设计和课堂话语设定都呈现出自说自话的特征。这种自说自话本身就有违"学为中心"的理念，同时也忽视了学生这一鲜活的、积极的课程资源。这样的导读课，对已经阅读过具体内容的学生几乎没有任何"导"的价值，还会激起这些学生的不良情绪。

五是程式化的操作，"再而衰，三而竭"，导致学生审美疲劳，失去了"导读"的价值。有的教师无论是针对几年级的学生，都使用一套固定的模板上导读课，一读封面、二聊作者、三看目录、四提方法……上到第三次的时候，很多学生都可以当老师了，这样的导读课慢慢就失去了吸引力，既不能激发学生读书的兴趣，也不能让学生积极习得新的读书方法。由于对导读课产生审美疲劳，学生对阅读整本书本身也会失去热情。

那么，如何避免将名著导读演变成"名著误读"，让名著导读课起到应有的积极作用呢？

一些出版社以促进儿童阅读的名义出版的名著类读物，往往会在前面编写一篇"导读"类的文章，目的是引导儿童读者了解作品梗概和价值，激发儿童读者的阅读兴趣。这样的"导读"便类似教师在班级开启具体的整本书阅读之前上的名著导读课。名著导读课与出版物上的导读类文章之间一个重要的区别就是，出版物上的导读类文章总是放在正文前面的，而课堂上的名著导读课可以是阅读前的，也可以是阅读中的，还可以是阅读后的，不同时间段的导读课，往往目标指向有所不同。

阅读前的导读课主要侧重于导兴趣，兼顾导方法；阅读中的导读课主要侧重于导方法，导思考，兼顾导兴趣；阅读后的导读课主要侧重于导创造，导发展，兼顾导兴趣。

导兴趣，是一以贯之的选择。

下面从导兴趣、导方法、导创造三个方面，探讨如何做到避免将名著导读演变成"名著误读"。

一、导兴趣，做到善用资源、巧设悬念，激起学生的阅读期待

导兴趣，是名著导读课的首要任务。阅读兴趣培养起来了，学方法、用方法和进行自我实现的创造性活动，才有基础，才有动力，甚至能够水到渠成。

学生对具体的文学名著产生阅读的兴趣，如果这部作品是他们没接触过、不熟悉的，激起他们阅读欲望的方法有很多种。例如：

利用书名和封面激趣，如《神笔马良》《骑鹅旅行记》等；

利用作者有意思的创作背景和创作故事激趣，如《鲁滨逊漂流记》《灰尘的旅行》等；

利用故事开头激趣，如《神笔马良》《汤姆·索亚历险记》等；

利用故事中的精彩情节、片段激趣，如《安徒生童话》《童年》等；

利用名人的评价激趣，如《鲁滨逊漂流记》等；

利用名著相关的电影、电视剧激趣，如《西游记》《三国演义》等；

利用故事中人物的关键行动和与性格特点有关的遭遇激趣，如《神笔马良》《西游记》等；

……

上述各种激趣方式，既可以单独运用，也可以结合起来运用。例如《西游记》，就可以同时利用书中的精彩情节、主要人物的特别表现、相关的影视剧片段等激发学生的阅读兴趣。

如果这部作品班上很多学生已经接触或阅读过，除了以上方

式，还要充分利用学生资源来激发其他学生的阅读兴趣，或者激发学生进一步深入阅读的兴趣，比如让已经阅读过的学生谈印象、做推荐等。

导兴趣，目的是让学生对具体的名著充满好奇和期待，迫不及待地想捧着一本书阅读。阅读前的导兴趣，只要方法策略运用得当，就可以让绝大多数学生兴致勃勃地开启阅读之旅，但不一定能保证学生的阅读兴趣持续下去。随着阅读的推进，有些学生的新鲜感可能会消减，或者觉得这本书不是自己喜欢的类型，就慢慢失去了用心阅读的兴趣。教师要对学生阅读中的表现进行"监控"，针对不同学生的需要，引导他们从新的角度体验阅读的乐趣，让兴趣重新被点燃。阅读中的导兴趣，更多的是针对学生的个体性需求，对教师"导"的方法和行动提出了更高的要求。这就是为什么教师既要研究名著文本，也要研究学生。

二、导方法，做到"学为中心"，帮助学生建构积极的阅读体验

阅读方法的引导一是为了保证学生读有所得，不断提升学生的阅读能力和阅读品质，二是让学生在不断收获成就感的基础上进一步激发阅读思考的兴趣，教师要二者兼顾，才能让方法成为学生的内在需要。

从教材不同册序中"快乐读书吧"的阅读提示和要求来看，方法的学习是由易到难、循序渐进、不断积累和发展的。例如，二年级下册要学习看目录，根据目录快速找到要读的内容，教师要引导学生关注故事中的人物，关心人物的生活状况；四年级下册，教师

要引导学生带着问题去阅读；六年级上册，教师要引导学生厘清小说中的人物关系，关注生动的故事情节给自己留下的印象……

梳理不同册序的"快乐读书吧"还可以发现，不同书籍（包括不同文体）的阅读方法不一样，目的之一是帮助学生培养根据不同阅读对象做好相应的阅读准备的能力。教师在进行导读时就要关注具体的阅读书籍属于哪一种，让方法的运用与作品的特点相匹配。

最重要的是，阅读方法的引导要做到以学生为中心，保证方法的运用使学生的阅读更加有趣，阅读发现更加丰富。一本名著的阅读可能需要用到多种方法，为了确保不因方法的学习运用而败坏学生的阅读兴趣，在阅读前的导读中，教师不要一股脑地给学生几乎所有的阅读方法指导，更不能将方法与硬性的任务要求"捆绑"。正确的做法是，先了解学生的方法掌握和运用习惯基础，再根据作品特点和年龄段特点，在阅读前指导一两个新的方法。方法的指导要避免"灌输"，最好的做法是结合具体的故事情节等，让学生尝试运用方法，体验方法运用的积极价值。而更具体的方法指导要在阅读过程中，利用合适的机会，为了明确的目的，做相应的指导。例如《三国演义》阅读前的导读，学生先要学会读懂回目和抓取关键人物；在阅读过程中，教师再指导学生梳理人物关系和对人物进行有理有据的评价。

三、导创造，做到激活思维、注重实践，帮助学生收获积极的自我实现

阅读整本书的一个重要的目标追求，就是开阔学生视野，引导

学生认识更加广阔丰富的世界，发展学生的思维，提升思维品质（包括形象思维和言语逻辑思维等），进而促进学生在多维拓展创造中自我实现。

阅读名著又可以进行哪些创造呢？低年级可以画故事、演故事等；中年级可以将故事改写成剧本，尝试自导自演，模仿创写等；高年级可以写书评，可以基于故事情节或主题创编音乐舞蹈和设计服装等。

创造性的阅读活动既要契合学生的兴趣，又要有一定的挑战性，这样一来学生才会真正投入，才会在实践中收获多方面的成长。

导创造，一般可以放在阅读中或阅读后，设计合理的话也可以放在阅读前，作为兴趣和任务一体化的驱动。例如，在阅读前导读《骑鹅旅行记》，可以将其选定为期末班级戏剧剧目，由此一来，学生的阅读就始终与创造性学习活动融为一体。

要再次强调的是，教师上名著导读课一定要在自己深研名著的基础上展开，如果自己还没有认真阅读过具体名著就去上导读课，是不负责任的做法。

厘清"整本书阅读"的三个关系

一、整本书阅读与整本书共读的关系

"整本书阅读",顾名思义就是阅读整本的书,是相对于节选式阅读或指定篇章阅读而言的。"整本书",既指整本的长篇,也包括围绕某个主题结集成书或某个作家的作品集。教材教辅虽然也是一本一本的,但被排除在这里的"整本书"之外。简单地讲,阅读教材教辅之外的整本的书都可以定义为"整本书阅读",不论这整本的书是教师推荐的,还是自己选择的。不过,纳入课程框架内的"整本书阅读"又不同于学生在完全自主状态下阅读一本本书,它应该有一定的引导性、计划性和目标性。即使是趣味性的班级阅读比赛活动,对读什么书不作规定和限制,也不同于学生完全自主的阅读,而是属于课程框架下的"整本书阅读"。

当我们在学校教育语境,尤其是在课程框架内谈"整本书阅读"时,常常会第一时间想到"共读"这个词以及它所暗示的图景。那么，统编版语文教材背景下的"整本书阅读"，是不是就等同于整本书共读呢？

什么是"共读"？大家都读同一本书就算是共读吗？比如班级里正好有三五个学生在同一时间段里读林海音的《城南旧事》，他们算是在共读吗？显然不算。共读，就是一起读，并且阅读者知道自己与大家正在一起读，带着共同的目标任务一起读，进而，一起读的人之间还会通过讨论交流等方式进行互动分享，相互启发。"一起读的人"，指的不仅是一个班级里一起学习的学生，还包括一起读的老师。教师在共读中既是引导和组织者，也是陪伴者，更是分享中的一员。整本书共读，不同的书，共读目标也不同。例如，四年级下学期共读米·伊林的《十万个为什么》就要学习和运用阅读科普书籍的策略（联结、提问、推测等），了解更多科学世界的奥秘，激发阅读科普作品的兴趣；而共读弗兰克·鲍姆的《绿野仙踪》，在目标定位上，生命成长目标比阅读策略目标更突出。

从上面的简单分析可以得出，"整本书阅读"不等于整本书共读。从范围上看，"整本书阅读"包括整本书共读；从课程形式上看，"整本书阅读"要比整本书共读更加开放，读的书可以各不相同，不一定有具体而统一的流程、目标要求，而整本书共读的目标更清晰，要求更具体，设计更细致。统编版教材大力倡导落实的是"整本书阅读"，并不要求都用共读的方式开展"整本书阅读"活动，整本书共读只是其中的一种课程形式。

二、教材指定（推荐）书目与班级自选书目的关系

一至六年级每册教材中的"快乐读书吧"分别结合所在单元的

主题或文体特点，指定或推荐一些相关的经典书目，引导学生进行整本书阅读。教材指定（推荐）书目，既是为了推进"三位一体"的阅读设计落在实处，也为教师如何循序渐进地引导学生读各类书籍提供了现成的路线，解决了多数一线教师"读什么"的困惑。可以想象得到，在"整本书阅读"尚未形成风气的学校和教室里，统编版教材"快乐读书吧"栏目的设置将从理念和行动上带来阅读的新气象。

虽然一至六年级十二个"快乐读书吧"指定（推荐）的书目超过了40本，总字数超过了400万，但是在核心素养时代，在"读书为要"的时代，真正让阅读成为学生和将来社会公民主动选择的一种生活方式，仅依赖于教材指定（推荐）书目的阅读是远远不够的。

"400万"看上去是一个不小的数字，但按每册教材10万字（教材版权页标注为16万字，实际在7万字左右，这可能是计算方式不同导致的差异）计算，也只相当于40本教材。读完一本教材需要多长时间呢？很多中高年级的学生每周能够轻松读完一本10万字的书，一年就能读完400万字。从量上看，仅仅阅读"快乐读书吧"指定（推荐）书目是远远不够的。

"快乐读书吧"指定（推荐）书目与单元主题或文体特点是紧密关联的，在书籍种类上做了精心考量和安排，有童话、寓言、神话故事、科普读物、民间故事、中外名著等。但是，毕竟一共只有四十多本书，一起摆上教室书架也不过一小格而已。所以，除了这些书目之外，"整本书阅读"一定还需要补充足够多的班级自选书目。真正从学生实际和需要出发，只要"整本书阅读"的核心目标得到了落实，教材指定（推荐）书目尽量都读，就不必拘泥于教条，班级自选书目既可以作为补充，也可以有选择地替换教材书目。认真分析会发现，教材指定（推荐）书目少有与学生当下身心成长发展相呼应的读物，低年级的书目中缺少各类绘本，如《花婆婆》《活了100万次的猫》；中高年级的书目中缺少儿童经典小说，如《小飞侠彼得·潘》《绿野仙踪》《疯狂爱书人》《野蜂飞舞》等。这类读物的阅读会给学生的心灵成长带来深刻的影响，也会积极促进班级内学生之间的同伴关系建设。

无论从什么角度考量，班级自选书目既是教材书目的补充，也是"整本书阅读"不可或缺的部分。

三、习得阅读方法与促进精神成长的关系

"整本书阅读"的目标定位中，学习运用常见阅读方法策略和促进学生精神成长是两个重要方面，这在《新课标》中就表述得很明确了。在具体的阅读活动中，处理好这两者之间的关系很重要，不能顾此失彼。

通常，阅读方法策略的习得和运用，会帮助学生更加熟练地阅读整本书，提升整本书阅读能力，从整本书阅读中吸收更多的营养。同样，在大量阅读整本书的过程中，学生的心灵也会受到滋养。如果在课程中根据学生实际和具体书籍有意识地落实这方面读书目标的话，学生思维的发展和情感的丰富又会促进阅读方法策略的熟练运用，为整本书阅读能力的发展助力。

所以，习得阅读方法与促进精神成长在"整本书阅读"中是相辅相成的，不可偏废。

革命传统类文本教学如何立足儿童

在《新课标》中，"课程内容"的"主题与载体形式"分为三类，分别是"中华优秀传统文化""革命文化""社会主义先进文化"。"革命文化"的重要地位不言而喻。

面向儿童的母语教育必须立足儿童立场，"为儿童全生活着想"，这样才能促进学生主动建构属于自己的学习体验和经验。革命传统类文本大多因为情感强烈、故事引人入胜，而能够很自然地激发学生的阅读兴趣，但同时，文本中蕴含的艰苦奋斗、爱国奉献等精神，尤其是特殊历史背景下的家国情怀，又是学生所不熟悉的，理解起来有一定的困难，很难在情感上产生共鸣。如此一来，在课堂上围绕语言文字运用学习这一核心，充分发挥革命传统类文本立体的母语学习价值，就必须立足儿童立场，在"为儿童全生活着想"的理念下精心设计、智慧开展学习活动，做到既聚焦革命传统主题，又根据具体文本准确定位读写目标，帮助学生建构开放多元的学习体验和经验。

在讨论如何立足儿童立场开展革命传统类文本教学活动之前，有必要先明确一下到底哪些文本属于革命传统类文本。通常，选入教材的这些课文都属于革命传统类文本：描写近代中国艰辛而伟大的革命历程的，如毛泽东的《七律·长征》（六上）；讲述革命战争时期英雄人物故事的，如《狼牙山五壮士》（六上）、《十六年前的回忆》（六下）；表现中华人民共和国成立以来各行各业艰苦奋斗无私奉献精神的，如《小岛》（五上）。革命传统指的是什么？主要是艰苦奋斗、爱国奉献、自我牺牲的精神，是流淌在血液里、付诸行动中的家国情怀。这些精神、情怀不是突然产生的，而是优秀民族精神的传承。所以，广义上讲，那些蕴含着中华民族爱国精神的文本，如陆游的《示儿》（五上）、梁启超的《少年中国说（节选）》（五上）等，也属于革命传统类文本。从体裁上看，革命传统类文本有诗歌、小说、议论文，甚至还有说明类文本，如《冀中的地道战》（五上），内容丰富，形式多样。

在统编版教材中，革命传统类文本占有很大比重，承载了重要的学习目标，蕴含着丰富的学习价值。这就更需要语文教师立足儿童立场，将这些文本用实、用活、用好，为学生言语和精神生命的成长服务。

一、立足儿童立场，聚焦故事，读出内容的精彩

除了大部分革命传统类文本都属于故事类文本外，其他文体的革命传统类文本，如诗歌、论说文等，也都有"故事"作为背景——时代背景和作者的经历等。故事，恰恰是儿童最喜闻乐见的。聚焦故事，也就聚焦了学生的兴趣所在，聚焦了文本最吸引人的维度。

聚焦革命传统类文本中的故事，并非一成不变地关注文本故事内容本身，而是立足儿童立场，从学生的阅读兴趣出发，根据不同文本的特点，巧妙地选择切入点，让学生怀着不一样的期待，走进故事，感受内容的精彩。

1. 从题目切入，走进故事。有些革命传统类文本的题目非常容易激发儿童的阅读兴趣，课堂上就可以从这样的题目入手，让学生带着期待和疑问走进故事内容，期待个中的精彩。例如四年级下册的《小英雄雨来（节选）》，对于四年级学生来说，"小英雄"就是最好的兴趣触发器——"雨来是怎样的一位小英雄？""雨来有什么样的本领？""雨来做了什么事？"……在题目的暗示中，一个个问题连同对小英雄故事的期待一起从心底生发了出来。聚焦题目，目的是聚焦故事，是读出故事内容的精彩。

2. 从关键情节切入，走进故事。《黄继光》一文中有这样的片段："啊！黄继光突然站起来了！在暴风雨一样的子弹中站起来了！"如果先将这样的片段呈现出来，或者让学生先聚焦这样的片段，学生一定会急切地关心："黄继光是谁？他站起来干什么？他怎么在暴风雨一样的子弹中站起来了？"先聚焦这样关键的情节，契合了儿童的阅读心理，因为故事还没有完整呈现，内容的精彩已经可以预见了。《军神》和《狼牙山五壮士》等课文，都可以从这样关键的情节切入，引导学生带着期待感受故事内容的精彩。

3. 从特色语言入手，走进故事。有些革命传统类文本的语言特色十分明显，几乎第一时间就能激发儿童的阅读兴趣，例如《少年中国说（节选）》《桥》等。《少年中国说（节选）》虽是论说文，但语言高度凝练、概括，气势宏大，感情饱满，读起来铿锵有力，朗朗上口。尤其是选文的第二自然段，运用的是文言句式，四字一句，节奏明快，充满力量。为什么梁启超要用这样的语言来表达观点抒发情感呢？文章内容本身还有怎样的精彩？背后的故事又是怎样的？教师只要范读这段话，学生就能初步感知内容的精彩了。《桥》是一篇语言特色十分突出的"小小说"，简短的句段营造了紧张的节奏，使得读者的心始终处在一种紧张亢奋的状态，欲罢不能。它的开头就是"黎明的时候，雨突然大了。像泼。像倒。山洪咆哮着，像一群受惊的野马，从山谷里狂奔而来，势不可当"，这样的语言暗示了故事内容的精彩，学生可能已经迫不及待了。

二、立足儿童立场，聚焦人物，读出人物的精神

革命传统类文本中的人物大多带有革命英雄主义的光环，或者本身就是世人公认的伟人。对于儿童来说，能够走进他们心中的不是贴着"革命英雄"标签的人物，而是能从一言一行中读出具体情感和精神的人物。阅读革命传统类文本，只有从儿童的阅读趣味和思维特点出发，才能真正聚焦人物，从文本故事内容和细节中读出人物的精神。

1. 利用儿童知识上的空白点，关注人物的身份，凸显人物的精神。很多革命传统类文本中的主要人物的特殊身份是儿童所不熟悉的，恰恰是这种知识上的空白点，成了引导学生更深入体会人物精神的切入点。谈歌的短篇小说《桥》，凸显的不是一个普普通通的"老汉"的沉着和牺牲精神，而是身为"党支部书记"的老汉无私无畏、舍己救人的崇高精神；同样，老汉的儿子"小伙子"也是"党

员"。细读文本会发现，"党"或"党员"在小说中一共出现了五次。阅读中要引导学生关注老汉的"党员"身份，并追问这样几个问题：为什么筑起这不朽的生命桥的不是随便哪个人，而是"党支部书记"？如果没有身为"党支部书记"的老汉，灾难的后果又将是怎样的？这样的追问会让学生从普遍的人性光辉中看见"党员"这一特殊身份，从而进一步理解这"桥"——是以老支书为代表的优秀党员密切联系群众，一切为群众着想的最坚实、最可信赖的"桥"，人物也就有了更加现实的意义。这样的人物关注角度利用了陌生化策略，让人物在儿童心中留下了更加深刻的印象。同样，学习陆游的《示儿》时要追问"一个临终之际的老人，何以'但悲不见九州同'"，再结合陆游的生平资料，了解陆游一生为之奋斗的理想，学生对诗人的爱国情怀自然就有了更加深切的体会。

2. 利用儿童形象思维的优势，关注人物的行为，感受人物的精神。小学生认识事物更多依赖形象思维，他们阅读革命传统类文本，理解故事中人物的特点时，最关心的是人物做了什么和怎么做的。在课堂学习中关注人物行动，尤其是动作描写细腻的片段，学生能更真切地感受人物的精神。《狼牙山五壮士》的第四自然段有这样的描写："他刚要拧开盖子，马宝玉抢前一步，夺过手榴弹插在腰间，猛地举起一块大石头，大声喊道：'同志们！用石头砸！'顿时，石头像雹子一样，带着五位壮士的决心，带着中国人民的仇恨，向敌人头上砸去。""抢前一步""夺过""猛地举起"等动作，不仅表现了马宝玉的勇敢坚决，还表现出了他的沉着、机智。抓住这些动作描写，学生就能读进故事情境当中，设身处地地思考和感受人物的行为，进而体会人物行为所蕴含的精神品质。《金色的鱼钩》（六上）和《十六年前的回忆》（六下）中都有这样的描写。课堂上还可以结合具体的行为动作描写，让学生边读边演，将动作思维、形象思维与言语思维充分结合，深切感受人物的精神。

3. 利用儿童细腻的情感，关注人物的心理，探索人物的精神。儿童的情感是细腻的，进入了故事情境中，他们自然就会设身处地地想故事人物之所想。所以，阅读革命传统类文本要充分利用这一点，引导学生深入探索人物的精神。《灯光》（六上）中，郝副营长点燃那本书帮后续部队照亮突破口的情节写得很简单，但是，联系前面郝副营长跟"我"说的话，学生可以想象在点燃那本书的时候郝副营长心里是怎么想的。关注了郝副营长当时的心理，就能真真切切地体会到他为美好理想而牺牲的伟大精神。《小岛》（五上）的课文导读中有"用将军的口吻，讲述登上小岛后发生的故事"的学习任务要求。要讲述好"自己"登上无名岛后发生的故事，学生必定要在阅读中进行角色体验，代入角色；要能代入角色，就要读懂人物一言一行背后的心理；读懂了人物心里的想法，也就设身处地地体会到了人物的精神品质。

三、立足儿童立场，聚焦语言，读出文字的适切

革命传统类文本的阅读也是为提升学生的语文综合素养服务的，要以语言文字运用学习为核心目标。聚焦语言，聚焦革命传统类文本的语言运用特色，既是体会文本主题思想的需要，也是丰富语言积累、促进语言文字运用能力的需要。立足儿童立场，聚焦革命传统类文本的语言，可以根据不同文本的语言风格，选择不同的方式策略。

以读为本，关注独特的语言形式，体会语言表达是如何彰显文本主题的。儿童对语言，尤其是形式独特的语言有天生的敏感，他们能从语言的节奏、韵律、轻重缓急等特点中，感受到文本表达的情绪情感，从而准确地领会文本的主题。革命传统类文本，由于主题本身的需要，往往在语言形式上有独特之处，例如《黄继光》《狼牙山五壮士》等，描写英雄人物行动的语言铿锵有力，充满豪情，节奏感强；《少年中国说（节选）》《桥》的语言形式更加特别，前者整齐而有气势，感情饱满，读起来铿锵有力，朗朗上口，后者几乎整篇都是短句短段，渲染了紧张的气氛，表现了老汉的果断坚定。如何关注这些独特的语言形式，对于儿童来说最好的方法就是充分地、有层次地朗读，在朗读中感受、体会，在朗读中积累、内化。学习《少年中国说（节选）》的第二自然段时要结合图片，反复朗读，读出气贯长虹的气势，读出向往，直至熟读成诵，文本表达的强烈情感和精神力量也就激荡在学生心中了。

关注文本内语言的变化，对比变化带来的表达效果。由于儿童对语言十分敏感，文本中语言的变化很容易引起他们的注意。《圆明园的毁灭》（五上）中描写圆明园曾经之辉煌的文字与被毁灭的文字，语言风格明显不同。前者大量运用明快的四字词语，句式整饬而富有诗意，字里行间洋溢着欣赏和赞叹之情；后者多用短句、动词，写出了侵略者的野蛮行径，字字句句让人感受到悲愤和憎恨。课堂上要引导学生关注课文前后语言的变化，边读边想象画面与情境，语言的习得就与情感的体验融为一体，语言变化带来的情感变化就得到了凸显。《金色的鱼钩》中，"我"发现老班长每次都没有吃鱼，前后的语言变化也很明显，故事前面都是叙述性的语言，显得平和轻松，发展到后面多用描写性的语言，情感细腻，句句牵动着读者的心。如果课堂上能引导学生关注到这一点，得意、得言就水到渠成了。

聚焦环境描写，体会环境描写的独特作用。"一切景语皆情语"，对于儿童来说，革命传统类文本的阅读要聚焦环境描写，既能帮助学生更深入地理解思想主题，又能结合具体故事体会环境描写的价值，从而主动地学习迁移运用。《小英雄雨来（节选）》中，第一和第五部分都有整段的环境描写，作用各不相同，前者表现了村庄的美好，人们生活的安宁，后者渲染了悲壮的气氛，表现了人们沉痛的心情。引导学生结合当时人物的活动和遭遇，品读这些环境描写——表现的思想情感不同，即使写的是相同的景物，词句运用不同，写出来的景物特点也不同——他们就会感受到语言表达的奥义，感受到革命传统类文本语言学习的积极价值。

总之，正因为革命传统类文本与学生的现实生活相距较远，才更需要立足儿童立场来选择课堂学习内容，进而聚焦文本独特的语言学习价值，运用适切的方法，让学生在学习语言、发展思维的同时，自然而然地受到革命传统教育。

第四辑

——

统编教材
教学实践案例

浸在童真童趣里的语言真新鲜

——三年级上册《花的学校》文本教学解读与学习活动设计

一、文本教学解读

我第一次读泰戈尔是在三十年前，那时正在读师范。印象深刻的有三个集子——《新月集》《飞鸟集》《吉檀迦利》，我最喜欢的是《新月集》。记得当时写了好几千字乃至上万字的感想，还在周记上模仿他的写法创作过几篇散文诗——这些文字早就不知湮灭何处了。

当初读泰戈尔，是真正的"素"读，除了集子，我找不到任何可以启发和参考的文字来帮助自己理解，但是"童真""母爱"这些主题还是很快就领会了。参加工作以来，除了晨诵，没有在课堂上和孩子们一起学习过泰戈尔的作品，我也就没有再认真真地欣赏、解读过。为了课堂，为了学生的"学"而解读《花的学校》，这是第一次。

郑振铎翻译的《花的学校》的确是一篇经典。静下心来一字一句品读，你会不知不觉随着文字走进一个奇妙的世界。这个世界里有自然的博大与多彩，有花儿和儿童的纯真与活泼，有欢欣鼓舞，有安恬温馨……雷云轰响，阵雨落下，湿润的东风吹着风笛，这是热情的夏天，这是自由的季节，这是大自然对"一群一群的花"的召唤、迎接和馈赠，所以，这些花儿"在绿草上跳舞，狂欢"。

儿童看见了这些狂欢地跳着舞的花儿，把自己的心思告诉亲爱的妈妈，这些美丽的花儿原是在地下的学校里上学，"雨一来，他们便放假了"，就"冲了出来"。儿童要告诉妈妈什么呢？花儿在地下学校的不自由、不快乐，对外面世界的向往，放了假后的欢欣——一出了学校，他们就觉得树枝、绿叶是在为他们欢呼，雷云是在为他们鼓掌。甚至，儿童看明白了，这些花儿"冲了出来"，是要回到家里，回到"星星所住的地方"，回到妈妈的怀抱里——就像这个对妈妈诉说的儿童一样。

读到这儿，或许我们早就发现，这些花儿不就是正在向妈妈诉说的孩子吗？花儿的心思就是孩子的心思啊！

是的，这里有童真、有童趣、有童年的幻想——东风吹着风笛，雷云拍着大手，花儿的家在星星所住的地方，他们"扬起双臂"奔向"自己的妈妈"。是的，他们这么渴望着"放假"，他们迫不及待地从"地下的学校""冲了出来"。

新的问题来了，诗人泰戈尔到底要表达什么？他是怎样表达的？为什么要这样表达？真的仅仅是赞美"童真"和"母爱"吗？诗人泰戈尔为什么要在诗中将"学校"塑造为"反面形象"呢？仅仅是因为儿童都天生向往自由吗？学校一定是不自由的地方吗？在三十年前读的时候，我就认定这是儿童最纯真心思的表达。现在想来觉得没这么简单，因为泰戈尔不单是一个诗人，他还是社会活动家、哲学家、印度民族主义者。他一定是希望印度的儿童能在学校里接受良好教育的，希望儿童能爱上学校，希望学校是儿童喜爱的地方。这首诗分明将"地下的学校"与儿童对自由、自然的向往对立了起来，儿童会不会因为读到这首诗而对学校产生抵触情绪呢？这或许正是泰戈尔想要的，因为在泰戈尔生活的年代，印度正处于英国的殖民统治之下，学校是为殖民者服务的，而不是为印度儿童的自由成长服务的。（泰戈尔自己在学校里的经历也是不快乐的，他讨厌当时学校教育的刻板。）诗中的"家""妈妈"与"地下的学校"在现实生活中就是对立的。这样看来，"雷云""六月的阵雨""湿润的东风"都是有象征意义的，是诗人渴望的改变，是创造自由环境的热情行动。《新月集》一共有 37 首散文诗，除了《花的学校》，还有《十二点钟》《职业》等写到了学校和功课，在这些诗中，学校同样是自由和快乐的对立面。这就更可以说明泰戈尔想表达什么了。

欣赏过这首散文诗后，下一个问题是，作为一篇被选入三年级教材的文本，如何来解读才能既不曲解诗人要表达的思想和情感，又能实现我们所期待的教学价值呢？

作为一首散文诗，《花的学校》最吸引人的就是诗的语言（鲜明的节奏、朴素优美的词句、充满想象和童趣的修辞）、诗中的形象（热情的雷云和阵雨、欢快的东风、因为"放假"而充满生机的花朵、与花朵心心相印的孩子、倾听孩子心声的温柔妈妈）、诗的意境（雷云轰响，阵雨落下时，东风的风笛带来了放假的消息，一群一群的花儿从地下学校"冲了出来",尽情呼吸自由的空气,急切奔赴妈妈的怀抱),这一切都可以通过与文字的亲密接触(阅读、想象、品味)而心领神会——无论是富有阅读经验的成人还是三年级的儿童——只要能将文字读成画面,读成心思。

"为课堂"的文本解读要关注学生会怎样理解这首散文诗,学生会与诗的语言、形象、意境等展开怎样的对话。"花的学校",这是一个极具想象空间的题目,儿童更会产生丰富的联想:是花儿们上学的学校吗?那个学校里会有哪些新鲜的事物呢?是种满了各种鲜花的学校吗?这样的校园会是多么美丽多么芬芳啊!带着这些联想开始阅读之旅,最先被注意到的句子应该是"一群一群的花从无人知道的地方突然跑出来,在绿草上跳舞,狂欢"——原来,文章果真要写花儿们上学的学校。

这一发现令人惊喜,接着往下读——"妈妈,我真的觉得那些花朵是在地下的学校里上学"——一个正在讲故事或者正在与妈妈分享自己的发现和心思的儿童(学生很容易在心中将"我"看作可以相互分享的同龄人)突然出现在面前,那"一群一群的花"是这个"我"看到的和联想的。这些花是怎样上学的呢?"他们关了门做功课。如果他们想在放学以前出来游戏,他们的老师是要罚他们的。"这样看来,花儿们的学校并不是一个让他们感到自由快乐的地方。诗中还会写他们在学校中的其他生活吗?"雨一来,他们便放假了。"接着,进一步照应第一段的描写,写了花儿们放假时的欢欣——仿佛树枝绿叶都在为他们的放假欢呼,雷云在为他们的放假鼓掌;写了花儿们绚丽多彩的服饰,写了放假带来的兴奋——"冲了出来"。原来,那地下的学校是花儿们不喜欢的,他们在学校里最渴望的是放假。三年级的儿童是不是也像花儿们一样觉得学校里不自由不快乐呢？是不是也渴望着放假呢？读到这儿，三年级的儿童会不会与花儿们、与"我"产生情感上的共鸣？这与儿童自己真实的学校生活体验密切相关，也与儿童的天性相关，大概很多三年级的儿童都会产生共鸣。共鸣不仅来自地下学校的约束，还来自学校外面丰富多彩的大自然，这时候再来回味雷云、阵雨、吹着风笛的东风、相互碰触的树枝、簌簌响的绿叶，学校外面的世界的确值得向往啊！

接着往下读吧，诗中还会写什么呢？是继续描写花儿们在绿草上游戏狂欢吗？没有。接下来的三段写的又是"我"告诉妈妈的想法，"我"知道花儿们从学校里冲出来，心中惦记的是他们天上的家，是家中爱着他们的妈妈——儿童从学校出来，短暂的游戏过后，不也急急忙忙地要投入妈妈的怀抱吗？

真是一篇美妙的散文诗！这首散文诗是在讲上学儿童的故事和心思啊！如果"花的学校"指的是地下的那所学校，那就是花儿和儿童希望逃离的地方；如果冲出来后可以尽情狂欢的草地、心之所往的家也能被看作另一种学校，那就是花儿和儿童所喜爱的学校。诗题在阅读、联想、体验中被赋予了多元的、个性化的意义。

怀着童心在文字中徜徉、沉思、欣赏，诗人要表达的心思和情感在对话中已经清晰明了。三年级的儿童带着猜想、期待这样读下来，带着自己的经验与诗人、诗歌来一段情感对话，也就是充分而满足的了。

还原到这里，我们已然发现，这首散文诗是有层次的。一、二两段是大自然中诗意的场景，一群一群的花跑进了充满热情的世界；

三至六段是"我"告诉妈妈的猜想,猜想这些花儿是从哪儿跑出来的,为什么跑出来,循着这样的猜想再来看花儿们放假后整个世界的欢欣鼓舞,照应了一、二段;七、八、九段是"我"再次猜想这些花朵为什么那样急急忙忙,表达了对花儿的理解、共鸣以及对母爱的信任和渴望。从所见到所思,以所思来诠释所见,层层深入,自然而巧妙,诗意就这样从文字中氤氲开来。从教材的编排上看不出这样的层次划分,而很多译本都是分成三个部分来编排的,笔者认为,鲜明地分成三个部分应该更利于学生的理解。

诗意,不仅来自诗人所表达的心思和情感,更来自具体的词句。应该说,对于三年级学生,这首散文诗中的每一词、每一句都是新鲜的,都是充满想象力的,都是情感真挚饱满的。东风"走过"荒野,"吹着风笛",一群一群的花"跑出来","在绿草上跳舞、狂欢",还和着雷云与阵雨的节拍……欣赏这样的词句,需要边读边想象品味,发现其中的独特之处、新鲜之处、美妙之处,甚至是要反复诵读、积累沉淀的。

至于前面谈到的诗人对当时学校的态度,是不必在此时运用"知人论世"的方法引导三年级儿童去理解的,通过联想、想象与诗中的"我"在向往自由、向往温馨上产生共鸣,是三年级儿童能够且只需要达到的阅读境界。关键是不要回避"我"对"地下的学校"的态度,尊重儿童真实的情感体验和回馈,这有利于儿童将来重新阅读这首散文诗,并形成自己的判断,建立自己的观点。

一首《花的学校》就足以让学生爱上这充满诗意、想象力丰富、情感真挚自然的一词一句。这首诗的表达特色也是泰戈尔《新月集》中每一首散文诗的共同特点。所以,一定要跟学生谈谈《新月集》，一定要领着他们再读一读《金色花》《职业》《孩童之道》等诗。该单元"交流平台"中的第二个句子，就是选自《职业》一诗。

当然，关于"学校生活"这一单元主题，这首散文诗恰恰通过"我"对"地下的学校"的态度，给三年级儿童提供了判断、体验、反思自己校园生活的新参照和新角度——真实的生活带来真实的体验，真实的体验带来真实的思考。不妨在这个话题上联系《十二点钟》《职业》等诗，更多地了解泰戈尔在诗中表达的情感和态度，并和《大青树下的小学》进行对比，"制造矛盾"，鼓励学生大胆探究。在这个探究活动中，渗透"知人论世"的方法就很自然了。这一定是比较有意思的学习活动。

解读到这儿，就可以进行课堂学习活动的设计和规划了。

二、教学规划

（一）学习目标定位

《花的学校》是一篇经典，在主题单元这个整体当中，经典文本的学习价值往往是在单元重点学习目标的基础上，自然地承载着更丰富的拓展性目标。

《花的学校》学习目标的定位可以分为三个层次，一是常规性学习目标，二是基于学段、单元、文本特性及学生需要设计的重点学习目标，三是基于文本内蕴价值的拓展性目标。这些目标的落实大概需要三个课时的课堂学习时间。具体学习目标如下：

1. 运用学过的方法自主学习生字新词，读通读顺课文。

2. 带着对题目的兴趣和疑问，读懂文章内容，体会"我"眼里花从地下学校冲出来时的兴奋和"我"的心思。

3.通过边读边想象画面的方式，感受作者丰富的想象力；品味词句的"新鲜感"，并能按照"雨一来，他们便放假了"的表达形式仿写句段。

4.熟读成诵，摘抄自己欣赏的句段，丰富语言积累。

5.拓展诵读《新月集》中的《职业》《十二点钟》等散文诗，积累更多诗意的、有新鲜感的词句。开展泰戈尔散文诗朗诵展示活动，激发学生自主阅读泰戈尔散文诗的兴趣。

（二）学习活动规划

第一课时

1.缘题质疑，交流激趣。第一次看到这个题目，你是怎么想的？

2.带着猜想和疑问，师生一起逐段读课文，读通读顺，并读懂"我"眼里的花放假了的兴奋。（因为这首散文诗生字不多且充满了童真，充满了美妙的想象，初读时就读出情境，有利于学生带着欣赏的眼光进一步细读品味。）

第一自然段，教师读"当雷云在天上轰响，六月的阵雨落下的时候"，学生接读后面的内容；教师再读前面的部分，并引读"湿润的东风——""在竹林中——"，以引起学生对东风形象的注意。

第二自然段，教师读"于是……"，指名学生读后面内容；与三到四个学生合作诵读后，师生齐读。

第三自然段，请一名学生读，教师提问：（1）前面的雷云、阵雨、东风、一群一群的花和"我"与妈妈有什么联系？（2）你认为接下来应该写什么？

循着这个节奏、思路读完全文，然后再连起来读一遍全文。

3. 自读课文，边读边想象画面，理解文中花儿的表现和"我"的心思，画出自己觉得有新鲜感的词句，与同学交流自己的理解和感受。

4. 班级交流：（1）花的学校是一所怎样的学校？花儿们为什么不喜欢地下的学校？"我"怎样跟妈妈聊这些花儿？（2）你觉得哪些词句非常新鲜？为什么？读出自己的理解和欣赏之情，读出词句描绘的景象和表达的情感，仿照"雨一来，他们便放假了"写话，注意这句话表达的情绪。（这两组话题在交流时可以融在一起，少讲多读，在读中加深体会、积累语言。）

第二课时

5. 熟读成诵。教师陪着一起练习背诵一、二自然段，再让学生独立或者同桌合作练习背诵。展示背诵，倾听欣赏。

6. 摘抄自己喜欢的句段。

在摘抄之前，学生自己先判断哪些字词不太熟悉，圈出来。教师在巡视了解的基础上，引导学生注意"荒、罚、舞、互、臂"等字的写法。

练习书写重点字词后再摘抄，展示评价。

7. 简介泰戈尔，拓展阅读《职业》《十二点钟》。

教师介绍泰戈尔，并结合《花的学校》介绍《新月集》的内容和主题，激发学生阅读泰戈尔散文诗的兴趣。

分发《职业》《十二点钟》的文本，让学生自主选择一篇静静地读，静静地思考，为展示交流做准备：读懂了什么，发现了什么。

第三课时

8. 学生展示并交流对《职业》《十二点钟》的理解和发现。

交流重点：（1）诵读展示。先说一说自己要展示诵读哪一篇，自己读懂了什么，再朗读展示，也可以几个人一起朗读展示。（2）对比三首散文诗，说说自己在内容和表达情感上的发现。（3）谈话鼓励学生课下阅读《新月集》。

9. 摘抄《职业》《十二点钟》中自己喜欢的句段。

10. 话题交流与探究：在这三首散文诗中，诗人对学校的感情是怎样的？在《大青树下的小学》中，作者和小学生对学校的感情是怎样的？了解泰戈尔的校园成长经历，理解诗人为什么不喜欢上学，并聊一聊自己对学习生活和学校的看法。

11. 开展班级小型朗诵会，内容是《大青树下的小学》《花的学校》《职业》《十二点钟》等。

特设境遇，任务驱动

——四年级上册第三单元整体解读与教学建议

一、单元内容和目标整体解读

"连续观察"是本单元的人文主题，阅读训练要素是"体会文章准确生动的表达，感受作者连续细致的观察"，表达训练要素是"进行连续观察，学写观察日记"。这个单元主要属于"实用性阅读与交流"学习任务群。

即使不翻开书页看看编排了哪些课文，我也很喜欢这样一个单元，因为我的第一感觉告诉我，这应该是一个学习内容和目标都与学生生活联系紧密的单元，是一个学生觉得亲切、兴趣盎然的单元。叶圣陶先生曾提出语文教育要"为儿童全生活着想"，要创造"特设的境遇"，以促进儿童"浸润在发生需求、努力学习的境遇里""倾心领受，愿意学习"。当然，要让儿童"浸润在发生需求、努力学习的境遇里"，教师需要和学生一起创造"境遇"，

"境遇"不可能凭空来到学生的学习生活中。

教师要为儿童创造什么样的"境遇"呢？那就要对单元的学习内容和目标有十分透彻的了解和理解。

（一）阅读训练要素解读

三年级上册第五单元阅读训练要素是"体会作者是怎样留心观察周围事物的"，第七单元的阅读训练要素是"感受课文生动的语言，积累喜欢的语句"；三年级下册第一单元阅读训练要素是"体会优美生动的语句"；本单元是"体会文章准确生动的表达，感受作者连续细致的观察"。从"优美生动"到"准确生动"，从"留心观察"到"连续细致的观察"，这种联系性和发展性是教材有意设计规划的。同时，"准确生动"与"细致观察"也是有自然联系的，观察越细致，对事物的特点把握越准确，表达也会更准确。

本单元编排的课文有《古诗三首》（《暮江吟》《题西林壁》《雪梅》）、《爬山虎的脚》和《蟋蟀的住宅》。叶圣陶的《爬山虎的脚》和法布尔的《蟋蟀的住宅》都可以看作是观察笔记，文章内容都是作者细心观察所得，特别适宜用来学习"体会文章准确生动的表达，感受作者连续细致的观察"。对于儿童来说，这两篇课文所涉及的对象——爬山虎和蟋蟀，都是他们比较熟悉的，或者有过直接经验，或者通过阅读等途径有过间接经验。而从题目上看，课文重点描写的对象——爬山虎的"脚"和蟋蟀的"住宅"，学生可能就有些陌生了。陌生是学习兴趣生发的土壤，有助于学生以积极主动的心理状态阅读课文、获取信息。这是课文本身营造的阅读

"境遇"，教师还需要为落实学习目标创设"境遇"。在学生阅读课文之前，教师除了激发学生的阅读兴趣，还要用具体的、有吸引力的目标来激发学生的探究欲望，将阅读文本与有目的的观察发现建立起积极联系。因此，要将综合实践性活动前置——持续观察一种事物，记录其变化过程。为了让学生经历真实的观察、记录的过程，要用心甄选观察对象，尽量做到：1.方便随时观察；2.变化周期不能太长，以两三天就能发现较明显变化为宜；3.观察起始时间以两到三周为宜，即单元学习开始前一周开启，单元学习任务"观察日记"写好为止。

三首古诗所描绘的景象、揭示的道理等，都来自诗人的"细致观察"，既能让学生感受到诗歌的语言美、音韵美、情趣美，又能启发学生在生活中养成主动观察发现的习惯。这三首古诗的选择，是有助于落实单元阅读和表达训练要素的。

经过上面的分析，这个单元的阅读训练要素可以细化为以下的单元阅读学习目标：

1. 阅读反映作者观察发现所得的诗文，养成留心观察周围事物的习惯，从不同角度发现事物的特点，享受观察发现的乐趣。

2. 关注课题，抓住重点观察的对象，读懂作者是从哪些方面细致观察的；找出能看出作者观察特别细致的段落、词句，从描写的顺序或遣词造句等方面体会准确生动的表达。

3. 从体现时间先后的词句和事物变化的描写中，知道作者的观察是长期、连续的，并能将这样的观察方法迁移到自己的观察中来。

（二）表达训练要素解读

本单元的表达训练要素是"进行连续观察，学写观察日记"，显然是与阅读训练要素紧密关联的，这是一个比较典型的"读写结合"的单元。教学中，教师要善于引导学生将课文阅读中感受到的作者连续的细致观察，迁移到自己在生活中对某件事物的连续观察中，将其准确生动的表达迁移运用到自己的习作中。另外，这一表达训练要素的落实，要利用好学生已有的学习经验和能力，因为在三年级上册第五单元学过"仔细观察，把观察所得写下来"，三年级下册第一单元学过"试着把观察到的事物写清楚"，第四单元还有观察实验写清过程的目标任务，这些学习经历既为学生运用多种感官观察、感受事物变化的能力打下了一定的基础，又为学生有序表达创造了条件。

上面的要素序列让我们看到，学生的学习是这样发展进阶的："观察"经历了"要细致—要调动感官—要看到事物的变化—要学会连续观察"这样一个螺旋上升的过程。"表达"上经历了"写下来—写清楚—写出变化—写下过程—写下发现、想法和心情"这样一个递进的过程。

这个单元的习作任务很明确——写观察日记。教材第一部分就以单元课文和阅读链接为引子，激发学生的观察兴趣，鼓励学生进行连续观察和记录，"读写结合"的编排意图十分明确。这样看来，似乎在学习课文后再来完成习作任务，是比较符合编写者意图的选择。不过我还是觉得，课程规划的根本是"儿童立场"，是为学生"更好地学"服务。如果一定要先学课文，再从课文学习迁移到为了习作而观察一种事物，那就是让生活为语文学习服务了。而科学的做法应该是让语文服务于生活——要让学生感受到语文的有意思、有情趣、有价值。学生先选择自己感兴趣的观察对象，尤其是自己养殖的某种动植物，再进行观察，这就有了积极情感的参与，有关心、关切，有真真切切的心路历程，观察就会更加细心，记录也会更加用心。当单元课文学习开始后，将课文中学习到的观察态度、方法，体会到的准确生动的描写，与自己一个星期的观察记录进行对比后，学生就更愿意主动进行迁移，让自己的观察更加细致，记录更加准确生动。

这样看来，"交流平台""词句段运用"一定要融入课文学习的过程中。"日积月累"用于单元结课时，去引导学生交流单元学习的收获并运用落实，会是很好的选择。

综上所述，这个单元的表达训练要素可以细化为下面的单元习作学习目标：

1. 知道进行连续观察并撰写观察日记可以帮助自己了解事物的特点和发展变化过程。

2. 选定观察记录的对象（种子、秋天的树叶、月相等），用图文结合的方式写观察日记。

3. 在一段时间内连续记录观察的过程，写下观察到的变化及当时的想法、心情，并尝试整理成一篇或一个系列的观察文章。

4. 在小组内分享观察日记，修改后，合作编辑一期观察日记专刊。

二、单元整体教学设计规划

这个单元适合运用生活情境任务驱动的思路来进行整体设计。

当一个单元的学习目标和内容可以转化为一个比较聚焦的学科目标任务或生活情境任务时（从学习内容角度看，每个单元都属于具体的学习任务群），以任务的完成为目标，调动学生探究学习的兴趣，激发学生学习的内驱力，是一个适宜的选择。

这个单元的阅读训练要素是"体会文章准确生动的表达，感受作者连续细致的观察"，表达训练要素是"进行连续观察，学写观察日记"。"观察"是一种方法，一种能力，一种习惯，是做学问的必需，也是生活的需要。将"观察"设置为一项目标清晰的任务，从讨论如何观察一种动植物的生长变化、习性特征入手，给学生布置具体的观察记录任务，将表达训练前置，就是一种任务驱动式的单元整体教学规划和实践思路。观察，是一种生活情境任务，同时也是学科学习任务。

第一板块：种一株自己喜欢的植物。单元学习开启两周前，布置学生收集或购买一种一两天、最多一周时间就能够发芽的种子，亲手种下。布置任务的同时课堂交流讨论，买种子和种下种子后，自己最关心的是什么，可以做哪些事情，进一步布置观察和记录任务，即在种下的当天、种子发芽的当天认真观察，为自己的种子写下图文并茂的日记，发芽后可以接着写。

第二板块：单元开启。让学生将已经发芽生长的植物和观察日记一起带到教室里。观察欣赏植物，分享日记，评出自己喜欢的植物和日记。讨论观察日记怎样写才能更加生动准确，引出这个单元的学习任务和目标，激发学习期待。

第三板块：阅读欣赏课文，结合"语文园地"，助力写好观察日记。学习课文时关注作者细致的持续观察和生动准确的描写，对比自己的观察日记，发现自己日记中的优点和不足，进行修改提升。

第四板块：整理观察日记，编辑专刊。继续观察自己的植物并撰写观察日记，两周后（时间可以根据实际情况灵活设定），将自己的观察日记整理成系列文章或一篇像《爬山虎的脚》《蟋蟀的住宅》一样的文章。分享习作，评价修改，编辑班级观察日记专刊。

长文章的读、学、教

——兼谈四年级下册第六单元解读与不同教学思路设计

每个主题单元的教学，立足目标意识进行整体教学规划设计时，思路往往不是唯一的。不同的单元，由于主题、选文和单元其他内容各不相同，单元整体教学设计思路不同便是自然而然的事了；同一个单元，在学习目标定位科学的前提下，为了带给学生不同的学习体验，从不同的角度建构学习意义，也可以有不同的整体设计思路，从而创造出风景各异的教室课程。

四年级下册第六单元的选文都是长文章，属于典型的"文学阅读与创意表达"学习任务群。该单元的人文主题是容易令学生产生共鸣的"儿童成长"，阅读学习要素紧扣课文"长"的特点定位，习作学习要素指向的是"成长的故事"的写法，口语交际学习要素是借助与成长有关的话题落实的。再结合具体的选文，这样一个单元的学习活动如何展开，其选择是多元的。

第一种整体教学思路，围绕"成长"主题，构建一个话题驱动的研究性、体验性单元学习路径。

第二种整体教学思路，围绕单元"要素"，构建一个任务驱动的、基于目标理解的单元学习路径。

第三种整体教学思路，围绕精读课文，构建一个开放的、融合的创造性单元学习路径。

一、"成长"主题导向的整体教学思路设计

儿童对"成长"话题是最感兴趣的。他们看上去好像只知道玩耍，天真单纯，似乎身边的世界和自身都不太放在心上，实际恰恰相反。如果你有心又有幸深入儿童的世界，就会发现，他们对自身和世界既好奇又敏感，而敏感又来自好奇，他们希望找到自己关心的所有问题的答案。

毫无疑问，儿童喜欢讨论"成长"，渴望别人承认自己"长大了"。这是构建"成长"话题驱动的单元整体教学路径的坚实基础。

这一设计思路，可以分为五个板块展开和深入。

第一个板块：开启话题，激发兴趣和期待。（1课时，课前提供准备单，列举自己一年级以来身体、心理、能力等方面的成长变化）

1.十岁的你会怎样评价自己的成长呢？回顾一下自己从一年级到现在，身体、本领等方面的成长变化。

2.你读过哪些与儿童成长有关的故事，主人公哪方面的成长变化给自己留下了深刻的印象？

3.每个人都有自己的成长故事，都有自己独特的成长体验和感受，这些故事和体验就是人生的重要组成部分，值得分享、回味和

珍藏。生活在不同年代、地域的儿童，不仅会有相似的成长故事和体验，还会有时代和地域特征明显的独特的成长经历。比如，爸爸妈妈的童年、爷爷奶奶的童年，一定与我们自己的童年有很多不一样的地方。接下来我们来看看课本上三篇课文中的主人公，分别有怎样的童年成长故事。

第二个板块：自主阅读，梳理故事，建立联结。（2课时）

学习内容	成长的年代与环境	成长的故事和体现	与自己的联结	关于成长的感悟和启发
小英雄雨来（节选）				
我们家的男子汉				
芦花鞋				
阅读这三个故事，我想到了读过的一本书，这本书的主人公生活在……				

第三个板块：再读故事，梳理主人公的成长线索。（2课时，将加小标题、换小标题的任务融入此学习版块）

1. 自读思考批注：你从哪些情节和描写中看到了主人公的成长？你觉得他为什么会有这样的成长表现？

2. 勾勒三个主人公的成长路线图。

提供不同的学习支架：

（1）表格式，以《小英雄雨来（节选）》为例——

具体经历	在故事中体现的成长价值	我的想法
游泳本领高		

（2）导图式，以《我们家的男子汉》为例（学生自己补充完整）——

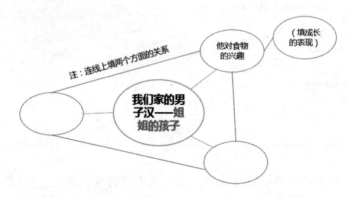

（3）借助表格或思维导图，介绍一个自己印象中最深刻的故事情节，分享自己的感受。

第四个板块：发现单元"成长"任务，在任务中体验成长。（4课时）

1.通读单元后面的内容板块，批注这些内容任务与"成长"的关系。

2. 师生一起规划任务完成的目标、时间和具体学习活动。

3. 按照规划逐项完成学习任务。

（1）口语交际由学生来组织开展课堂学习活动，聚焦成长的两个角度：与朋友友好相处；话题讨论时如何记录、整理和汇报。

（2）习作除了凸显成长体验，厘清行文思路，还要鼓励学生结合单元课文，发现还有哪些写法可以迁移到自己的作品中，重点讨论《小英雄雨来（节选）》中环境描写的作用并尝试迁移运用。

（3）在习作前学习交流"语文园地"中"词句段运用"，与"成长"话题自然关联——学习就是成长，学以致用就是成长。

第五个板块：整本书阅读《绿野仙踪》。（2-3课时）

注：阅读策略聚焦联结，从三个维度建立联结，即文本与自身、文本与文本（《绿野仙踪》和教材文本以及自己读过的其他成长故事）、文本与世界，重点是前两个维度。

二、基于要素落实的任务驱动式整体设计思路

这是最常用的单元整体设计思路，最能呼应"用教材教"的认识和理念。

落实要素，就要将要素研究透彻，要明晰要素所隐含的单元学习目标，要厘清目标落实的凭依和路径，要找到单元各板块学习内容之间的关联，然后进行学习活动的整体性设计。

本单元的阅读学习要素是"学习把握长文章的主要内容"，要落实这一学习要素，必然会选编篇幅较长的课文。《小英雄雨来（节选）》三千多字，《我们家的男子汉》一千五百多字，《芦花鞋》两

千多字，相较字数在四五百的大多数课文，的确是很长的文章了。

在以往循序渐进地学习运用不同方法把握课文内容的基础上，再专门安排一个单元学习如何把握"长文章"的主要内容，说明把握长文章的难度比短文章要大一些，能力需要进阶。

一般而言，故事类长文章的情节会更加曲折，人物经历会更加丰富，人物关系会更加复杂，因此主要内容的把握就更有难度。成熟的阅读者，在把握长文章的主要内容上会有自己的经验，比如将目光聚焦在故事主人公身上，抓住故事发展的主要线索，梳理主人公的经历等。四年级学生也有过很多阅读长文章或长篇小说（整本书）的经历，也与他人分享过长文章或长篇小说的主要内容，只是口头分享的随意性较大，对思维的条理性、概括性和语言的准确性、简洁性几乎没有要求，当然也缺乏有意识的方法积累和运用。

现在要学习的是"把握"的常用方法，对思维和语言运用都有了相应的要求，也就是要学习如何把握、如何梳理文章主要内容，如何运用准确、简洁的语言概括并表述文章内容。

习作学习要素"按一定顺序把事情的过程写清楚"，强调的是事情的"过程"。单元习作话题指向的"事情"与课文相比要简单得多，如果学生能够梳理清楚课文的故事线索、发展过程，对自己的习作表达自然会有实际的促进作用。

再深入思考一下，除了"成长"主题，口语交际与阅读或习作能不能从内容或目标上建立起比较自然的联系呢？掌握"朋友相处的秘诀"或学习在小组讨论时进行记录、整理和汇报，是不是也可以作为习作内容的选择呢？必然是可以的。当然，展开目标任务驱动的学习活动，这样的联系并不是必须的，口语交际也可以作为一个独立的目标任务来完成。

目标任务驱动的单元整体学习，需要确保学生经历一个目标导向的真实的学习体验过程，需要教师和学生一起设计适切的任务驱动的学习活动。

活动一：明确单元学习目标，了解单元内容，勾勒学习路径。（1课时）

1.阅读导语页，了解单元学习内容，讨论单元学习目标。

（1）"深深浅浅的脚印，写满成长的故事"，这句话透露了有关这个单元的什么信息？

（2）读一读右下方的两句话，批注自己希望弄明白的问题。（如：怎样才算"把握"长文章的主要内容？如何把握长文章的主要内容？）

（3）浏览单元内容，师生一起细化单元学习目标。

2.讨论：怎样展开学习活动才能帮助我们一步一个脚印达成学习目标？

在讨论的基础上，勾勒单元学习活动和路径。

活动二：自主阅读探究，学会把握长文章主要内容的方法。

1.阅读《小英雄雨来（节选）》，学习把握课文主要内容的方法。

（1）边读边围绕"为什么说雨来是小英雄"这一问题批注自己的发现和想法。

（2）结合自己的批注，尝试有条理地讲一讲"为什么说雨来是小英雄"。

（3）发现：这么长的文章在写法上有什么特点？

（4）探究：怎样用简洁明了的语言将小英雄雨来的故事概述给别人听？（先读懂每个部分的内容，用小标题概括每个部分的内容，再将每个部分连起来组织语言，概括介绍。）

2.运用方法，概括介绍《我们家的男子汉》《芦花鞋》的主要内容。

（1）自主运用方法，尝试概括介绍。

（2）就遇到的困难进行交流，讨论如何解决困难。（如《我们家的男子汉》一文，直接借助已有小标题很难概括清楚故事内容。）

3.灵活运用方法，检验把握长文章主要内容的能力。

（1）结合"交流平台"，分享学习收获。

（2）提供一篇没有用空格、序号、小标题等标示出结构的以成长为主题的长文章（2000 字以上），如《君伟上小学》系列中的一章、《绿野仙踪》中的一章等，让学生尝试把握主要内容。

（3）分享交流，概括介绍长文章的主要内容，说说运用了怎样的方法和思路来帮助自己把握主要内容的。

活动三：学习口语交际，体验"两个成长"。

1.想一想，说一说：自己是不是一个善于和朋友相处的人，为什么？

2.明确这次的学习目标——两个成长：相互学习如何和朋友相处；怎样根据讨论目的进行记录、整理和汇报。

3.分小组阅读教材内容，进行讨论分工和准备。

4.小组讨论，记录重要信息。

5.分类整理小组意见。请一个小组分享自己小组分类整理的方法、过程。

6. 派代表在全班汇报，其他组员做补充，教师进行针对性引导评价，鼓励学生在汇报秘诀时，分享自己和朋友相处的故事。

7. 全班总结，围绕"两个成长"交流学习心得和收获。

活动四：完成习作任务，回味成长故事。

1. 表达小热身：做一做"词句段运用"。

2. 自主作文。

（1）自主明确要求。

（2）自主规划完成习作任务的步骤、路径，简单分享交流。重点交流怎样选材，怎样运用表格等工具确定要写的内容和顺序，单元课文有没有可以借鉴的写法等。

（3）自主作文，自主修改。

3. 交换分享成长故事，欣赏同学作文中的精彩片段。

4. 取长补短，二次修改。

5. 课堂讲评，三次修改。

6. 誊写发表，感受成长。

三、大胆拓展的创意设计思路

教室课程生活需要有创意。

在准确理解并把握单元学习基本目标的基础上，为了创造性地用好教材文本等内容，根据学生的认知特点和成长需要，结合单元文本内容和主题特性，大胆突破教材单元框架，构建一段开放的、开阔的教室母语课程，是真正的"为儿童全生活着想"。

在本单元的三篇课文中，《小英雄雨来（节选）》是精读课文。这是一篇什么样的精读课文呢？

课文节选自管桦的同名小说《小英雄雨来》，是小说前五章的内容。关于这篇课文，有以下几点需要考虑。

　　1. 学生以自己的生活和知识经验与文本展开对话，会在哪些地方与文本内容、主题产生共鸣或形成联结？学生经验所不及的是什么？从要素指向的重点学习目标来看，学生需要经历怎样的学习活动和过程才能初步学会运用具体的方法把握课文主要内容？能通过联系课后思考题、"交流平台"自主达成学习目标吗？

　　2. 学生对课文中环境描写作用的理解仅仅停留在课文本身，能帮助学生初步建立起对环境描写一般作用的认识并迁移到今后的阅读理解中吗？

　　3. 教师如果通读统编版教材就会发现六年级上册的"快乐读书吧"安排的整本书里有《小英雄雨来》，为什么不在学生学习课文《小英雄雨来（节选）》时很自然地拓展阅读整本书呢？

　　4. 战争年代的儿童成长故事与和平年代，尤其是今天学生自己的成长故事相比，分别有哪些相同之处和不同之处？探究这些异同，对学生认识、思维、情感等方面的成长应该具有积极的意义，那么，仅仅一篇《小英雄雨来（节选）》就能支撑起探究任务吗？如果需要提供更丰富的资源，应该提供哪些资源，探究的具体行动和目标如何定位？有没有可能将要素指向的学习目标、环境描写的作用等设计进探究学习活动中？

　　基于对以上问题的思考和回应，教师可以借助课文《小英雄雨来（节选）》创造性地构建"战争中的童年"主题课程，课程资源包括课文《小英雄雨来（节选）》、短篇小说《夜莺之歌》、整本书《小英雄雨来》、电影《小英雄雨来》《伊万的童年》等。在这个主题探究的基础上，再延伸探究"不同年代的童年"，将《我们家的男子汉》《芦花鞋》（也可以有《青铜葵花》或者其他类似主题的整本书自读）以及习作（自己的童年和成长故事）作为探究学习的对象和活动内容。

课程的大致构想如下。

板块一：对比阅读《小英雄雨来（节选）》和《夜莺之歌》。

1. 自主提取文本信息，整合并初步理解内容信息，完成表格。

	《小英雄雨来（节选）》	《夜莺之歌》
主要人物		
主要情节（落实把握长文章主要内容的学习目标）		
环境描写		
阅读联结（自己的故事、读过的故事、自己的想法）		

2. 组织交流对话，聚焦人物塑造和环境描写。

（1）请运用文本信息，对雨来和"夜莺"做出评价并进行比较。

根据学生的交流，引导学生认识：雨来和"夜莺"都是保家卫国的小英雄，他们都有一手绝活，他们都以智慧和勇敢取得了对敌斗争的胜利；不同点在于他们是不同国家的小英雄，雨来与敌人相遇后的处境比"夜莺"更残酷……

（2）关注环境描写。

①《夜莺之歌》中有哪些环境描写，作用是什么？

②《小英雄雨来（节选）》中一共有几处环境描写？分别起什么作用？

③讨论：《小英雄雨来（节选）》为什么要先写"游泳"和"读书"两个部分？

板块二：观看电影《小英雄雨来》《伊万的童年》，发现"不一样"的战争小英雄。

1.观看电影《伊万的童年》，关注伊万的命运；观看电影《小英雄雨来》，关注雨来的英雄表现。

2.组织讨论：《小英雄雨来（节选）》、《夜莺之歌》中的小英雄与电影中的小英雄给你的感受一样吗？

（1）伊万为什么要上前线？

（2）电影中伊万的命运和雨来、夜莺的命运有什么不同？你认为哪个更符合实际情况？

（3）两篇课文和两部电影，让你对战争有了怎样的认识？

（4）在电影中，伊万回忆童年的幸福温馨场面时用的是彩色画面，他在沼泽中奔突的场景用的是灰暗的黑白画面。电影作者为什么要这样处理？《小英雄雨来（节选）》和《夜莺之歌》文本中有哪些类似的处理手法？

（5）布置自主阅读整本书《小英雄雨来》，结合讨论话题和所得，在阅读中通过批注或与同学分享的方式进一步思考。

板块三：发现不同年代的童年和成长故事。

1.阅读《我们家的男子汉》和《芦花鞋》，运用学过的方法概括两篇课文的主要内容。

2.讨论：《我们家的男子汉》和《芦花鞋》中主人公的成长环

境与雨来、"夜莺"、伊万的成长环境有什么不同？在不同的年代，儿童的成长有什么相同点和不同点？给今天我们的成长带来了哪些思考和启发？

板块四：写一写自己的童年成长故事。

习作实践活动与前面分享的两种课程设计思路基本一致，可以鼓励学生在写作自己的成长故事时，与雨来、"男子汉"等故事建立起联结，在合适的地方展现自己对这些人物的联想。

开启和构建教室里的高年级读书生活

——五年级上册第八单元解读与教学创意规划

一

"旧书不厌百回读，熟读深思子自知。"这是苏轼劝慰落第秀才安惇的赠别诗，告诉他读书要做到"熟读深思"才能烂熟于心，融会贯通。用这句诗来点明单元人文主题，一是告诉大家，这个单元的选文内容都跟读书有关（《古人谈读书》《忆读书》《我的"长生果"》），口语交际、习作、"语文园地"都围绕"读书"这一主题编排内容和任务。二是指明要从这些文章中学习实践"熟读深思"的读书方法。从单元内容和语文要素来看，这个单元属于"文学阅读与创意表达"和"实用性阅读与交流"两个"学习任务群"。

再来看看单元阅读训练要素，就知道具体要针对什么任务熟读深思了——"根据要求梳理信息，把握内容要点"。

"把握文章的主要内容"是统编版教材四年级重点落实的阅读训练要素,"根据要求梳理信息,把握内容要点"是在四年级基础上的提升。怎样理解这一阅读训练要素呢?它不是重复学习从整体上把握文章主要内容,而是根据具体的目的要求,从文章中梳理出相应的信息,然后根据这些信息把握这一类内容的要点。

"根据要求梳理信息,把握内容要点"这样一个阅读训练要素,要怎样理解和细化才能转化为可操作、可评价的学习目标呢?"根据要求"的"要求"指什么?对于学习者来说"要点"如何理解?仅仅从教材这一单元提供的阅读训练要素来看,这些问题是找不到具体答案的,要从纵向上梳理相关语文要素的编排关系,要研读单元课文、文后思考题和文前导读。

回顾统编版教材,"把握文章内容"这一阅读训练要素是一脉相承的:

册序	单元	阅读训练要素
二下	第六单元	提取主要信息,了解课文内容。
三上	第八单元	学习带着问题默读,理解课文的意思。
三下	第八单元	了解故事的主要内容,复述故事。
四上	第四单元	了解故事的起因、经过、结果,学习把握文章的主要内容。
四下	第六单元	学习把握长文章的主要内容。
五上	第八单元	根据要求梳理信息,把握内容要点。
六上	第六单元	抓住关键句,把握文章的主要观点。
六上	第八单元	借助相关资料,理解课文主要内容。

通过上表可以看出，"了解文章内容"是统编版语文教材一直贯彻落实的阅读训练要素，结合不同的教学单元提出了相应的方法，如联系生活、带着问题默读、抓关键句、借助相关资料等。五年级上册第八单元"把握内容要点"，要求学生能够根据具体的要求，梳理文章相关信息来实现对内容要点的把握。教师要引导学生将前面几册教材所学的相关知识和技能迁移运用到本单元的学习中。

再来看看单元的几篇课文的学习任务。

《古人谈读书》的课后思考题与单元阅读训练要素都没有直接联系，如果一定要做关联，第三题可以理解为要从受启发的角度把握内容要点。

《忆读书》的课后第一道思考题是"用较快的速度默读课文，说说作者回忆了自己读书的哪些经历，她认为什么样的书才是好书"。这个思考题会让我们想到第二单元"提高阅读速度"的目标之一，就是在提高阅读速度的同时，能够做到一边读一边想，抓住关键词句捕捉有用信息。那么，这个思考题提示的学习目标可以表述为：快速默读，按要求抓住关键词句，捕捉并梳理有关冰心的读书经历和点评书籍的信息，了解冰心心目中好书的标准。

《我的"长生果"》是一篇略读课文，导语是这样写的："用较快的速度默读课文，说说作者读过哪些类型的书，从童年读书、作文中悟出了哪些道理。"这是《忆读书》一文学习的阅读方法和技能的迁移运用。

综合起来看，单元阅读学习目标可以细化为：运用快速默读、边读边想的方法，按要求抓住关键词句，捕捉和梳理相关信息，把握相关内容的要点。

结合自身的读书经历，理解课文中谈到的读书、选书方法和作者悟出的道理等，思考并学习怎样选书、读书。

　　单元表达训练要素是"根据表达的需要，分段表述，突出重点"。简短的一句话包含了三个目标要求：一是要明确自己为什么而表达，二是不同的意思要分段写，三是把重点要表达的意思写具体，其他的简单写。单元习作的内容是"推荐一本书"，这是交际性实用文体写作。表达训练要素几乎是为这一习作内容和任务量身定制的。推荐一本书，目的是让读者通过自己的推荐文字了解一本书的内容、特点，并对这本书产生兴趣，想亲自阅读，这就是这次习作"表达的需要"。推荐一本书的理由可能不止一个，不同的理由要让读者读得明白，分段表述令条理更加清晰。多个理由当中，有些是推荐者最想引起读者兴趣的，有些是推荐者认为最重要的，这样的理由就是重点内容，要写具体，要突出。

　　交际性实用文体的写作往往具有时代特征。推荐一本书，形式上可以有不同选择，可以写成各段落串联而成的传统文章形式；可以制作成海报形式，图文并茂；可以借鉴"百度百科"从不同角度介绍一本书……到底选择哪种方式，主要考虑的是能否更好地契合"表达的需要"，实现表达的目的。教师要让学生了解多种表达形式，让他们根据自己的兴趣进行自主选择，这样学生更能体会到表达的乐趣和价值。

　　再从纵向上对比相关表达训练要素的表述，更能准确定位本单元表达训练要素所指向的重点学习目标。

册序	单元	表达训练要素
二下	第七单元	写清楚自己想养小动物的理由。
三下	第七单元	初步学习整合信息，介绍一种事物。
四上	第一单元	推荐一个好地方，写清楚推荐理由。
五上	第八单元	根据表达的需要，分段表述，突出重点。
五下	第七单元	搜集资料，介绍一个地方。

推荐一本书的理由可能只有一个，也可能有多个，这时候要让读者读得明白，不同的理由就需要分段表述，这样文章的条理才会更加清晰。同时，多个理由如果有主次之分，学生需要兼顾详略，把重要的理由写具体些。如何写，教材中给出了一些策略，如结合书本相关情节、人物、对话或插图，读书过程中获得的知识或想法，转述、摘录精彩片段，引用他人评价等，这些既是方法支撑，又是思维的训练。

综上，本次习作要素可以细化如下：

1.懂得推荐一本书的价值，能够思考和判断什么样的书才是值得推荐的好书。

2.结合自己的表达需要，能借助表格、思维导图等梳理信息，列出书名、作者、出版社等基本信息，重点列出推荐理由；习作时注意分段表述，把重要的理由写清楚、写具体。

3.以推荐效果来评价自己和同学的习作，并从中学习更有效的推荐策略。

二

读书和写作是语文学习的两大重头戏；爱读、爱写，会读、会写，语文就学好了。

这个单元可以看作是一个话题单元，谈的就是读书。读书这个话题，可能自有书可读以来，读书人就开始你一言我一语地谈开了。

现如今，语文教育提倡多读书，重视大量阅读，读书几乎是语文教师跟学生每天都要聊的话题。不过，每天聊的内容多是随意的，是碎片的，是片面的。

这个单元正好可以让读书这个话题成为教室课程生活中的一件正事，一件既庄重又活泼的事，一件体验成长的事。

这个单元不能只做教材中规定的事，要策划一个"教室读书节"活动，将单元课文阅读、口语交际和习作学习等设计成"教室读书节"活动的一部分。

"教室读书节"可以这样策划——

第一件事，举办"藏书展"。让学生将自己觉得有价值的"藏书"（自己阅读过和即将阅读的书）带到教室里来，每个人开辟一块场地，展示自己的"藏书"。

第二件事，开展"荐书"系列活动。从自己的藏书中选五本，自己制作腰封，在每本书的腰封上写上一句推荐语；用不同表达形式向同学推荐一本书（制作一本书的荐书海报、写一篇推荐文、撰写一份图书介绍文案等）；相互借书阅读。

第三件事，开展读书访谈活动。由一名学生做主持人，选择"嘉宾"访谈，话题主要围绕读书故事、买书故事、好书分享等展开，做"观众"的学生可以在特别想分享时举手发言。

第四件事，开展"跟着名家学"读书活动。阅读单元文本，从名家如何选书、如何读书、如何用书等角度提取并梳理信息，联系自己的读书生活，谈启发和收获；撰写自己的选书、读书、用书故事，开展好故事评选。

第五件事，组织家庭读书故事分享会。邀请家长一起聊读书，分享家庭读书故事。

当然，每位教师都可以和自己班的学生一起，创造属于自己班级的、与众不同的教室课程生活。重要的是，要利用好这个单元，创造更有价值、更有意思的母语课程生活。

<h2 style="text-align:center">三</h2>

对三篇课文的学习而言，梳理信息、把握内容要点是基础，是培养阅读能力；与自己的读书生活建立起联系，启发自己如何选书、读书、用书才是文本阅读的成长价值。

《古人谈读书》一文，要读熟，要背诵，要借助注释读懂大意。让学生将古人读书的态度、方法与自己建立起联系，最好先在学生心中树立起孔子、朱熹、曾国藩的"高大"形象，也就是要让学生了解他们是何许人。学生了解到这几个人的了不起，才会对他们说的话产生敬意和信任，才有可能激励自己用更积极的态度、更实在的方法读书。

冰心的《忆读书》讲了她不同阶段的读书故事，故事中有读书方法，也有对书的评价（包含了选书的标准）。这些都可以与学生的读书生活建立联系，引起学生思考，给予学生启发。可以先让学生运用表格来梳理信息，再联系自己的读书经历和体验谈自己的观点和想法。

时间	书名	读书方法	读书心得	我的想法
四岁	国文教科书	无	无	

学习叶文玲的《我的"长生果"》时，可根据导读要求梳理信息，把握内容要点；也可以表格为支架，帮助学生梳理。填好表格后还要进一步梳理自己的读书方法，思考如何快速厘清作者读书的经历。答案是抓过渡句。关于作者从读书中悟出的道理，要让学生结合自己的经历谈感受、想法，谈作者的读书收获对自己的启发，进而结合作者在文中的描述和自己的读书体验，交流为什么可以将书比喻成"长生果"。

书的类型	悟出的道理

五年级学生怎样阅读《三国演义》原著
——《三国演义》原著阅读学情分析与操作策略

统编版语文教材五年级下册第二单元属于"文学阅读与创意表达"和"整本书阅读"学习任务群，主要围绕中国"四大古典名著"编排学习内容，四篇选文有三篇是来自原著的片段，只有第一篇《草船借箭》是改写文。根据罗贯中的《三国演义》第四十六回相关内容改写的《草船借箭》，是单元第一篇课文。第一篇不用原著而用现代白话改写文，用意十分明了，为的是降低学生阅读的难度，避免古白话带来的阅读隔阂影响了阅读兴趣的激发。课后的"阅读链接"中，提供了原著的相关内容片段，意在让学生直观地感受一下古白话与现代白话的区别，同时也激发起部分学生挑战阅读原著的兴趣。编者的用心用情可见一斑。

编写这个单元的目的，当然不仅仅是让学生读几个故事，而是为了引导学生初步接触中国古典文化，激发阅读古典文学的兴趣，学习阅读古典名著的一些方法。兴趣和方法都应该具有生长性，即兴趣体现在行动中，方法运用于实践中，才能促进能力和素养的发展。"快乐读书吧"的编写意图即在于此。

"快乐读书吧"中重点讨论了《西游记》的整本书阅读，兼带鼓励学生"读更多"，即鼓励学生也尝试读一读《三国演义》《水浒传》《红楼梦》。相较而言，在这四部名著中，《西游记》要好读一些，尤其是对五年级的小学生来说。一是虽同为古白话，《西游记》的语言整体上容易理解；二是《西游记》想象力丰富，故事情节和人物本领充满奇幻色彩，对小学生具有天然的吸引力。

那么，在《西游记》之外，如果要引导五年级学生阅读《三国演义》原著，学生会面临哪些挑战，有哪些有利因素，教师应该从课程角度为学生提供哪些支撑和帮助呢？

一、面临的挑战与有利因素分析

从课程角度为学生提供阅读支撑，要以学情为基础，针对性地给予学生帮助。所以，教师要先了解学生阅读《三国演义》原著时会面临哪些挑战。

挑战一：词句有文言色彩，不容易读懂。

《三国演义》原著属古白话，相较今天的白话文来说还是很"文言"的，尤其是对于小学生而言。我们来看看小说第一回的第一段：

话说天下大势，分久必合，合久必分：周末七国分争，并入于秦；及秦灭之后，楚、汉分争，又并入于汉；汉朝自高祖斩白蛇而起义，一统天下，后来光武中兴，传至献帝，遂分为三国。推其致乱之由，殆始于桓、灵二帝。桓帝禁锢善类，崇信宦官。及桓帝崩，灵帝即位，大将军窦武、太傅陈蕃共相辅佐；时有宦官曹节等弄权，窦武、陈蕃谋诛之，机事不密，反为所害，中涓自此愈横。

　　这段话对小学生来说几乎每一句都是"文言"。例如，"及秦灭之后"中的"及"是"等到了"的意思；"推其致乱之由"的意思是推想导致天下大乱的缘由；"殆始于桓、灵二帝"中的"殆"也是文言用语，相当于现代词语"大概""差不多"；"中涓自此愈横"中的"中涓"指的是官名，一般用作宦官的代称……若不是平时阅读量很大，养成了边阅读边思考的习惯，很多五年级学生要读懂这些内容，实非易事。

　　即使后文的故事情节跌宕起伏，引人入胜，人物性格突出，形象鲜明，也会因为语言上的隔阂而带来实际的阅读困难。

　　挑战二：历史背景遥远陌生，会影响理解。

　　《三国演义》的故事是以真实历史为背景的，如果对三国历史毫无了解，即使读懂小说每一句话的意思，阅读中对人物关系、思想的理解也会遭遇困境。

　　再以上面所引第一段为例，"桓帝禁锢善类，崇信宦官"这句话既是故事的引子，同时也表明了作者对故事中不同人物阵营的态度。在这里，"善类"与"宦官"是对立的，说明"宦官"不是"善类"。为什么"宦官"不是"善类"呢？了解有关历史的读者一定比不了解的读起来更轻松，更能引起共鸣。

挑战三：小说中人物众多，不容易梳理。

阅读小说类文本，厘清人物关系十分重要，如果张冠李戴或者一时记不起人物来由，就可能连故事情节都读不明白，越读越发糊涂了。这种阅读体验是很糟糕的，容易败坏阅读的兴趣。

据统计，《三国演义》写了千余个人物，这些人物绝大部分有名有姓，少数没有姓名的也与其他人物有明确的亲属关系。这么多的人物中，相对重要的人物有一百多人。文臣武将，皇亲国戚，不同集团，不同阵营，有的人物关系相对单纯，有的人物关系比较复杂，厘清人物关系才能更好地理解故事情节的发展。

小学生的逻辑思维能力和梳理能力有限，边阅读边厘清人物关系，对他们来说不是一件轻松的事情。

挑战四：生僻字比较多，不容易识记。

《三国演义》中的生僻字大多在人名、地名中，如第一回里的人物"窦武、陈蕃、蔡邕、封谞、段珪、蹇硕、夏恽、邹靖、皇甫嵩、朱儁"等，地名"涿郡、谯郡"等，里面都有五年级学生不熟悉的字。不会读人名和地名，就很难在脑海中形成人物印象或地理方位概念，阅读就不顺畅。

作为一部"演义"小说，《三国演义》在古代基本属于"通俗"读物。既然是"通俗"读物，对今天的小学生来说，即使有实际的阅读困难，也契合他们阅读的一些特点。除了前面提到的故事情节引人入胜、人物形象鲜明外，作为章回体小说，《三国演义》每一回目都揭示了主要人物和故事内容，读懂了回目的意思，也就大致了解了这一回的情节内容，同时产生了阅读期待。而每一回结尾又都留下悬念，让读者欲罢不能。

第二个契合小学生阅读的特点是战斗场面的描写，语言准确生动，节奏感强，画面感突出，读起来很"过瘾"。例如第七回中写文丑战公孙瓒：

瓒手下健将四员，一齐迎战；被文丑一枪，刺一将下马，三将俱走。文丑直赶公孙瓒出阵后，瓒望山谷而逃。文丑骤马厉声大叫："快下马受降！"瓒弓箭尽落，头盔堕地；披发纵马，奔转山坡；其马前失，瓒翻身落于坡下。文丑急捻枪来刺。忽见草坡左侧转出一个少年将军，飞马挺枪，直取文丑。

这段话多用四字词语，读来朗朗上口，画面紧张刺激。这样的描写对小学生而言具有天然的吸引力。

不仅刀枪马背上的战斗场面描写精彩，斗智斗勇的舌战场面和人物语言描写也十分精彩，例如第四十三回写诸葛亮舌战群儒，一言一语也给人刀光剑影的感觉。

二、激发兴趣，指导方法，鼓励探究和创造

小学生阅读《三国演义》原著，虽有实际存在的困难，却不至于寸步难行，只要给予恰当的、契合需要的引导，就能化难为"趣"，读得津津有味，收获满满。

针对上述分析，阅读指导应该立足于学生的实际需要，提供合适的支架，由"扶"到"放"，学方法、用方法，从摸索状态循序渐进地达到个性选择的自由境界。

（一）"多管齐下"激发阅读兴趣

兴趣是学生以积极心态开启阅读之旅的基础。《三国演义》原著阅读，因作品本身的特点和学生阅读倾向、经验等方面的差异性，

激发阅读兴趣要尽量做到利用多种资源，采用不同形式，"多管齐下"，让不同学生因为不同原因和需要，积极打开小说，充满期待地展开阅读。

激发学生阅读兴趣的方法大致如下表所列。

	方法	资源	操作
1	词曲激趣法	杨慎《临江仙》文本、杨洪基演唱《临江仙》的音视频	由词联系到原著，由歌曲联系到电视剧
2	故事激趣法	耳熟能详的三国故事评书片段，如三英战吕布、望梅止渴、空城计、过五关斩六将等	播放评书片段，引出原著相应回目
3	影视剧激趣法	精彩的影视剧片段	播放片段，认识人物，了解故事
4	人物激趣法	故事中三组主要人物（魏蜀吴）	分享自己了解的人物故事、人物关系
5	歇后语激趣法	有关三国人物的歇后语	歇后语填空与交流
6	兵器激趣法	三国名将所用兵器名称、图示	看图说兵器名称和使用人的名字

方法不限于上表中所列六种，例如还可以运用朝代更迭歌，对应学生比较熟悉的文学作品，如商周对应《封神演义》，三国对应《三国演义》等。这么多方法，不是选其一而用之，而是尽量多用上几种，以确保不同的学生在不同的方面找到"感觉"，从而对阅读《三国演义》原著产生较浓厚的兴趣。

这样"多管齐下"的激趣，还有一个目的就是尽量多角度地了解学生的阅读基础和兴趣倾向，为后续教师与不同学生进行互动交流提供参考，也为后续学生和学生之间共同创造一段共读经历提供第一手资料。

（二）根据学情指导阅读方法

教材中的改写文《草船借箭》与原著相关片段对比阅读，让学生初步感知原著的语言表达与现代文的语言表达之间的区别，教师可以将这一对比和上面的激趣环节融合，鼓励学生挑战阅读原著。同时，在单元选文的学习过程中，学生学习并积累了一些基本的阅读古典名著的方法，这些方法要鼓励学生自主自觉地用起来。

不同作品的阅读，会展现出更加具体的学情，学生对具体阅读方法的需求也不一样。根据上文的"挑战"分析，阅读《三国演义》原著需要教师为学生提供哪些阅读方法支撑呢？

一是学会阅读回目标题。回目标题可以帮助读者判断每一回的主要人物和故事，教师应以前三回的回目标题为例，引导学生发现回目标题的"秘密"。例如第一回"宴桃园豪杰三结义，斩黄巾英雄首立功"，前一句意思是刘备、关羽、张飞三位豪杰在桃园结为兄弟，后一句的意思是他们打败张角的黄巾军，首次立了军功。"宴桃园"就是在桃园摆酒宴，"斩黄巾"就是斩杀黄巾军。第二回"张翼德怒鞭督邮，何国舅谋诛宦竖"，前一句讲的是张飞（张翼德）做了什么事（愤怒地鞭打督邮），后一句讲的是何国舅（何进）做了什么事（谋划诛杀宦官）。

回目标题不仅概括了该章节的主要人物和故事，有的还表明了作者对人物的态度，例如称"刘关张"为豪杰，说乱政的宦官是"宦竖"。

二是学会分清人物主次。前面提到，《三国演义》中人物众多，有一千余人，其中重要的人物就有一百多人。既要记住人物故事，又要梳理这么多人的关系，这样的阅读是一种负担，会让小学生望而却步。

罗贯中创作《三国演义》，对人物的处理很有匠心，几乎每个人物一出场就能让读者判断出是主要人物还是次要人物。第一回刘备出场，用了整整一段文字：

> 那人不甚好读书；性宽和，寡言语，喜怒不形于色；素有大志，专好结交天下豪杰；生得身长七尺五寸，两耳垂肩，双手过膝，目能自顾其耳，面如冠玉，唇若涂脂；中山靖王刘胜之后，汉景帝阁下玄孙：姓刘，名备，字玄德。

这段文字用了三百多字，从性格、外貌、家世、幼时逸事等多个角度对刘备进行介绍。这种隆重的"出场仪式"就表明了刘备一定是书中的重要人物。这一回中有一个人物叫邹靖，是幽州太守刘焉手下的校尉，他的出场就没有任何介绍，与刘备形成了鲜明对比。的确，邹靖在书中是一个微不足道的人物，很快就会被读者忘掉。

在阅读第一回时，教师就要有意识地引导学生对人物的出场描写进行比较，发现其中奥秘，由此带来阅读的乐趣，帮助学生对人物主次做出判断。这样就为接下来进行人物关系梳理指明了取舍的方向。

三是使用策略学习生字生词。对于五年级学生而言，《三国演义》的生字量还是比较大的，不好懂的文言词语也很多，这无疑会造成一定的阅读障碍。面对这些生字生词怎么办？本单元提供了"猜测"和"放过"两种方法。简单地讲就是，只要不特别影响对大致意思的理解，生字生词就可以不用在意。

教师可以带领学生回顾一下上学期第八单元冰心的文章《忆读书》，看看冰心是怎么在很多字词都不认识的情况下自己阅读《三国演义》的。有些教师会在整本书阅读时要求学生给不认识的字注音，这是不明智的做法，极有可能败坏学生阅读的兴趣。如果有学生对自己提出了这样的要求，那是可以鼓励的，因为这些学生会发现，大概在读完前面三回后，遇到的生字生词就越来越少了。

四是积极参考必要资源。《三国演义》中多方势力明争暗斗，逐鹿天下，很多有名的战事既与人事有关，又与地理人文有关，要想读得明白，最好能有一些必要的资源支撑。其一，教师可以简单介绍历史背景，比如根据开篇的一段话进行阐释。其二，教师可以让学生借助三国历史地图，弄明白故事中各个城池的地理位置关系，这样就更有身临其境之感。其三，是在学生对具体故事情节或人物有疑惑时，及时提供相关的资料。

（三）由"扶"到"放"提升阅读品质

这里的"扶"指的是根据学生阅读需要提供必要的方法支撑，组织学生进行简单的阅读交流和分享；"放"指的是鼓励学生在读通读懂故事情节内容的基础上，放飞思想，放胆探究，参与一些创造性的阅读活动。

《三国演义》是一部场景热闹、情节紧张刺激的古典小说，一旦学生克服初读时的困难读进去了，兴趣往往就不成问题了。

不同的阅读诉求带来的阅读收获是不一样的。对于五年级的学生，可以不强调完成哪些具体的阅读任务，但要鼓励学生从兴趣出发，再进一步在阅读中思考，在阅读中建立自己的观点，发展学生的批判思维、创造思维。

1.尝试写人物评论。

可以鼓励学生进行人物生平大事件的梳理，然后结合人物命运进行人物评价。例如，针对吕布，可以设计这样的探究性阅读任务：

阅读任务：梳理《三国演义》中吕布主要的人生轨迹，将内容补充完整。

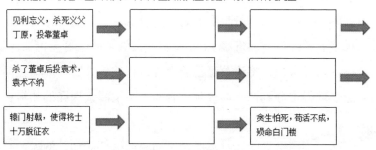

在梳理吕布人生轨迹的基础上，再鼓励学生写人物评论：

根据吕布的人生轨迹，联系他的所作所为，你认为他是一个怎样的人？想一想，吕布武功那么了得，为什么会有如此失败的人生？他的故事给了你哪些启示？结合人物的具体表现和故事中的细节，写一篇关于吕布的人物评论。

2. 探究故事背后的"故事"。

例如，可以设计以下问题让学生探究思考：

（1）十几路军马没能诛杀董卓，你认为根本原因是什么？要用小说中的细节（在小说中画出来，回答问题时可以摘抄或概括）支撑自己的观点。

（2）你觉得曹操与刘备讨论谁是当世英雄的用意是什么？

（3）分析周瑜英年早逝的原因，有条理地写下来，再谈谈自己的想法。

......

3. 改编剧本排练演出。

《三国演义》中的很多故事都适合改编成剧本进行排练演出，

可以促使学生进一步理解故事情节和人物性格，让学生以角色体验的方式感受人物，也是对学生能力的拓展。

在笔者曾经执教的班级里，学生自主改编了"诸葛亮舌战群儒"的片段，自导自演，将诸葛亮的能言善辩和其他人物在诸葛亮面前的窘迫表现得十分到位。通过角色表演，学生阅读探究的热情更加高涨了。

当然，不同学生阅读时喜欢做不同的创造性活动。例如，有些学生对故事中武艺高强的人物使用的兵器感兴趣，他们边阅读边画兵器；有些学生对演义中的人物形象和历史中的人物形象的异同感兴趣，自己进行对比研究；等等。

总之，阅读《三国演义》原著时，教师要从学生实际和需要出发，既不能拔高要求，也不能听之任之，激发兴趣是基础，读中有思考是基本的目标追求，能多角度地展开探究性和创造性阅读就是加分之举了。

用好这一个"例子"

——四年级上册《麻雀》文本解读与教学设计

●文本教学解读

1. 关于课文与巴金的译文原文

屠格涅夫是俄国文学史上举足轻重的作家，他是现实主义精神最充分、现实主义手法最纯熟的小说家。他创作了大量小说、剧本和诗歌。《麻雀》选自他的散文诗集《爱之路》，下面是巴金先生的译文原文——

我打猎回来，在园中林荫路上走着。狗在我前面跑。

它突然放慢脚步，轻轻走过去，好像嗅到了野物似的。

我顺着林荫路望去，看见一只嘴边带黄色、头上生柔毛的小麻雀，它从巢里掉下来（风猛烈地摇着林荫路上的白杨树），呆呆地坐在地上，无力地拍着它的柔嫩的小翅膀。

我的狗慢慢地走近它。突然从近旁的树上飞下一只黑胸脯的老麻雀，像一块石子似地落在狗的鼻子跟前——它全身的毛竖起来，身子挣成了怪样，它带着绝望而可怜的叫声，两次跳到那张露出利齿大张开的嘴边去。

它是飞下来救护的，它用自己的身体庇护它的幼儿……可是它的小小的身体因为恐怖颤抖起来，它的小小的声音也变成了粗暴，并且嘶哑了，它昏了，它是在牺牲它自己！

在它的眼里，狗一定是一个多么庞大的怪物吧！可是它还是不能够坐在它那高而安全的树枝上。……一种比自己的意志更强的力量把它从上面推了下来。

我的特列左尔站住了，后退了。……显然它也感到了这种力量。

我连忙唤住这只有些惊惶的狗——我带着尊敬地走开了。

是的；不要笑啊。我尊敬那只小小的英勇的鸟，我尊敬它这种爱的冲动。

爱，据我想，比死，比死的恐惧更强。——唯有靠它，唯有靠着爱，生命才得以维持，才得以发展。

一八七八年四月

这篇散文诗所编入的集子叫《爱之路》，集子名就揭示了编选其中每篇文章的主题。《麻雀》这篇散文诗，其爱的主题是如此鲜明：一只小小的麻雀，为了保护自己的孩子，在绝望中迸发出无所畏惧的勇气和力量，与猎狗这一庞然大物对峙。这是一种怎样伟大的爱、伟大的力量啊，明知不可为而为之，在绝望和恐惧中以命相搏，就是因为面临危险的是自己的孩子。亲眼看到了这一幕，谁不会被深深震撼呢？"爱，据我想，比死，比死的恐惧更强。——唯有靠它，唯有靠着爱，生命才得以维持，才得以发展。"被深深震撼的作者，在文章的结尾忍不住要将自己的感触直接与读者分享，要和读者一起记住这只带给他深深震撼的拥有爱的伟大力量的麻雀，一起记住它迸发出爱的力量时的模样和精神。

是的，作者在结尾处的感慨正是来自于那只"黑胸脯的老麻雀"。老麻雀给作者留下了多么深刻的印象啊！简短的一篇文章，却把老麻雀当时的样子、叫声写得那么具体细致。巴金先生的译文原文 140 余字（不包括标点符号），课文是根据巴金先生的译文改动的，对应部分是 90 余字。

课文与译文原文比较，少了近50个字。除了用词和句式组合上有所区别外，细细对比还会发现，课文第四自然段的最后一句只写了老麻雀当时羽毛的样子和"绝望地尖叫着"，译文原文强调了它主动跳近那只狗的露出锋利牙齿的嘴。关于狗张开的大嘴，课文中改到了描写猎狗走近小麻雀的部分。这样的改动，在表达上的区别是明显的。译文原文的写法突出的是老麻雀"昏了"的爱的无畏冲动；课文的写法主要突出的是小麻雀当时面临的危险多么可怕。细细品味，还原一下当时的情景，或许就能判断出到底是课文改动更高明，还是译文原文更真切。猎狗走近小麻雀时，小麻雀是"呆呆地坐在地上，无力地拍着它的柔嫩的小翅膀"。显然，小麻雀对猎狗没有任何挑战性，更不存在危险性，所以猎狗"张开大嘴，露出锋利的牙齿"而没有一口叼住或咬住小麻雀，几乎是不可能的；要不，就没有必要"张开大嘴，露出锋利的牙齿"，"嗅一嗅"就够了。老麻雀突然从树上飞下来，"像一块石头似的"落在猎狗面前，而且还竖起羽毛，"绝望地尖叫着"，这种突如其来的状况一定会让猎狗惊惶，露出锋利的牙齿或者龇牙咧嘴是很自然的应激反应。

第五自然段相应部分，除了具体用词和表达方式不同，课文少了一句话，是继模样与声音的描写之后，作者紧接着进行的猜测和判断。巴金先生的译文原文是"它昏了，它是在牺牲它自己"。这样一句话，有与没有，在表达效果上有很大差别。这样一句话说明事情一直都在作者的观察和判断中，一直都牵动着作者的心，这就为后面作者唤回猎狗做了更加充分的铺垫——文中紧接着的两句话，就是作者对老麻雀心理的换位体会。在这件事中，作者不是一个纯粹的旁观者，而是一个参与者，至少，从有了这句话开始，他就不再是一个旁观者了。

还有两处"改动"，一是译文原文第三自然段用括号补充的信息，课文直接把这句话写在了段落开头。为什么要作为补充信息呢？可以想见，作者一开始的注意力不在天气上，如果猎狗嗅到的不是一只小麻雀，而是什么地面活动的小动物，这句话就没有必要写出来了。因为发现的是落到了地面上的、一只还不会飞的小麻雀，作者会想它为什么在地上，所以才注意到了"风猛烈地摇着林荫路上的白杨树"。

二是课文直接删除了译文原文的最后两个自然段。删掉合适吗？如果这是一篇普通意义上的叙事散文，或许可以没有这两个自然段。作者将自己的这篇短文定位为"散文诗"。"诗"的特质表现在哪里呢？表现在主题情感上，"爱"的主题，对"爱的冲动"的"尊敬"，都是"诗"意所在。从这一点来看，没有了最后两个自然段，也就没有了"诗"的性质了。课文的改动直接改变了文章的文体性质——改得真是"太大胆"了。

（如果是我和班上学生学习这篇课文，一定要拿出巴金先生的译文来，让他们进行对比阅读，评价一下几处明显的"改动"。）

2. 教材的编排意图

再来看看教材编排这篇课文的目的吧。

这是一个习作单元。学习这个单元要启发和引导学生"我手写我心，彩笔绘生活"，也就是学习写生活中的故事。要写出什么样的效果来呢？"写一件事，把事情写清楚"，这是写的训练目标。编排单元的精读课文（《麻雀》《爬天都峰》）和习作例文（《我家的杏熟了》《小木船》），目的是从课文中"了解作者是怎样把事情写清楚的"。这么看来，改动后的《麻雀》，其阅读学习的聚焦点在于"事情"，在于文中的事情是怎样被"写清楚"的。（如果从尊重作者原文的角度看，不妨换一篇文章来用，也不至于改动得像做了"整容手术"般。）

"把事情写清楚"可以有两个思路。第一个思路是将写清楚的一般"标准"作为先有知识，运用先有知识来分析课文。第一层次的"写清楚"分析如下表：

"写清楚"的基本信息	《麻雀》的对应内容
时间	"我"打猎回来
地点	林荫路上
主角	"我"、猎狗、小麻雀、老麻雀
起因	猎狗威胁掉到地上的小麻雀
经过	老麻雀从树上飞下来，想拯救小麻雀，准备与猎狗搏斗，猎狗愣住了，慢慢地向后退
结果	"我"将猎狗唤回，带着它走开了

表中呈现的只是基本信息的"清楚"，但文章都是有写作意图的，最能突出写作意图的内容通常都会写得更清楚，也就是细致具体。这是第二层次的"写清楚"。那就要通过阅读课文思考作者为什么要写下这件事情。在未经改动的译文原文中，作者已经直接表明了写作意图。课文就没有了，需要从"矛盾"冲突中去"寻意"。打猎是猎狗的职责，"我"虽然是"打猎回来"，但依旧拥有"猎人"的身份。此时的小麻雀和老麻雀完全可以被看作猎物，老麻雀再怎么无畏，对于猎人和猎狗来说，被猎杀也没什么不妥。矛盾就在于结果，是"我急忙唤回我的猎狗，带着它走开了"。"急忙"，分明是担心猎狗会猎杀了两只麻雀，是不希望麻雀被伤害，甚至都不希望它们被多威胁一分一秒。如果作者是怜惜小麻雀的幼小，应该在猎狗慢慢走近它时就唤回了。那让"我"产生矛盾行为的不是小麻雀，而是老麻雀。老麻雀为什么会让作者"急忙唤回我的猎狗，带着它走开了"呢？译文原文有明确的答案，课文中当然也有蛛丝马迹——

在它看来，猎狗是个多么庞大的怪物啊！可是它不能安然地站在高高的没有危险的树枝上，一种强大的力量使它飞了下来。

他可能没料到老麻雀会有这么大的勇气。

原来，作者是被老麻雀不顾自身危险拯救小麻雀的无畏精神，被老麻雀爱的勇气感动了，所以才"急忙唤回我的猎狗，带着它走开了"。

作者写下这件事，是要告诉读者有这样一只因爱而无畏的老麻雀，是要向老麻雀表达敬意。这件事中，真正的主角是老麻雀。为了突出这一表达意图，就要细致具体地描写作者所见到的老麻雀的无畏表现（包括对老麻雀心理的联想）。老麻雀的无畏表现是怎样写清楚的呢？作者对它怎样飞下树落在猎狗面前，用自己的身躯掩护小麻雀时的动作和叫声，都做了具体描写。而猎狗的前后变化描写，是对老麻雀形象的衬托，所以写得要简单多了。

从这两个层次上"写清楚"，一件事情也就能够给读者留下深刻的印象了。

第二种梳理思路，是从文本信息感知的角度，体会课文写清楚了什么。一段一段来看，第一自然段交代了时间——打猎回来，地点——林荫路上，还有故事发生前的情况——猎狗跑在我的前面。"猎狗跑在我的前面"，暗示后面要发生的事情，跟猎狗和我都有关系，而猎狗先参与到故事发展的情节中。这里出现了两个"人物"——"我"和猎狗。

第二自然段的"突然"一词告诉读者，新的情况出现了，故事真正拉开序幕。接着写的是猎狗的变化，制造了悬念。这悬念既是针对"我"的——猎狗表现的旁观者，也是针对读者的——猎狗到底发现了什么。

第三自然段，"我"带着读者看见了一只掉到地上的小麻雀，让读者了解猎狗为什么放慢了脚步。第三个"人物"出现了：小麻雀。

第四自然段，猎狗对小麻雀产生了威胁，一只老麻雀从树上飞下来保护小麻雀。

一只与猎狗相比渺小至极的麻雀，能怎样保护自己的孩子呢？从这一自然段开始，到第五自然段，作者从老麻雀的动作、叫声等方面写老麻雀无畏地保护小麻雀的举动，还联想到老麻雀保护小麻雀的内心力量。老麻雀是最关键的"人物"，作者将老麻雀怎样保护小麻雀写得十分清楚具体。

老麻雀的举动一定会引起猎狗的反应，第六自然段就写了猎狗从"愣住了"到"慢慢地，慢慢地向后退"。

最后做出反应的是"我"，我唤回了猎狗，带它走开了（译文原文还写了我此时此刻的感想）。故事也自然而然地结束了。

这样读下来，回顾"文章写清楚了什么"，很重要的一点是把事情从发生到结束的过程写得清楚明白：猎狗发现掉到地上的小麻雀；猎狗威胁到小麻雀；老麻雀从树上飞下来保护小麻雀；猎狗向后退；"我"唤走了猎狗。的确，写清楚事情从发生到结束的过程，是"把事情写清楚"的基本要求。而这个过程就包含了事情的起因、经过、结果。对老麻雀的描写那么细致，是写清楚事情中主要角色的表现，也就是表达清楚了作者为什么要写这件事情。

故事中，"我"是见证者，也是参与者，所以写清楚看见的、听见的、想到的，就是很自然的事情。

●学习活动设计

这么解读下来，再从教材"用文本来学什么"的角度考量，课文指向学习目标的价值体现在哪里呢？

板块一　唤醒已知，明确任务目标

1. 你有过把一件事情写下来的经历吗？说说写的是什么事情。
2. 你知道怎样算把一件事情写清楚吗？说说自己的看法。
3. 谈话：今天我们一起来学习一篇课文——《麻雀》，看看这篇课文写了一件什么事情，作者是怎样把事情写清楚的。研究完这篇课文后，看看我们从中新学到了哪些"写清楚"的方法和本领。

板块二　梳理情节，感知"整体"写清楚

1. 检查预习情况，认读词语：

嗅了嗅　无可奈何　挓挲　身躯　掩护

拯救　嘶哑　庞大　愣住　唤回

2. 说说这些词语分别描写了文章中的哪个"人物"，回忆并读一读下列句子，再说说课文写了一件怎样的事情。

猎狗慢慢地走近小麻雀，嗅了嗅，张开大嘴，露出锋利的牙齿。

它挓挲起全身的羽毛，绝望地尖叫着。

老麻雀用自己的身躯掩护着小麻雀，想拯救自己的幼儿。

猎狗愣住了，它可能没料到老麻雀会有这么大的勇气，慢慢地，慢慢地向后退。

我急忙唤回我的猎狗，带着它走开了。

3. 再读课文，填写表格，初步理解课文写清楚了哪些内容。

"写清楚"的基本信息	《麻雀》的对应内容
时间	
地点	
主角	
起因	

续表

经过	老麻雀从树上飞下来，想拯救小麻雀，准备与猎狗搏斗，猎狗愣住了，慢慢地向后退。
结果	

板块三　追问意图，体会"重点"写清楚

1. 想一想屠格涅夫为什么要写下这件事。（必要时提示："我"为什么要唤回猎狗，带着它走开了？）

根据讨论，补充译文原文的结尾部分，了解作者要传达的感悟——爱具有无畏的伟大力量。推荐阅读巴金先生翻译的屠格涅夫的《散文诗》。

2. 聚焦对老麻雀的描写，思考作者是怎样写清楚老麻雀的勇敢无畏的。

画出描写老麻雀的句子，看看作者分别写了老麻雀哪些方面的表现。交流分享后根据提示完成下面表格：

"写清楚"的基本信息	《麻雀》的对应内容
时间	"我"打猎回来
地点	林荫路上
主角	"我"、猎狗、小麻雀、老麻雀
起因	猎狗威胁掉到地上的小麻雀。

续表

"写清楚"的基本信息	《麻雀》的对应内容			
经过	老麻雀从树上飞下来，想拯救小麻雀，准备与猎狗搏斗，猎狗愣住了，慢慢地向后退。	细致具体地写清楚重点：老麻雀的表现	突然，一只老麻雀从一棵树上飞下来，像一块石头似的落在猎狗面前。它挓挲起全身的羽毛……老麻雀用自己的身躯掩护着小麻雀，想拯救自己的幼儿……可是因为紧张，它浑身发抖……	动作（看见的）
			……绝望地尖叫着……发出嘶哑的声音。	
			在它看来，猎狗是个多么庞大的怪物啊！可是它不能安然地站在高高的没有危险的树枝上，一种强大的力量使它飞了下来。	
结果	"我"将猎狗唤回，带着它走开了。			

3. 对照表格说一说，关于"把事情写清楚"，从课文所学中看，哪些是自己已经知道的？哪些是自己从文章中新学到的？

板块四　借助表格，练习把"重点"写清楚

1. 从"初试身手"中选择一幅图片，想想是一件什么事情，填写表格。

"写清楚"的基本信息	我想写的事 （　　　　　）
时间	
地点	
人物	
起因	
经过	
结果	

2.观察图片，选择要重点描写的人物，发挥想象，把能够表现人物特点的内容写出来，做到具体细致地写清楚。（根据课堂时间灵活安排，可以是课堂上只说清楚，也可以是先说一说再写出来，还可以直接写出来。）

散文教学解读与课程设计

一、统编版小学语文教材中散文文本的粗略统计和简析

散文，是以往各个版本中高年级教材选文中占比最大的文体，也是统编版小学语文三至六年级教材中占比最大的文体。这里所指的散文，是狭义的现代文体分类中的一种文学体裁，即指除小说、诗歌、戏剧等文学体裁之外的其他文学作品。我们这里所谈的散文，也不包括童话、寓言等文体以及《一分钟》《文具的家》这样的儿童故事，特别是为儿童编写的名人故事等，主要指的是抒发作者真实情感、写作方式灵活的写景、记事、抒情类作品。

统编版小学语文各册教材中的散文，粗略统计如下：

册序	篇数	文章（题目）
一上	3	《秋天》《大还是小》《项链》
一下	4	《我多想去看看》《四个太阳》《端午粽》《彩虹》

册序	篇数	文章（题目）
二上	4	《妈妈睡了》《黄山奇石》《日月潭》《葡萄沟》
二下	7	《找春天》《一匹出色的马》《枫树上的喜鹊》《沙滩上的童话》《我是一只小虫子》《画杨桃》《雷雨》
三上	11	《大青树下的小学》《铺满金色巴掌的水泥道》《秋天的雨》《搭船的鸟》《金色的草地》《富饶的西沙群岛》《海滨小城》《美丽的小兴安岭》《大自然的声音》《读不完的大书》《父亲、树林和鸟》
三下	8	《燕子》《荷花》《昆虫备忘录》《小虾》《剃头大师》《肥皂泡》《我们奇妙的世界》《火烧云》
四上	8	《观潮》《走月亮》《爬山虎的脚》《蟋蟀的住宅》《爬天都峰》《牛和鹅》《一只窝囊的大老虎》《陀螺》
四下	9	《乡下人家》《天窗》《三月桃花水》《猫》《母鸡》《白鹅》《海上日出》《记金华的双龙洞》《我们家的男子汉》
五上	14	《白鹭》《落花生》《桂花雨》《珍珠鸟》《搭石》《圆明园的毁灭》《慈母情深》《父爱之舟》《"精彩极了"和"糟糕透了"》《四季之美》《鸟的天堂》《月迹》《忆读书》《我的"长生果"》
五下	8	《月是故乡明》《梅花魂》《刷子李》《威尼斯的小艇》《牧场之国》《金字塔夕照》《手指》《童年的发现》
六上	9（+2）	《草原》《丁香结》《竹节人》《夏天里的成长》《盼》（《爸爸的计划》《小站》）《只有一个地球》《青山不老》《好的故事》《我的伯父鲁迅先生》
六下	9（+2）	《北京的春节》《腊八粥》《藏戏》《匆匆》《那个星期天》（《别了，语文课》《阳光的两种用法》）《十六年前的回忆》《为人民服务》《真理诞生于一百个问号之后》《表里的生物》

统计下来，十二册教材里有90余篇散文。标准不同，散文的分类也不同，如果从表达方式和内容上进行分类，这90余篇散文可以分成四种，即记人叙事散文（如《剃头大师》《"精彩极了"和"糟糕透了"》等）、写景状物散文（如《荷花》《鸟的天堂》等）、抒情写意散文（如《走月亮》《匆匆》等）和议论随笔散文（如《忆读书》《只有一个地球》等）。当我们从文体角度讨论"散文教学"时，

大家往往第一时间联想到的是前三类，在前三类中又特别关注写景状物和抒情写意的，因为这两类散文从审美角度看，其意象、意脉都更加隽永，从语言运用到主旨表达都带来更加丰富的诗意的审美感受。

实际上，大多数散文都会用上叙述、描写、抒情、议论等表达方式，不同的表达方式具有不同的表达功能和效果。叙述往往呈现的是时间经验，描写则表现空间经验，抒情即抒发内心独特的情感，议论发表的是看法、观点，也就是思想。从表达方式角度对散文进行分类，是从总体上判断一篇散文主要运用的表达方式是什么，文章主旨主要是通过哪种方式表现出来的。记人叙事散文通过叙述事情，传达作者对所写之人、所叙之事的独特经验，比如《"精彩极了"和"糟糕透了"》，就是通过叙述母亲和父亲对"我"的第一首诗的不同态度和评价，表达了这件事给自己带来的宝贵而独特的体验和影响；而同一个单元里的《慈母情深》《父爱之舟》也有大量的叙述，但叙述中很鲜明地包含了强烈而真挚的情感，目的也是表达作者对母亲或父亲的感恩、怀念之情。前一篇落脚点在对父母不同态度的感悟，后两篇落脚点在抒发对母亲或父亲的感激之情，但三篇文章主要的表达方式都是叙述，所以都属于记人叙事类散文。

以五年级上册教材中的散文为例，分类大致如下：

记人叙事类：《桂花雨》《落花生》《搭石》《慈母情深》《父爱之舟》《"精彩极了"和"糟糕透了"》

写景状物类：《珍珠鸟》《四季之美》《鸟的天堂》

抒情写意类：《白鹭》《圆明园的毁灭》《月迹》

议论随笔类:《忆读书》《我的"长生果"》

当然,分类是相对的,不是绝对的。比如《桂花雨》,如果考虑文化意象在主旨表达上的重要价值,也可以归为抒情写意类。

就文本解读或文本的教学解读而言,对散文进行分类判断的价值,主要体现在阅读方式和姿态的准备上,尤其是面对抒情写意类散文,阅读解码时往往需要读者具有一定的"文化积淀"。例如解读郭沫若的《白鹭》,不仅要读懂文章字里行间的形象和表达的意思,还需要理解"白鹭"这一文化意象。

二、散文解读的传统"文体"视角与当下"素养"视角

一提到散文,研修过现当代文学的读者大多会想到一个概念——形散神聚(形散神不散)。因为散文最突出的特点就在一个"散"字上,相较诗歌韵文从外部形态到内部结构都十分严谨的形式,散文更加灵活,更加自由,更加"散漫"。

传统"文体"视角下,解读一篇散文会直奔"形散神聚"而来,即一边从整体上把握文本要表达的内涵,一边从表现手法、语言形式、内容外在组织等方面研究其规范下的自由。事实上,"神聚"是所有文章共有的特征,是任何文章都要遵循的原则。因此,"散"理所当然就成了解读散文时需要聚焦和深研的对象,也就是将一篇散文是如何"散"的、"散"的特点与价值、"散"如何为"聚"服务等,都看个清楚明白,探求和体会个中韵味。

就对散文这一文体特征的把握而言,传统"文体"视角是解读散文的基本视角,是读懂一篇散文为何和何为的基础与保障。诗歌有诗眼,散文有文心。例如,冰心的散文《肥皂泡》表达的是对

童年童真生活的赞美与向往。这是对其"神聚",即"文心"的整体把握。为了突出这一主旨,冰心开篇写了最爱玩的游戏是吹肥皂泡,第二自然段写的是母亲总在下雨时节教"我们"吹肥皂泡,第三自然段写吹肥皂泡的方法,第四自然段写"我们"怎样玩吹肥皂泡和肥皂泡的美丽样子,最后一自然段写的是肥皂泡带来的美丽的梦。这么梳理下来,内容的确有点"散",尤其是第二自然段,似乎只是一个补充说明。但事实上,"形散"是散文的审美特征,是艺术美的体现,内容上的"跨度",写法上的自由(《肥皂泡》中有叙述,有描写,有抒情,甚至还有说明),都是有逻辑地为主旨表达(神聚)服务的。"形散"不是"散乱",不是真的"散",而是遵循一定表达逻辑的自由和灵活,都有"神"灌注其中或作为线索;"形散"只是表达上的一种选择,且是审美的选择,是表达中创意思维的展现。细细品读,《肥皂泡》中每个自然段的内容并不是"散乱"的,相反,都是围绕着"神"有层次有逻辑地组织在一起,成就的一篇情感真挚、给读者带来审美愉悦的美文。童真之美妙,常常是与温暖的母爱紧密关联的。肥皂泡吹起来自然是美丽的,"轻清透明""玲珑娇软",但为什么会像文中所写那样是"一串美丽的梦"呢?那是因为玩吹肥皂泡的游戏,一般都是"下雨的时节,不能到山上海边去玩",这梦弥补了"不能到山上海边去玩"的遗憾;还因为这游戏是母亲在这样的时节教"我们"的,所以"目送着她们,我心里充满了快乐、骄傲与希望"。原来,吹肥皂泡的游戏包蕴了母爱呵护、滋润着的童真趣味,难怪作者在第一自然段要说小时候的很多游戏中"我最爱玩的是吹肥皂泡"。后面所有内容都在回应为什么吹肥皂泡是"我最爱玩"的游戏,而第二自然段与"一串美丽的梦"是呼应的，既有彼时情绪上的呼应（吹肥皂泡弥补了不能到山上海边去玩的遗憾，带来了新的快乐），也有对母爱赞美的呼应——这一点是解读时容易被忽略的。这两重呼应让表面的"形散"变成文气相通的诗意美之面纱，作者构思之细腻，行文之圆满、自由，都令人称赏，回味无穷。

散文是一种文学体裁，文学的都是属于文化的，组成文章的语言文字除了具有表情达意之善，还承载和体现着文化之美。解读散文离不开教师丰厚的文化积淀，离不开一定的文学修养，离不开对语言文字运用的敏感和推敲。教师对教材中的散文进行解读，不仅是文学鉴赏角度的解读，还包括了用它来教什么、怎么教的研读考量，即还要进行"为教学、为课堂"的解读，这样的解读是直接指向教室课程设计的，是需要立足"素养"视角的。

语文学科核心素养从"语言建构与运用""思维发展与提升""审美鉴赏与创造""文化传承与理解"四个维度勾勒了语文教育的美好蓝图和母语学习应为学生带来的生命成长愿景。以教育学的眼光来审视散文的解读，就要在传统"文体"视角的基础上再进一步，积极呼应和实践当下的"素养"视角。

"素养"视角要求教师在进行散文文本解读时，做到以语文学科核心素养的四个维度为参照，对散文进行教学意义上的解读，厘清具体散文文本的"素养"价值。如果对应文本解读的一般技术来考虑，如何在散文的教学解读时做到心中有学生，有学生素养发展变化的愿景，进而有对课堂学习任务和活动的期待与想象，大致可以进行这样的匹配：炼字技术对应了语言经验的积累，线索技术对应了言语思维的发展与提升，比较和还原技术对应了审美能力的提升，意象技术对应了文化的传承与理解。当然，这种对应不是严格的，更不是绝对的，仅仅是为了方便大家将"素养"理解得朴素一些、具体一些。实际上，文本解读的技术与"素养"的每个维度都有密切联系，只是针对不同的文本侧重点会有所不同而已。

　　"素养"视角下的散文教学解读有一个重要的参照维度——教材意图，即具体文本在教材中所处的位置，要求其"在其位谋其职"。例如，《走月亮》编排在四年级上册第一单元，这个单元的阅读重点训练目标是在阅读中运用图像化策略，感受文本所表现的自然之美。炼字技术能够帮助读者更加细腻地建构语言形象，意象技术能够帮助读者提升审美体验和认识，所以这两项解读技术的运用就显得更加实用。但从这篇散文本身的构思来看，反复出现的"啊，我和阿妈走月亮"是一条情感线索，这条线索揭示了具体情感抒发的自然和必然，线索技术的运用就最顺理成章了。如果进行教学解读和课堂学习目标与活动设计，线索显然就没有炼字和意象重要了。再如六年级上册第五单元的《夏天里的成长》，主要是用来学习体会文章是怎样围绕中心意思来写的。这既揭示了散文"形散神聚"的普遍性，又指明了进行文本教学解读时应该用好线索技术，即厘清文章为了凸显主题，表达的线索是怎样的（从常见的生物之生长，到没有生命却与生命、生活息息相关的事物的"成长"，再到人的成长，这样的顺序是不可以随意调换的。说到"夏天是万物迅速生长的季节"，接下来自然会想到身边常见的生物之成长，这是大多数人都能做到的。从常见的生物想到"山""地""水"的"成长"，需要慧心和慧眼，进而发现"铁轨""柏油路"的"成长",就需要灵心和灵眼了。最后写到人,是主题的升华,是散文价值的突围。在这样的线索里,蕴藏着作者最真切的表达意图:人是万物的尺度)。

教材意图不是唯一维度,在"素养"视角下也不必是最关键的维度,而是一个比较重要的维度,以体现出"教材"中"这一篇"的价值。但教材不是语文课程的全部(尤其是在用母语来定义的语境下),就学生语文综合素养发展的需要来说,教材如果不能充分发挥教师的创造性,即最大限度地体现出"创造性地使用教材",其价值是十分有限的。"素养"视角下的散文教学解读,在"形散神聚"的基础性解读前提下,应该思考和落实以下几个追问。

这篇散文的语言学习价值体现在哪儿?语言学习价值,既包括语言意义的辨识和语言素材与经验的积累,也包括对不同语言风格的了解和体会。一年级上册的《秋天》,除了通过阅读这篇短文认识事物和识字,还有独特的语言学习价值。比如通过句子的节奏体会语言形象的特点,"那么蓝,那么高"表达的意思和情景,"人"和"一"的联想,等等。三年级下册第七单元的《我们奇妙的世界》围绕着"一切看上去都是有生命的"描写各种事物时,字里行间都体现了"生命"的活力。写清晨的太阳"带来新的一天";写清晨天空的变化,"慢慢地变成了蔚蓝色""升起来了";写"云彩在蓝色的天空中飞行","呈现出各种奇妙的形状,告诉我们许多奇妙的故事";等等。丰子恺的《白鹅》与尼·诺索夫的《白公鹅》有共同的特点,但两篇文章放在一起,读者就会发现语言风格相距甚远,各有特色。

这篇散文的表达逻辑(情感逻辑和思想逻辑)是什么?好的散

文能够以语言和情感形象突出主旨，表达意趣。五年级下册第七单元的《威尼斯的小艇》语言平实，却令人回味无穷，那是因为作者表面写的是"小艇"，实际是通过"小艇"来表现威尼斯这座水上城市的人文特点——"有说不完的情趣"。无论是小艇的样子、船夫"特别好"的驾驶技术，还是人们与小艇息息相关的生活日常，都让读者随着文字感受到了"说不完的情趣"，对威尼斯产生了喜爱或向往之情。读懂一篇文学作品的表达逻辑，属于探求文本的内部形式——思路和结构，需要教师下更多的功夫。歌德说："材料是每个人面前可以见到的，意蕴只有在实践中须和它打交道的人才能找到，而形式对于多数人却是一个秘密。"

这篇散文中的审美形象有什么特点？散文大多以形象立意传神，表情达意，引起读者情感共鸣的同时，给人以积极的审美体验。无论是写人记事、写景状物，还是抒情写意，往往都会着力于审美意象的建构和形塑，比如郑振铎《燕子》中的"燕子"意象，吴冠中的《父爱之舟》中的"小舟"意象，郭沫若的《白鹭》中的"白鹭"意象，等等。说到意象，一般读者首先联想到的是诗歌中包含着一定意蕴的形象，其实，散文中也是，尤其是借物抒情类的散文。所以，当我们阅读郑振铎的《燕子》时，从字里行间看见的是给春天带来活力的、象征着活泼泼生命力的燕子形象；阅读吴冠中的《父爱之舟》，文中所记一件件一桩桩表现父亲深爱"我"的事情，都会让读者联想到用爱载我航行的"舟"之形象——父爱如舟，舟是实物，舟更是父爱的象征。

这篇散文是在什么样的文化语境中诞生的，对学生来说其文化熏陶、传承和理解的价值体现在哪儿？很多散文就是书写作者生活中的故事，生活中的真切体验和感悟，生活中的所思所想。虽然文中所述之事、所写之人、所绘之景、所抒之情，大都是生活中的日常、平常甚至庸常，却能够引起读者情感和审美上的共鸣，甚至可以从多角度涵养和提升读者的素养，其原因就在于作者是在一定的文化语境中进行创作的。作者的独特视角、表达方式和语言风格等，让作品获得"这一个"的特性；而文本中文化因子的传承又使作品具有共鸣性，与读者建立起情感和审美的深度联结。阅读叶圣陶的《荷花》，引起共鸣的不仅仅是文中的荷花形象和作者的真切体验，还有我们心中对荷花这一文化形象的认知，从而联想到汉乐府诗《江南》、王昌龄的《采莲曲》等。阅读琦君的《桂花雨》，如果对桂花、中秋、雨这些文化意象缺乏了解，即使知道作者要表达的是思乡之情，也很难从文化语境上获得更深切的情感和审美体验。阅读陈慧瑛的《梅花魂》，若是不了解梅花在中国传统文化中的形象和地位，就很难真正理解祖父的行为和对"我"说的那段话；如果了解梅花在中国传统文化中的形象和地位，阅读这篇散文，就是又一次文化认同之旅。

"素养"视角下的教学解读，对教师的学科素养提出了更高的要求。教师除了要进行专业能力的自觉训练，要在大量的解读实践中摸爬滚打提高能力，积累经验，也要善于"借力"。一般来讲，解读一个文本，熟练地运用解读技术，就是用普遍的经验来理解文本，而对一个文本真正产生心动的"感觉"，需要的则是个体经验的对话。当普遍经验和个体经验都捉襟见肘时，教师就要学会寻求帮助。所谓"寻求帮助"，不是直接照搬别人现成的解读，而是积极主动地从不同角度查阅资料，为自己的解读找到不同的线索。例如，查阅作者的创作背景（知人论世，推测创作意图），阅读作者的相关作品（量变促质变），学习专家学者的解读或评论，从某个角度进行文化联结（文化意象往往有其源头)，等等。当今网络时代，做起这些来是十分便利的。

三、散文解读如何转化为指向"素养"获得的教室课程设计

"素养"视角下的教学解读，其目的是在散文阅读的课堂上，通过教师指向素养的课程设计，促进学生从不同角度获得更加丰富的营养。

从"文本解读"到"文本教学解读"，并不是一个简单做减法的过程，而是一个积极转化、重新发现、精心选择的过程。文本解读作为学术概念，是运用个体的学识和经验走进文本，走近作者，形成自己对文本的理解和评价。文本教学解读是教师在对文本生发个性化理解的基础上，对文本进行学习价值维度的再解读，即厘清文本应该拿来学什么和可以用来学什么，且同时会生发"怎么用"的思考和规划。文本教学解读与学习目标之间的桥梁，就是具体的教室课程设计。强调"教室"，是因为具体文本的教学解读，不仅受文本特性和教材意图指向的目标功能影响，还必须针对教室里的具体学习者进行学习内容和目标的调整。

从散文的解读到教室课程设计，需要教师心怀"素养"，做好以下几点。

其一，无论针对的是哪篇散文，无论面对的是低年级、中年级还是高年级，教师将解读转化为课程设计时，都要有笃定的文体意

识。散文以具有表现力的语言描绘出生动的形象，这生动的形象包蕴着特定的情感和思想意图，创造出一定的审美意境，给读者带来情感熏陶和审美体验。读懂一篇散文，就要意识到这是一篇围绕主题、运用形象、灵活表达的文本，就要结合具体的语言领会形象的特点，进而联结经验，入境、悟情、阅美、启思。教师进行课程设计时，往往要从读明白文章写了哪些事物入手，进而引领学生感受这些事物有什么特点，给自己带来了怎样的情感和审美体验。这是散文教室课程设计或教学活动设计基本的、整体的思路。

其二，在学习内容选择和活动规划上，教师的课程设计也要有"散"的勇气和"聚"的魄力，开拓思路，多维联系，同时保证线索清晰、目标聚焦。例如，五年级上册第一单元《桂花雨》的教学，了解文本"借物抒情"的写法是基础，而想清楚为什么是借"桂花"来表达乡思，就要"想开去"，在语言品味和文化传承、理解上做好功夫。以对《桂花雨》的第一自然段解读为例，我们来看看解读中的"想开去"会为课堂学习内容的选择和活动的组织，带来怎样的创意思路。

"桂花雨"，简单的三个字，贴切的修辞，诗意便在想象里氤氲开来。大概，与桂花亲密接触过的人，无论大人还是儿童，都见过繁密细小的桂花如细雨般飘落的情景吧。一阵阵令人陶醉的清香，在细雨中弥漫开来……

在老家的时候，门前就有一株桂花，现今我离开家乡来到了北京，读着《桂花雨》，情不自禁就想起了那株桂花，想起它从一人高长到两人高，想起一簇簇米黄的花儿从绿叶间透出来，想起一出院门就扑面而来的甜香……

读着题目，我自然而然做了一次"联结"。"联结"是理解字里行间情与意最基础的阅读策略。

"中秋节前后，正是故乡桂花盛开的时节"，琦君写的是八月桂，也称秋桂。

桂花分为多种，有秋桂、春桂，还有月月桂。王维写"人闲桂花落，夜静春山空"，那是春桂。写秋桂的诗词多于写春桂的，张九龄有"兰叶春葳蕤，桂华秋皎洁"，宋之问有"桂子月中落，天香云外飘"，刘禹锡有"莫羡三春桃与李，桂花成实向秋荣"，谢逸有"西风扫尽狂蜂蝶，独伴天边桂子香"，等等。

琦君特别强调"中秋节前后"，这个时间是很特别的。如果琦君遇见的是春桂或者月月桂，也许就勾不起她对童年摇桂花的回忆，勾不起对母亲的回忆。中秋节，是一个盼团圆、思故乡的节日，古诗词中写中秋大多离不开思乡思亲的主题。苏轼写"但愿人长久，千里共婵娟"，王建写"今夜月明人尽望，不知秋思落谁家"，白居易写"西北望乡何处是，东南见月几回圆"，张九龄写"海上生明月，天涯共此时"，等等。

辛弃疾的《一剪梅·中秋元月》将中秋和桂花都写到了："忆对中秋丹桂丛，花在杯中，月在杯中。"若是中秋无月也无桂，剩下的就只有落寞了，连思念也无可着落。

"中秋节前后，正是故乡桂花盛开的时节。"中秋节，桂花开，琦君就想起了童年在故乡摇桂花的时光——作者是想念故乡，思念母亲了。

读懂了第一段，也就懂了作者借物抒情的心。

循着这样的思路解读，教室课程设计也就有了清晰的目标定位，不仅指向"初步了解课文借助具体事物抒发感情的方法",还指向对文化意象的认识、理解和领悟。教学活动将文化意象所蕴含的情感密码与琦君在文中所记叙的故事、描写的景象联结、融合,或者让这文化意象中的情感密码成为帮助学生深入理解琦君所抒之情的一把钥匙,文中的"散"叙也就都有了明确的联系,有了清晰的线索,有了凝聚点。

其三,优秀散文一定是语言运用的典范,是学生丰富语言经验和学习语言运用的范例,因此,散文的课程设计都离不开语言的欣赏品味和积累沉淀。不同的散文,由于表达的需要,作者往往会选择不同风格的语言。巴金写《鸟的天堂》,叙述是平和的,描写却是活泼的;同样是翻译清少纳言的《四季之美》,卞立强的文字句句用力,周作人的语言朴素冲淡,林文月的翻译满是文言韵味。还有,为了营造更加真切的意境,很多作家在具体词句运用上也十分讲究,例如《桂花雨》中的两个"浸"字,《慈母情深》中的慢镜头特写,《海上日出》中充满力量的动词运用,等等。这些都要成为学习内容选择和学习活动设计的关注点。

《我们奇妙的世界》奇妙在哪里呢?奇妙在一切看上去都是有"生命"的。解读时如果能够发现作者的描写语言中,时时处处都在凸显"生命"的活力,那些有"生命"的词句自然而然就会成为学习内容选择和活动组织的线索。

其四,在不同的年段,学生的知识背景、情感体验、语言经验表现出不同的特点,在母语学习上的目标定位和内容选择应该与学生的年龄特征、认知特点等相匹配,散文课程的设计就要遵循循序渐进的原则。低年级侧重将语言学习与认识事物相结合,重视文本语境与生活语境融汇下的字词积累，在联想和想象中进行审美启蒙；中年级开始侧重体味言语表达方式，认识散文中记叙、描写、抒情等表现手法，入境入情，积累文学语言和形象，并有意识地迁移运用，结合生活体验尝试写作；高年级注重名篇的深度阅读，赏析语言、形象、情感和主题，向名家名篇学习观察、发现、体验、判断，丰富对文化意象的认识和理解，丰富审美体验，提升鉴赏能力，并学习作者的观察视角和表达方式，积极运用于自己的写作中。

其五，作为学习母语的文本载体之一，散文的课程设计也要突破单一思维和定式思维，不仅要做单元整体教学设计，更要根据文本特点和学生实际，以积极促进学生素养发展为根本，进行创造性的课程设计。例如，对比学习《四季之美》的三种翻译文本，除了落实单元重点学习目标，还能在丰富语言体验的同时，提升鉴赏能力和语言审美能力；学习《父爱之舟》，可以联结吴冠中的散文《父亲》《母亲》，并结合单元主题做进一步的课程开发和设计，让学生欣赏到更多描写父母之爱的优秀作品，如毕淑敏的《青虫之爱》、朱自清的《背影》、胡适的《我的母亲》等；学习巴金的《海上日出》，要充分结合巴金创作《海行杂记》的背景，联结《繁星》，层层深入，引导学生"三度"发现，即发现日出的景象变化、发现语言中的力量、发现文字蕴含的丰富情感。

"素养"视角下的散文解读，目的就是要转化为"为了素养"的课程设计和实施，教师只要心心念念于学生素养发展的需要，就会有课程创造的自觉和勇气，并在反思性实践中积淀课程创造的智慧。

创设学习境遇，落实语文要素

——三年级上册《富饶的西沙群岛》课堂实录及解析

【背景】

以"人文主题"和"语文要素"这两条线进行双线组元，是统编版语文教材单元编写的主要思路和特点。这样的单元组织形式，其编写意图十分明显，将"立德树人"与学习语言文字运用融为一体，相辅相成，以达到母语学习成长价值的最大化。这也契合了《新课标》从"文化自信""语言运用""思维能力""审美创造"四个方面发展学科核心素养的要求。

在教与学的实践中，人文主题和语文要素如何"融合"，才能创生出具有整体意识、关联意识、发展意识和创造意识的母语教室课程，就需要教师秉持"为儿童全生活着想"的母语教育理念，深入研读单元内容和目标，整体规划学习活动，保证学生在真实的境遇中获得真实的学习体验。

【教学过程及分析】

一、聚焦人文主题，创设学习境遇

师：大家知道我来自哪里吗？

生：北京。

师：（PPT 出示中国地图）看见北京在地图的什么地方了吗？

生：在那儿，有一颗红五角星的地方。

师：你们所在的城市叫什么？

生：连云港。

师：谁能在地图上指出连云港在什么地方？

（学生走到前面用手指出地图上连云港的位置）

师：我昨天就是坐着飞机从北京到连云港来的，看着这幅地图我就知道自己都经过了哪些地方，到了祖国的哪个地方。读语文书的时候，你的脑海当中会不会有这样一幅地图呢？你们读到哪些文章，脑海里出现过一幅地图？

生：当我读到写景文章的时候，我的脑海里出现过中国地图。

师：这就叫作会读书。会读书的同学能把语文书当作一名导游，这样就可以让语文书带着自己去全国各地旅行。有些同学的爸爸妈妈很少带自己出去，那就可以先跟着语文书去旅游，等下次爸爸妈妈有空带你去那个地方的时候，你甚至都可以成为一名导游了。这样读课文，语文书就变得有意思起来。

师：（出示统编版小学语文二年级上册第二单元目录）看看这是我们什么时候学的？

生：二年级。

师：你知道这个单元所写的这些地方都在我们国家的哪里吗？（PPT 出示标记着相关地点的中国地图）《登鹳雀楼》中的"鹳雀楼"在——

生：鹳雀楼在山西，庐山在江西，黄山在安徽，葡萄沟在新疆维吾尔自治区，日月潭在台湾。

师：（PPT 出示三年级上册第六单元目录）今天我们要学习的第六单元也写了很多地方。大家先自己读读，看看都有哪些地方？

师：这些地方又在祖国的什么位置呢？（出示 PPT）我们来一起看一下红线标记的位置。

师：《望天门山》中的"天门山"在——

生：（齐声）安徽。

师：《饮湖上初晴后雨》，你们知道这里指的是哪个湖吗？

生：（齐声）西湖。

师：西湖在哪里？

生：（齐声）杭州。

师：《望洞庭湖》中的"洞庭湖"在哪里？

生：（齐声）湖南。

师："美丽的小兴安岭"在——

生：（齐声）黑龙江。

师：海滨小城在——

生：（齐声）广东。

师："富饶的西沙群岛"在——

生：（齐声）西沙群岛。

师：我们学习这个单元又可以跟着语文书到祖国各地转一圈了，等下次爸爸妈妈带你们去这些地方旅行的时候，你们会有一种故地重游的感觉，因为我们都曾经在语文书中游览过。

【解析】这节课是作为单元开启课来设计组织的。一张地图，不仅拉近了课文描写的地方与学生的距离，还让每一处美景都变得亲切起来，"大好河山"不再是一个抽象的词语，而是真切的生活境遇。因为学生的家乡也能在地图上找到，且与课文描写的各个地方建立起了联系。在自然状态下学习母语，生活是开放的课堂；在学校课程形式下学习母语，课堂应该与真实的生活体验联结，这样才能帮助学生创设积极的学习境遇，学生才会主动建构更加丰富的学习意义。

二、聚焦单元导语，明确内容目标

师：（出示PPT）我们读书要看单元的导语页，现在请你翻开书，看看第六单元的导语页，先来看左上角三行字，读读看。

（生读）

师：从这三行字你读出了什么？

生：我知道了这个单元的文章是关于祖国美景的。

师：这就是我们通过读单元导语页获取的第一个信息——知道了后面文章大概是写哪个方面内容的。刚才我们阅读单元目录时，就证实了这一点。

师：单元导语页右下角的两句话又告诉了我们什么呢？

生：告诉了我们这个单元的学习任务。

师：这个单元的学习任务分别是什么，读读看。

（生读）

生：（读）借助关键语句理解一段话的意思；习作的时候，试着围绕一个意思写。

师：一个是告诉我们该如何读书，另一个是告诉我们该如何写文章。发现读和写这两个任务目标有什么联系了吗？

生：读的时候借助关键语句理解一段话的意思，写的时候围绕一个意思写。

师：这"一个意思"可能对应的就是——

生：关键语句。

师：读能够帮助写，学习这个单元时可以思考如何从课文中学到方法，写好文章。

【解析】统编版教材从三年级开始，每个单元都有一个导语页。导语页对于学生来说就是一个"导学系统"，让学生能够明确单元学习内容和任务目标，使得任务驱动下的自主学习成为可能。三年级学生的理性思维开始得到发展，学习的目的性越明确，主动性和积极性就越能得到彰显。用实、用好导语页资源，就能够促进学生以主体身份建构追求自我理解的学习体验。

三、聚焦内容结构，整体领会"富饶"

师：（出示 PPT）看一下这个单元课文的题目，你发现这些题目之间的共同点了吗？

生：题目中都有一个地方的名称。

师：（出示 PPT）再看这两个题目，有什么共同点？

生：题目点明了西沙群岛和小兴安岭分别有何特点。

师：西沙群岛的特点是——

生：（齐声）富饶。

师：小兴安岭的特点是——

生：（齐声）美丽。

师：从题目中我们可以知道这两篇文章分别要写西沙群岛的富饶和小兴安岭的美丽。我们可以用题目告诉读者文章要围绕什么来写。如果让你来写连云港，你的题目会是什么样的？

生：蓝蓝的连云港。

生：宽阔的连云港。

生：神话般的连云港，因为我们这里有很多神话，比如说西游记。

师：这就是连云港最突出的特点之一。（出示PPT）"花果山"前面可以加什么形容词？

生：五花八门的花果山。

生：高高的花果山。

……

师：这节课我们先来读读《富饶的西沙群岛》，看看这篇文章写了什么，怎么写的，然后我们要写一篇什么样的连云港或者什么样的花果山，就知道怎么写了。

师：（PPT出示课题）猜猜"富饶"是什么意思？

生：物产丰富。

师：文章有一句话就包含了这个意思。找出来读一读。

（学生找到第一自然段第二句，PPT出示，齐读。）

师：现在让我们一笔一画将题目写在笔记本上，注意将字写正确、写工整。

师：这篇文章读过了吗？

生：读过了。

师：（PPT 出示课文开头和结尾）读读文章的开头和结尾，看看开头和结尾有什么关系？

生：开头写的意思和结尾写的意思一样。

师：这叫作首尾——

生：首尾照应。

师：这种开头和结尾写的意思一致，叫作首尾呼应或照应。这种写法的文章在整体思路上有一个特点，开头叫"总起"（板书：总），结尾又把重要的意思概括了一下，叫"总结"（板书：总），这种文章结构思路的中间部分可以用一个字来表达，叫作——

生：分。

师：（板书：分）这种文章的结构叫作——

生：总—分—总结构。

师："分"的部分肯定是要写西沙群岛到底是怎么富饶的。请你看一下中间有几个自然段。

生：中间有四个自然段。

师：（PPT 出示表格）现在请大家再读书，想一想第二、三、四、五自然段都写了西沙群岛的哪些景物和物产，把景物和物产圈出来后，按照表格的形式写在自己的本子上，注意只需要写风景和物产的名称。

（生自由读，圈画关键词，按照 PPT 呈现的表格将每个自然段中的景物和物产记录在自己的本子上，师巡视指导。）

师：现在我们一起来看看。第二自然段写了什么？

生：第二自然段写了海水、山崖和峡谷。

师：他说有海水、山崖和峡谷三样事物，其他同学同意吗？

生：我不同意，我觉得这段就是写了海水。

师：请大家看一下关于山崖和峡谷的那句话是怎么写的？我们一起来读读。

生：（齐读）因为海底高低不平，有山崖，有峡谷，海水有深有浅，从海面看，色彩就不同了。

师：这句话的作用是什么？

生：是解释海水为什么有那么多颜色。

师：所以这段写的是——

生：海水。

师：第三段呢？一起说吧。

生：（齐声）珊瑚、海参、大龙虾。

师：第四段呢？

生：（齐声）鱼。

师：第五段？

生：（齐声）鸟。

师：文章中说珊瑚、海参、大龙虾都在海底，那还有什么东西是在海底的？

生：鱼。

师：所以第二、三自然段写的都是海底的生物（板书：海底）。

师：那海水是在哪里看见的呢？

生：海面。（师板书：海面）

师：鸟在哪里呢？

生：（齐声）海岛。（师板书：海岛）

师：现在这篇文章它到底写了什么就非常清楚了，接下来有一个小小的挑战，你能够在括号里填上课文中的词语吗？

生：海水（五光十色，瑰丽无比）。

师：抓得好准确，第二个呢？（指名学生说第二个）

生：海底有（各种各样）的珊瑚，（懒洋洋）的海参和（样子挺威武）的大龙虾，还有（成群结队）的鱼。

师：她填的都是最能表现这些事物特点的词语。第三个呢？

生：岛上（茂密）的森林里栖息着（各种）海鸟，鸟蛋（遍地）都是，树下堆积着（厚厚）的鸟粪。

师：把最关键的词都找了出来，我们就能够知道这些事物到底有什么特点，也明白了作者在写某一种风景或者物产时一定是想把它最突出的特点告诉读者。

【解析】从题目的理解，到课文总体结构的感性认识，再到主要内容信息的提取，一步步走进文本，让学生清晰地体验到学习路径的同时，从整体上感知了课文结构和内容，认识了事物，初步丰富了语言积累。这样的学习活动既给学生提供了学习路径选择的经验，也为第二课时进一步的语言习得与运用奠定了基础——让学生选择自己喜欢的部分向别人介绍西沙群岛，内容和语言材料都做好了铺垫。

四、聚焦阅读要素，丰富学习体验

师：刚才我们在读导语页的时候，读到了"借助关键语句理解一段话的意思"，你能够看出这段话的关键语句是什么吗？（PPT出示第五自然段）

生：西沙群岛也是鸟的天下。

师：后面的句子都是围绕着"鸟的天下"写的，我们一起来读读。

师：（读）西沙群岛也是鸟的天下——

生：（齐读）岛上有一片片茂密的树林，树林里栖息着各种海鸟。遍地都是鸟蛋。树下堆积着一层厚厚的鸟粪，这是非常宝贵的肥料。

师：围绕关键语句写了几句话？

生：三句话。

师：（出示PPT）这是"语文园地"的"交流平台"，这里有三个小朋友的对话，我请同学来读一读。

生：有的时候，一段话的开头就表达了这段话的主要意思，后面的内容都是围绕开头这句话来写的。

生：这样的句子也有可能在一段话的末尾或中间。

生：找到这样的句子，可以帮助我们更好地理解一段话的意思。

师：找到"西沙群岛也是鸟的天下"这样的句子，我们就知道这一段都是在写——

生：西沙群岛的鸟特别多。

师：但是"交流平台"中的小男生说这样的句子也有可能在一段话的末尾或中间。你见过吗？

生：没见过。

师：（PPT 出示两段话）接下来你来读这两段话，看看能不能找到这两段话的关键语句。

生：校园的东墙边，有一张乒乓球台，球台的四周围满了同学，不时传来喝彩声和欢笑声。乒乓小将们打得多认真啊！他们你推我挡，你来我往，一个球常常打了几十个回合还不分胜负。

池塘中央有许多碧绿的荷叶，像一个个碧绿的大圆盘。荷花都开了，一朵朵含苞欲放，像一个个美丽的仙女。池塘里游着许多可爱的小鱼，这些小鱼就像一群调皮的小朋友，有的不时跃出水面，有的在水中窜来窜去，有的好像正在睡懒觉呢！多么美丽的池塘！

师：第一段的关键语句是什么？

生：乒乓小将们打得多认真啊！

师：关键语句在一段话的中间！第二段的关键语句是什么？

生：多么美丽的池塘！

师：这就是关键语句在一段话的——

生：末尾。

师：只要我们找到这样的关键语句，就能够很好地理解一段话的意思。接下来再挑战！请你翻到《海滨小城》，快速地读一读这篇文章的第四、五、六自然段，看看这些自然段的关键语句是什么，请你拿笔画出来。

（生快速读，画出关键语句，师巡视。）

师：这几个自然段的关键语句在什么位置？

生：开头。

师：只要我们抓住这些自然段的关键语句，就能够知道这些段落分别写的什么内容。第四自然段写了——

生：海滨小城的树多。

师：第五自然段写了——

生：海滨小城的公园美。

师：第六自然段写了——

生：小城的街道也美。

师：抓住关键语句后，我们对于《海滨小城》这篇文章的作者想要讲的事物就有了初步的印象。

【解析】落实单元语文要素，最科学的选择就是围绕要素进行单元整体教学规划和设计。这就需要教师深入研读单元学习内容，以学习目标为导向，对单元学习内容及活动进行重组和整合。学生从《富饶的西沙群岛》第五自然段初步了解了关键语句，接着利用交流平台凸显关键语句的作用，再进行实践迁移，这样循序渐进地丰富学生对关键语句的认识，就是重组和整合的意义所在。

五、聚焦读写联系，尝试迁移运用

师："交流平台"中有一个小男孩还说了一句话（PPT 出示），一起读读。

生：我们习作的时候也可以学着这样写。

师：这也是导语页告诉我们的学习任务之一。我们先试着用下面的开头练习说一段话（PPT 出示三种开头：花果山的景色真迷人；车站的人可真多；我喜欢夏天的夜晚）。每个人选一个开头，想一想，怎么才能将意思说具体。

生：花果山的景色真迷人。山峰高耸入云。顽皮的猴子在游人面前跳来跳去。那茂密的树林，遮住了我们的视线，带给我们最美好的环境。

生：花果山的景色真迷人。玉女峰直插云霄。到处都有各种各样、稀奇古怪的猴子。还有人们最喜欢参观的水帘洞呢。

生：车站的人可真多。站台已经被挤得水泄不通，候车室里也挤满了人。上车的人你挤我碰，都想要赶快挤上刚刚停靠的列车。

生：我喜欢夏天的夜晚。我喜欢知了的叫声，它的叫声犹如动听的音乐。我喜欢夜晚散落在荷叶上的露珠，一颗颗露珠在月光下闪闪发光，犹如一颗颗夜明珠。这是多么美丽的夜晚啊。

师：你描述的画面是多么的美啊！谢谢你。

……

师：只用了一节课的时间，大家不仅学会了抓住关键语句理解一段话的意思，还能够围绕一个意思说一段话，真厉害。相信大家接下来学习这个单元，会有更加精彩的表现。下课。

【解析】这个单元的阅读训练要素与表达训练要素是紧密关联的，体现了典型的读写结合编写策略。那么，设计学习活动时就要利用好教材中相关的学习资源，循序渐进地引导学生读中悟法，用中得法，针对性地丰富语言运用经验。这个板块在教材内容上，与"语文园地"中"词句段运用"进行了整合；在学习境遇上，再次与学生的生活建立联系——花果山是学生家乡的美景，"为儿童全生活着想"的母语学习理念得到了充分落实。

入景·入境·入情

——四年级下册《海上日出》课堂实录及解析

执教：李竹平　赏析：杨瑞霞

　　《海上日出》是统编语文教材四年级下册第五单元的一篇精读课文，原文出自巴金的《海行杂记》，是一篇写景的抒情散文。作者按照时间顺序对海上日出的景象进行了细腻描写，与此同时，作者从多个方面对海上日出的动态变化进行了传神的描写，是一篇经典的写景散文。

　　提到散文教学，作为一线教师，我们只是笼统地知道要引导学生美美地读，至于如何引导，我们却说不清楚。竹平老师执教的《海上日出》这节课，就清清楚楚、层次分明地告诉了一线教师，散文教学中"美美地读"到底是怎样一番情景。

一、联结经验，激趣导入

师：（出示 PPT）我们先来看几句诗句，这两句大家很熟悉，一起读。

生：（齐读）日出江花红胜火，春来江水绿如蓝。

师：这是白居易的《忆江南》，能背诵吗？

（生齐背诵《忆江南》）

师：看看这句诗你是否会读？

生：（齐读）太阳初出光赫赫，千山万山如火发。

师：这是宋朝的第一位皇帝赵匡胤写的《咏初日》。

师：再来读第三句诗。

生：（齐读）一面红金大圆镜，尽销云雾照乾坤。

师：这是杨万里的《日出》。

师：梁启超的《少年中国说》中有两句诗是这样写的——

生：（齐读）红日初升，其道大光。

师：现在听我来读，你可以闭上眼睛想象画面。

（师示范朗读诗句，生想象画面）

师：你脑海中浮现了怎样的画面？

生：日出时候的画面，天空是红色的，非常壮观。

师：你在哪里欣赏过日出？

生：早晨六点和爸爸一起外出锻炼的时候看见过日出。

生：清晨四五点钟坐飞机的时候遇见过日出。

生：在海边沙滩上看到过日出，太阳刚出来的时候只有小半张红彤彤的小脸。

师：今天这篇课文的题目叫作《海上日出》，知道是谁写的吗？

生：巴金。

师：你们还记得我们学过巴金的哪篇作品吗？

生：《繁星》。

（师板书：海上日出、繁星）

师：看来巴金对大自然中的景物非常关注，写过太阳，也写过星星，这篇文章中写的太阳很特殊，是海上的日出。

【解析】积极地为学生创设真实的学习"境遇"是竹平老师"为儿童全生活着想"母语教育理念下的应然追求，基于此，这一环节通过联结学生的学习经验，拓展与"日出"相关的古诗，让学生置身于真切的学习"境遇"中，通过联结他们的生活经验，畅聊与"日出"相关的经历，激发他们的学习兴趣，延展他们的审美体验。

二、组块积累，厘清线索

师：你们已经读过文章了，现在请你们拿起笔，打开本子，我们一起写几个词语，总共写两行词语，第一行的词语是（师边读边板书）亮光、光彩、夺目、灿烂。

师：第二行词语是（师边读边板书）扩大、加强、努力、冲破。

师：接下来我们写两个难度大的词：一刹那、镶边。（师边读边板书）

【解析】竹平老师在《海上日出》中采用了"组块积累"的方法让学生学习并积累字词，"组块"在这里是指"线索"。联系后面的学习过程和活动可以看出，听写是为了埋伏两条线索。一是《海上日出》写作方法的线索：这篇课文最突出的写作方式是描写了不同时刻太阳的变化过程，如太阳光从"亮光"到"夺目"，从"夺目"再到"灿烂"的过程，又如太阳从"努力"上升到"冲破"云霞，再到"冲出"重围的过程。二是竹平老师展开教学的线索：先引导学生关注太阳的光线变化，然后质疑普普通通的太阳光能否称得上是"伟大的奇观"，最后通过抓关键词，如扩大、加强、努力、冲破等，引导学生感知海上日出的力量，从而体会海上日出是伟大的奇观。

三、运用策略，图文转化

师：你们很厉害，字词在预习过程中就已经全部掌握了。现在我们一起欣赏巴金的《海上日出》，请同学们自主阅读，一边读一边思考：跟随着巴金的文字，你看到了几幅画面？请你在看到画面的文字处标上序号。

（生自由阅读，师巡视）

师：你跟随着巴金的文字，欣赏到几幅图画？

生：我欣赏到了五幅画面。第一幅画面是"转眼间天边出现了一道红霞，慢慢地在扩大它的范围，加强它的亮光。"这幅图描写了太阳还没有升起时的景象。

师：从时间上看，这幅图属于——

生：（齐声说）日出前。

师：你可以把"日出前"三个字标记在这句话旁边。

（生在相应文字处标记"日出前"）

师：跟随着巴金的文字，你看到的第二幅画面是怎样的？

生：（读）果然，过了一会儿，在那个地方出现了太阳的小半边脸，红是真红，却没有亮光。

师：其他同学有不同想法吗？

生：我认为这幅画面中还应该包括（读）"太阳好像负着重荷似的一步一步，慢慢地努力上升，到了最后，终于冲破了云霞，完全跳出了海面"。

师：大家认为这位同学说的是几幅画面？

生：两幅画面。

师：第一幅画面是——

生：（齐声说）太阳露出了小半边脸。

师：第二幅画面是——

生：（齐声说）太阳完全跳出了海面。

师：这里我们用到了一个阅读策略，叫作图像化（板书：图像化），也就是说我们一边读，一边在脑海中形成了一幅幅画面。

师：我们现在已经用了三次图像化策略了，第四次图像化应该在哪里？

（指名学生朗读）

生：（读）有时太阳走进了云堆中，它的光线却从云里射下来，直射到水面上。

师：此时的云堆厚不厚？你从哪里看出来的？

生：不厚，因为太阳的光线还可以从云堆中射出来。

师：第五次图像化策略的使用是在课文的哪个地方？

生：（读）有时天边有黑云，而且云片很厚，太阳出来，人眼还看不见。然而太阳在黑云里放射的光芒，透过黑云的重围，替黑云镶了一道发光的金边。

师：我们是否可以把后面的文字也归入这幅画面中呢？

生：（齐声说）不行，因为后面有个提示词"后来"。

师：所以，这篇课文我们总共用了几次图像化策略？

生：（齐声说）五次。

师：以后我们再读写景文，就可以像这样把文字转化成一幅幅画面了。

师：我们今天学习了图像化策略，请你一边读一边运用图像化策略，再次体会、欣赏巴金笔下的海上日出是怎样的情景。

（生出声朗读，师巡视）

【解析】随着语文课程改革的不断深入，语文教学经历了从"暗中摸索"到"明里探究"的实践过程，阅读教学中品味词句、体会情感等学习内容不再是"只可意会不可言传"，而是可以教授学生一些相应的阅读策略，帮助他们更好地理解课文内容。这一环节中，竹平老师引导学生运用"图像化"的阅读策略，在阅读优美文字的过程中，一边读一边想象画面，在脑海中形成一幅又一幅的画面内容，从而身临其境地感受作者描写的景物。

四、提纲挈领，领悟写法

师：请你思考一个问题：如果你写海上日出，你会写哪些景物？

生：海水、人、沙滩、云……

师：如果按照时间顺序把你们想写的景物都写出来，可能会是很长的一篇文章，但是巴金的这篇《海上日出》只有四百余字，却给我们留下了深刻印象，请问巴金是如何做到的？请你再次阅读课文，在文中寻找答案。

（生自由阅读，师巡视倾听）

生：我觉得巴金先生将他的文字聚焦到太阳身上，对其他景物进行了简单描写，这样的文章即使字数很少，也很引人入胜。

师：也就是说我们需要把文字聚焦到我们要描写的景物的突出特点上，以《海上日出》为例，作者就聚焦写了太阳本身。

师：日出是一个时间在推移、景象在变化的过程，巴金先生笔下的海上日出最大的变化是什么？

生：太阳光。

师：你从哪里看出来的？

生：巴金先生的这篇文章中出现了很多与"光"有关的词语，比如亮光、光亮、光彩、光线、光芒等。

师：巴金先生聚焦太阳时，始终关注太阳光的变化。

（师出示PPT）

转眼间天边出现了一道红霞，慢慢地在扩大它的范围，加强它的亮光。

果然，过了一会儿，在那个地方出现了太阳的小半边脸，红是真红，却没有亮光。

一刹那间，这个深红的圆东西，忽然发出了夺目的亮光，射得人眼睛发痛，它旁边的云片也突然有了光彩。

有时太阳走进了云堆中，它的光线却从云里射下来，直射到水面上。这时候要分辨出哪里是水，哪里是天，倒也不容易，因为我就只看见一片灿烂的亮光。

有时天边有黑云，而且云片很厚，太阳出来，人眼还看不见。然而太阳在黑云里放射的光芒，透过黑云的重围，替黑云镶了一道发光的金边。

师：我们再来读这些这些句子，看看太阳光是怎样变化的。

（生齐读）

师：巴金在文章最后一段是怎么说的？

生：这不是很伟大的奇观吗？

师：巴金认为这是很伟大的奇观，可我不认为，因为无论我们在哪里看日出，都是在看太阳光的变化，这算什么奇观呢？

师：奇观是指奇特、奇妙的景观。请你再读课文，一边读一边思考：到底是怎样的景象让你觉得这是很伟大的奇观？请你画出相关语句。

（生自主阅读批注，师巡视）

生：（读）太阳好像负着重荷似的一步一步，慢慢地努力上升，到了最后，终于冲破了云霞，完全跳出了海面，颜色红得非常可爱。

师：你读完这句话之后有什么感受？

生：浑身充满力量。

师：请你再从文中找一找类似的让你浑身充满力量的句子。

（生自主阅读批注，师巡视）

师：你还找到了哪些充满力量的词句？读一读，说一说。

（学生交流分享）

（师出示PPT）

太阳好像负着重荷似的一步一步，慢慢地努力上升，到了最后，终于冲破了云霞，完全跳出了海面，颜色红得非常可爱。

一刹那间，这个深红的圆东西，忽然发出了夺目的亮光，射得人眼睛发痛，它旁边的云片也突然有了光彩。

有时太阳走进了云堆中，它的光线却从云里射下来，直射到水面上。

有时天边有黑云，而且云片很厚，太阳出来，人眼还看不见。然而太阳在黑云里放射的光芒，透过黑云的重围，替黑云镶了一道发光的金边。

后来太阳才慢慢地冲出重围，出现在天空，甚至把黑云也染成了紫色或者红色。

师：我们再来读一遍，感受红日初升的力量。

（生读）

师：巴金从太阳身上感受到了力量，这难道不是——

生：（齐声）伟大的奇观吗？

（师生合作朗读课文）

【解析】第五单元的人文主题是"妙手写美景，巧手著奇观"，巴金先生成功地用巧手著作了"海上日出"这一伟大奇观，那这一景观到底"伟大"在哪里，"奇特"在哪里？竹平老师引导学生在理解课文内容的基础上，通过联结生活经验，提纲挈领，聚焦课文最后一句话"这不是很伟大的奇观吗"，质疑太阳光的"伟大"与"奇特"，使得学生产生了认知冲突，从而进一步思考课文最后一句话中的"这"到底是指什么。在此基础上，竹平老师引导学生再次回到文本，通过抓动词体会太阳的活力，在反复朗读、循环复沓中体会旭日东升的力量，初步感知作者的情感。

五、对比阅读，体会情感

师：（出示课文《繁星》，教师朗读）巴金的《繁星》表达什么？

生：表达自己对亲人、家乡以及祖国的依恋之情。

师：（出示PPT）想要深刻地理解巴金在《海上日出》和《繁星》中表达的情感，我们可以先来认识一本书，名叫《海行杂记》，这两篇课文都出自这本书，而且都是同一个时期写的。

（PPT出示介绍巴金写《海上日出》和《繁星》的背景资料）

师：（出示PPT）我们对比阅读《海上日出》和《繁星》，讨论三个问题。

师：第一个问题，巴金先生在轮船上常常仰望星空，思念亲人、家乡和祖国，那他为什么还要离开祖国呢？

生：他想要振兴中华就必须去海外寻求新知识，所以他必须离开。

师：第二个问题，他常常早起看日出，赞美海上日出是伟大的奇观，你觉得他从这伟大的奇观中收获了什么？

生：他觉得太阳就是他自己，他在太阳中汲取了力量。

师：这两篇都选自《海行杂记》，那它们之间有联系吗？

（生自由讨论，师巡视倾听）

生：海上日出给了巴金力量，繁星寄托了巴金的思念，巴金便把思念转化为动力，离开祖国，学习新知识，以后回来振兴祖国。

生：巴金先生对亲人、家乡和祖国的感情越深，他出国求学的动力越大。

师：我们通过学习《繁星》和《海上日出》，看到了一个年轻、真实且充满力量的巴金，他夜晚常常仰望繁星，思念祖国，白天常常早起看日出，在日出中汲取力量——学习知识，建设祖国的力量。

师：我们再来感受一下这份力量。

（师生合作朗读课文）

师：巴金写海上日出只是在写风景吗？

生：（齐声）不是，是为了表达自己的感情。

师：这叫作"一切景语皆情语"。（板书：一切景语皆情语）

（师生合作背诵课文）

【解析】再次强调，积极地为学生创设真实的学习"境遇"是竹平老师"为儿童全生活着想"母语教育理念下的应然追求，这一环节通过设计讨论主题，引导学生发现两篇课文之间的联系，即巴金在同一时期内写的两篇文章，且均收录在同一本书中，这本书叫《海行杂记》，竹平老师竭力为学生创设一种联结，一种文本与学生生活的联结，与他们生命的联结。

【总评】

《海上日出》这节课是"为儿童全生活着想"的母语教育理念指导下的一次成功的课堂实践，这节课的成功之处有两点：一是竹平老师将散文教学中"美美地读"教出了层次，教出了方法；二是竹平老师在散文教学中做到了"读"占鳌头。总之，这是一节扎实、自然的课。

入景——读出文字画面

一位熟练的阅读者在阅读文字时，头脑中会呈现一幅幅画面，这个阅读策略叫作"图像化"。图像化策略的运用，可以帮助读者更好地理解文章内容。《海上日出》是一篇经典的写景散文，作者用细腻的笔触对海上日出时的景象进行了细致描写。教学时，竹平老师引导学生以太阳为临摹对象，对文字所描绘的画面内容进行了图像化处理，比如"果然，过了一会儿，在那个地方出现了太阳的小半边脸，红是真红，却没有亮光"一句中，学生想象到了"太阳露出小半边脸，红彤彤的，像个害羞的小姑娘"的画面。

学生在竹平老师的指导下，通过运用图像化策略，把四百字的文字读成了六幅栩栩如生的画面。在此基础上，竹平老师引导学生自主朗读课文，这样的读是有目的的，学生明确地知道自己在读课文时要运用图文转化；这样的读是有帮助的，学生在图文转化过程中更深入地理解了课文内容，为后面体会作者情感做好了铺垫。

入境——读出文字情境

如果说第一遍运用图像化策略朗读，读出的是一幅幅静态的画面，那么第二遍朗读，读出的就是一幅幅动态画面，也就读出了文字情境。为了引导学生读出动态画面，读出文字情境，竹平老师"布了一盘棋"，在识字教学板块中，竹平老师运用组块识字方式，与学生一起学习"亮光、光彩、夺目、灿烂"和"扩大、加强、努力、冲破"两组词，这两组词正是文章行文脉络的线索，第一组的词语描写了太阳的光线变化，第二组的词语描写了旭日初升的力量感，前者指向文章的写作方法，后者指向文章的思想感情。

竹平老师提纲挈领，巧妙地运用"奇观"问题，将明里暗里两条线索串联起来，有层次地展开朗读教学。第一层次通过联结学生自身生活经验，自主发现作者的文字聚焦在太阳本身，细腻地描写了太阳光线的变化过程，在此基础上，引导学生朗读，读出太阳光线的变化；第二层次通过质疑"奇观"、抓关键动词等方法，引导学生关注海上日出升起过程中的力量变化，这一层次的朗读，教师重点指导学生读出旭日东升的力量感。

入情——读出作者情感

"一切景语皆情语"，文学作品中描写的景物，是附着了作者思绪的景物；文学作品中描绘的情景，是浸润了作者情思的情景。也就是说，文学作品中的意象、意境都映射着作者当时的心境，《海上日出》就是这样一篇文章。

如何让学生了解到这一点？竹平老师为我们做出了高明的示范。由于《海上日出》这篇课文中的时间线索不明显，所以竹平老师联结了学生的已有经验，出示了上学期学习的课文《繁星》。《繁星》的时间线索非常明显，即从前、三年前、如今。顺着这条时间线，竹平老师引导学生了解了巴金写《繁星》时的背景资料，并指出《海上日出》也是写于同一时期，即巴金为了振兴中华赴法留学时期。如此点拨，学生就能触类旁通了，他们很自然地明白，繁星寄托了巴金的思念，海上日出给了巴金力量，巴金便把这份思念转化为无限的动力。由此，竹平老师再次与学生合作朗读，情感的体会水到渠成。

这节课在反复朗读、循环复沓过程中，令人心潮澎湃！

从文字之美到意境之美

——五年级上册《四季之美》课堂实录及解析

一、诗词说四季，激发品读兴趣

师：一年有几个季节？

生：四个。

师：当说到春天时，你脑海中会蹦出哪些词语？

生：鸟语花香。

生：百花齐放。

生：生机勃勃。

师：如果是夏天呢？

生：炎热。

生：郁郁葱葱。

师：秋天呢？

生：秋高气爽。

师：冬天呢？

生：鹅毛大雪。

生：银装素裹。

师：我们换个角度，一旦说到春天，这个季节从温度上感觉有什么特点？

生：温暖。

师：夏天呢？

生：炎热。

师：秋天呢？

生：凉爽。

师：冬天呢？

生：寒冷。

师：古诗词里又是怎样来写春夏秋冬的呢？关于春天的诗句，你脑海中蹦出了哪句？

生：竹外桃花三两枝，春江水暖鸭先知。

生：碧玉妆成一树高，万条垂下绿丝绦。

师：夏天——

生：接天莲叶无穷碧，映日荷花别样红。

生：小荷才露尖尖角，早有蜻蜓立上头。

师：秋天——

生：停车坐爱枫林晚，霜叶红于二月花。

生：自古逢秋悲寂寥，我言秋日胜春朝。

师：冬天呢？

生：孤舟蓑笠翁，独钓寒江雪。

生：欲将轻骑逐，大雪满弓刀。

师：我们刚才既交流了词语，又交流了古诗词，我们看到了四季不同的美。当我们看到这些诗句时，春夏秋冬分别给了我们怎样的感受？

生：春天是生动。

生：夏天是热烈。

生：秋天是萧瑟。

生：冬天是凛冽。

师：我们想到的春夏秋冬，总有各自的特点。那我们今天学习的《四季之美》，是不是也是这样，四个季节各有各的特点呢？接下来我们一起品读《四季之美》。

【解析】人们对四季的感受和体会，无论是直接生活经验，还是在阅读中积累的间接经验，都在不断强化一种印象，即每个季节都有其与众不同的鲜明特征，给人带来不同的直觉和情感体验。但清少纳言的《四季之美》没有跟着一般的感觉走，而是以作者独特的情趣和视角，写出了自己在四季中与众不同的发现和体验。这就是经典的价值所在。这个板块，既是为了调动学生已有的生活和语言经验，也是为了埋下伏笔，为接下来对比感受《四季之美》中对四季的抒写做铺垫。

二、词句品四季，感受恬静韵味

师：这篇文章是谁写的？

生：清少纳言。

师：谁会读这个名字？

生：清少 / 纳言。

师：应该是清/少纳言，她姓清，名字已经无据可查，少纳言是当时日本宫廷里的一个官职名，后来就用这个官职来称呼她。她是日本平安时代著名的歌人、作家。日本的平安时期对应到中国历史的朝代应该是宋代。清少纳言是中古三十六歌仙之一，与紫式部、和泉式部并称为平安时代的三大才女，曾任一条天皇皇后藤原定子身边的女官。随笔作品《枕草子》是她的代表作，《枕草子》为日本散文奠定了基础。《四季之美》是《枕草子》中的第一篇作品，作为开篇之作，值得我们用心欣赏。

师：我们眼中的春夏秋冬四季是分明的，清少纳言笔下的四季之美，也跟我们的一般印象一样，四个季节有各自的特点吗？请你用心地读一读课文，看看清少纳言描写的每个季节的文字带给你怎样的感受，圈画词句，做做批注。

（学生自主阅读圈画、批注）

师：《四季之美》这篇课文是不是每个季节特点分明，春天就是生机，夏天就是热烈，秋天就是萧瑟，冬天就是凛冽呢？

生：不是的，好像都给人一样的感觉。

师：这就是我们阅读后的第一个感受，我们发现清少纳言笔下的四季并非一般人认为的那样，而是给人一样的感觉。这一样的感觉，到底是怎样的感觉呢？

生：不知道用什么词来形容……

师：那我们先一起来看看她笔下的春天的样子。

（出示 PPT，指名学生朗读）

生：（读）春天最美是黎明。东方一点儿一点儿泛着鱼肚色的天空，染上微微的红晕，飘着红紫红紫的彩云。

师：我觉得你读得最好的一句是"飘着红紫红紫的彩云"。当我听着你读的时候，那彩云的颜色、轻轻飘着的样子，就出现在我的脑海中。像这样读，就能把这一段都读好，听我读。

师：（范读）春天最美是黎明。东方一点儿一点儿泛着鱼肚色的天空，染上微微的红晕，飘着红紫红紫的彩云。

师：请你们自己也这样读一读。

（生自主朗读）

师：想象一下，现在是春天的黎明时刻，你走出门外，登上一个小小的山头，望着东方的天空，你看了这样一幅景色——

生：（读）春天最美是黎明。东方一点儿一点儿泛着鱼肚色的天空，染上微微的红晕，飘着红紫红紫的彩云。

师：现在你心里什么感受？

生：我觉得很活泼。

生：我感受到了温暖。

生：如果我心情不好，看到这样的景象，我会感觉很轻松。

师：我觉得他把自己的心情和文字联结，是一种高明的阅读方法。感受说明白了，再来说说你是从哪些词中体会到的？

生：微微的红晕。

生：一点儿一点儿。

生：红紫红紫的。

师：现在有春天做榜样了，你再来读读夏天、秋天、冬天，也像这样把词语圈出来，感受自然就会清晰起来。开始吧。

（生自主阅读，圈画批注）

师：（指名学生）你从夏天这段文字中感受到了什么？

生：我从"漆黑漆黑的暗夜"和"蒙蒙细雨"这两个词语中感受到了夏天夜晚的宁静。

师：她通过想象画面的方法来感受文字的魅力，还可以用刚才那位同学的方法，跟自己的心情建立联结，这是两种非常重要的阅读策略（板书：联结、图像化）。请你用这两种方法来感受秋冬之美吧。

（生自主阅读，圈画批注）

师：关于秋天的感受，作者已经写到了文字中，你发现了吗？

生：（齐声）心旷神怡。

师：冬天给作者带来了怎样一种感觉呢？

生：手捧着暖和的火盆穿过走廊时，那闲逸的心情和这寒冷的冬晨多么和谐啊！我从"暖和的火盆"和"闲逸的心情"这两个词语中感受到作者的心情非常闲逸。

师：如此读下来，作者笔下的四季好像不是我们一般人印象中的四季，她笔下的四季似乎给我们带来了相似的感受——闲适、宁静。这些感觉都渗透在你们刚才圈画出来的词语上（出示PPT），请你读一下这些词语。

生：春天——一点儿一点儿泛着、微微的、飘着；夏天——翩翩飞舞、蒙蒙细雨、一只两只、闪着朦胧的微光；秋天——点点归鸦、比翼而飞、心旷神怡；冬天——暖和的火盆、闲逸的心情、和谐。

师：作者描写的景物都非常的——

生：生动。（师板书：生动）

师：给人的感觉都是——

生：宁静、闲逸。（师板书：宁静、闲逸）

师：抓住了一些特别的词语，再来读这篇文章的时候，你可能会有新的发现。我请四位同学分别来读描写春、夏、秋、冬的句子，朗读和倾听时，注意标红的词语。（出示 PPT）

生：东方一点儿一点儿泛着鱼肚色的天空，染上微微的红晕，飘着红紫红紫的彩云。

生：明亮的月夜固然美，漆黑漆黑的暗夜，也有无数的萤火虫翩翩飞舞。即使是蒙蒙细雨的夜晚，也有一只两只萤火虫，闪着朦胧的微光在飞行，这情景着实迷人。

生：夕阳斜照西山时，动人的是点点归鸦急急匆匆地朝窠里飞去。成群结队的大雁，在高空中比翼而飞，更是叫人感动。

生：手捧着暖和的火盆穿过走廊时，那闲逸的心情和这寒冷的冬晨多么和谐啊！

师：请你看看老师标识的这些词语（加粗字体），想一想，这些词语有什么共同特点呢？

生：这些词都是动态的词语。

师：这些动态的词语运用在这里，给我们的感觉却是宁静的、闲逸的，是不是很有意思！这让我们再次感受到了清少纳言的与众不同。有了这样的理解后，我们一起再读一遍。

（生齐声朗读）

师：为什么清少纳言心目中的四季都有恬静而生动的韵味？可以从文本信息中找原因，也可以做出自己的推测。

（生自主阅读思考）

生：我猜清少纳言能注意到一般人容易忽略的景物。

师：也就是说，一般人欣赏春天喜欢在明媚的阳光下去看那抽芽的枝条，而她却是在黎明的时候看天空，夏天的时候看夜晚，秋天看的是——

生：黄昏。

师：冬天看的是——

生：早晨。

师：不同的人对不同的季节，甚至一天里的不同时间，都有他独特的感受。关注时间，我们合作再读一遍。

师：（读）春天最美是黎明。

生：（读）东方一点儿一点儿泛着鱼肚色的天空，染上微微的红晕，飘着红紫红紫的彩云。

师：（读）夏天最美是夜晚。

生：（读）明亮的月夜固然美，漆黑漆黑的暗夜，也有无数的萤火虫翩翩飞舞。即使是蒙蒙细雨的夜晚，也有一只两只萤火虫，闪着朦胧的微光在飞行，这情景着实迷人。

师：（读）秋天最美是黄昏。

生：（读）夕阳斜照西山时，动人的是点点归鸦急急匆匆地朝窠里飞去。成群结队的大雁，在高空中比翼而飞，更是叫人感动。夕阳西沉，夜幕降临，那风声、虫鸣，听起来也愈发叫人心旷神怡。

师：（读）冬天最美是早晨。

生：（读）落雪的早晨当然美，就是在遍地铺满白霜的早晨，或是在无雪无霜的凛冽的清晨，也要生起熊熊的炭火。手捧着暖和的火盆穿过走廊时，那闲逸的心情和这寒冷的冬晨多么和谐啊！只是到了中午，寒气渐退，火盆里的火炭，大多变成了一堆白灰，这未免令人有点儿扫兴。

师：一颗从容恬静、热爱生活的心，发现了不同季节、一天里不同时段相同的美，就像刚才那位同学的推测一样。这就是清少纳言，从容恬静且热爱生活。如果你还想深入了解她，可以购买《枕草子》这本书，再来读读她的其他文字。

【解析】在作者的眼里、心里，"四季之美"到底是什么样的美呢？不一样的景致，却给人同样的审美体验。对于五年级学生来说，如果不运用合适的阅读策略，如果忽视了对具体词句所蕴含情味的细致品味，是很难体会到字里行间氤氲着的作者对生活的热爱和闲适的情趣。先让学生自己读书体会，再根据学生的具体表现进行启发引导，从关注描写具体事物的词语到发现不同季节作者欣赏景致的时间，一步步与作者的趣味靠近，再靠近。在这样的课堂活动中，语言学习与审美体验相互促进、融为一体。同时，通过集中呈现和品读想象动态词语，既认识了动态描写，又对文本中动态描写的表达效果有了清晰的体会。这就使得学生在开始接触静态和动态描写的时候，避免了机械地从字面认识两者的表达效果，而是深入词句，细读品味，得言得意。

三、译文做对比，丰富语言体验

师：阅读需要一字一词一句都入心。请你细心地读一读每个自然段，看看有没有词语与从容恬静的韵味不和谐，如果有，怎样更换这些词语才能与从容恬静的韵味保持一致？

（生自主阅读思考）

生："动人的是点点归鸦急急匆匆地朝窠里飞去"。我觉得这处与从容恬静的韵味不和谐。"急急匆匆"不是从容恬静的。

师："急急匆匆"给人一种着急的感觉，如果让你换个词呢？

生：优哉游哉、不慌不忙、不急不慢。

师：你是否好奇，为什么会有词语与课文整体韵味不和谐呢？请你看一下这篇课文的翻译者是谁？

生：卞立强。

师：他是一位日语翻译家，这篇散文是文学家写的，翻译家的文学欣赏水平跟文学家会一样吗？

生：不一样。

师：所以略有瑕疵也是正常的。那有没有文学家翻译这篇散文呢？（出示PPT）

师：周作人是鲁迅（周树人）的弟弟，曾留学日本，他太太是一名日本人，他是著名的文学家。他翻译的这篇文章的题目叫——

生：（齐声）四时的情趣。

师：和我们课文的题目相比，你更喜欢哪个？理由是什么？

生：我更喜欢"四时的情趣"，这个题目更有韵味。

师：如果你喜欢这个题目，不妨再来读读周作人翻译的这篇散文，看看你从周作人翻译的这篇散文中感受到恬静生动的韵味了吗？与课文对比，你有什么发现和感受？

师：（读周作人的译文）

春天是破晓的时候最好。渐渐发白的山顶，有点亮了起来，紫色的云彩微细的横在那里，这是很有意思的。

夏天是夜里最好。有月亮的时候，这是不必说了，就是暗夜，有萤火到处飞着，也是很有趣味的。那时候，连下雨也有意思。

秋天是傍晚最好。夕阳很辉煌的照着，到了很接近了山边的时候，乌鸦都要归巢去了，便三只一起，四只或两只一起的飞着，这也是很有意思的。而且更有大雁排成行列的飞去，随后变得看去很小了，也是有趣。到了日没以后，风的声响以及虫类的鸣声，也都是有意思的。

冬天是早晨最好。在下了雪的时候可以不必说了，有时只是雪白的下了霜，或者就是没有霜雪也觉得很冷的天气，赶快的生起火来，拿了炭到处分送，很有点冬天的模样。但是到了中午暖了起来，寒气减退了，所有地炉以及火盆里的火，都因为没有人管了，以至容易变了白色的灰，这是不大对的。

师：你有什么感觉？

生：周作人翻译的散文中用了很多重复的语句，比如"这是很有意思的""也有意思""也都是有意思的"，这是课文中没有的，虽然感觉他的文字更简单一些，但是同样给我带来一种恬静生动的韵味。

师：这位同学的欣赏水平不一般啊，他所说的简单，就是我们古人常说的"大道至简"啊！（板书：大道至简）

师：周作人是一位著名的文学家，肯定读过很多很多书，积累过很多很多有表现力的词语，但是他的文笔却越来越简单，这样简洁的表达有时候更有味道。

师：（出示 PPT）还有个叫林文月的人也翻译了这篇散文，林文月是台湾省彰化县人，身兼研究者、文学创作者、翻译者三种身份，并且于这三个领域都交出了亮丽的成绩单。看看这位了不起的人物是怎么翻译这篇散文的，先来看看题目叫什么——

生：春曙为最。

师：文章第一句话怎么写的？

生：春，曙为最。

师：题目就是文章的第一句话。其实清少纳言的原文根本没题目，《四季之美》是卞立强取的；《四时的情趣》是周作人加的；《春曙为最》是林文月取的。

师：（读林文月的译文）

春，曙为最。逐渐转白的山顶，开始稍露光明，泛紫的细云轻飘其上。

夏则夜。有月的时候自不待言，无月的暗夜，也有群萤交飞。若是下场雨什么的，那就更有情味了。

秋则黄昏。夕日照耀，近映山际，乌鸦返巢，三只、四只、两只地飞过，平添感伤。又有时见雁影小小，列队飞过远空，尤饶风情。而况，日入以后，尚有风声虫鸣。

冬则晨朝。降雪时不消说，有时霜色皑皑，即使无雪亦无霜，寒气凛冽，连忙生一盆火，搬运炭火跑过走廊，也挺合时宜；只可惜晌午时分，火盆里头炭木渐蒙白灰，便无甚可赏了。

师：听完你有什么感觉？

生：像是一篇文言文。

师：清少纳言是什么时候的人？

生：宋朝。

师：日本的语言文字起源于中国，尤其是唐朝文化对日本文化的影响很大，所以平安时代的创作肯定也受到了中国古诗文的影响，林文月正是还原了这一语言特色，翻译了这篇散文。我们一起再来欣赏一遍。

（生朗读）

师：这三篇译文，你更喜欢哪一篇呢？（几乎都举手说喜欢林文月的）为什么？

生：因为林文月的有文言感觉，读起来就给人舒服的节奏感。

【解析】语言的鉴赏和习得，需要言语思维的积极参与，需要在对比中培育语言的敏感。让学生用批判的眼光来"审阅"课文的遣词造句，对学生来说既是挑战又是鼓舞，既使得他们提高了对语言运用的要求，又培养了他们对语言的敏锐"触觉"。将周作人和林文月的译文呈现出来做对比，无疑向学生展示了语言表达的丰富性和巨大魅力，在丰富学生语言体验的同时，也提升了学生的语言鉴赏能力，启发了学生对语言表达风格的初步认识和自主追求。

四、迁移细表达，描写心中景致

师：（出示 PPT）读了这么多，让我们也动笔写一写自己心中的景致，写出独特的韵味。

（生自主练习写作）

师：现在请同学来展示自己笔下的景致。

生：早上，太阳缓缓从东边升起，那美丽的黎明让人心情舒坦。一只、两只、三只……麻雀在树梢间展翅飞翔。清净的街头，慢慢热闹起来了。

师：看来你被清少纳言文字中的情趣感染了，你笔下的早晨也是生动而闲适的。

生：公园里有个地方让我最难忘，那就是金鱼池。池里有红色、金色、白色、红白相间……各色的金鱼游来游去。每次我走近了，小鱼们都游过来，像是欢迎我……

师：每次见到这些金鱼，心情一定非常愉悦。

生：浉河景致，日落最美。夕阳沉落西山之时，浉河半瑟半红，芦苇轻摇，半披金辉。时有燕鹭低飞，掠过河面，鱼戏涟漪。岸边孩童追逐，笑声远传。

师：太棒了！林文月听了一定会给你点赞。浉河景致被你写得更加令人神往了。

……

【解析】正是由于前面的学习活动抓住作品的语言特点，让学生在多样策略下品读、欣赏、咀嚼，并通过对比强化学生对语文的敏感度，学生才能够从文本中汲取营养并转化为自我表达的成果，呈现出多样精彩的文字。

胸怀单元整体，发挥文本价值

——六年级上册《只有一个地球》课堂实录及解析

一、题目导入，锁定文章观点

师：还记得我吗？

生：记得。

师：为什么记得我？

生：上过课。

师：我给你们上过什么课？

生：《瞄准》。

师：还记得《瞄准》的最后一句话吗？

生：天多么蓝啊。

师：看来很多同学印象还很深刻，最后一句话是"天多么蓝啊"——蓝蓝的天空，秋高气爽，没有雾霾，舒不舒服？

生：舒服。

师：今天我们要学习的课文没有《瞄准》那么精彩，但也是一篇跟《瞄准》主题有联系的文章。我们要学习的这篇文章题目叫什么呢？

生：《只有一个地球》。

师：请拿出你的课堂笔记本，一起把它写下来。

（生将题目写到笔记本上，师板书）

师：当你一笔一画写下这六个字的时候，心里想到了什么？

生：我想到只有一个地球，我们就应该好好珍惜。

生：我想到我们应该善待地球。

师：如果以这六个字为开头，说一句话，你会说什么呢？

（出示：只有一个地球，_____）

生：只有一个地球，我们要保护好它。

师：因为只有一个，如果它没了，不可能再见到第二个了，所以要保护它。

生：只有一个地球，要保护地球的生态环境。

师：我们要保护它上面的生态环境，千万不要天天出现雾霾。

生：只有一个地球，我们要珍惜地球上的任何资源。

师：所有资源都要珍惜。

生：只有一个地球，不要浪费地球上的资源。

师：你们都特别关心地球上的资源。我们要学习的这篇文章，表达的意思跟你们的想法几乎是一致的。课文中就有一句话，是以这六个字开头的，你们有印象吗？

生：在最后一个自然段，"只有一个地球，如果它被破坏了，我们别无去处"。

师：这是这篇文章最后一个自然段的第一句话。大家自己小声地读一读最后一个自然段，看看其中的哪一句话可以看作是作者在文章中要表达的观点。

（生小声阅读）

师：哪句话直接表明了作者的观点？

生：只有一个地球，如果它被破坏了，我们别无去处。

师：嗯，他觉得第一句话就是作者要表达的主要观点。你呢？

生：我们要精心地保护地球，保护地球的生态环境。

师：你为什么不选择第一句，而选择这一句话呢？

生：因为这一句直接告诉我们要好好保护地球的生态环境。

师：第一句"如果它被破坏了，我们别无去处"，它没有直接告诉我们要怎么样。跟这一句说法类似的还有哪句话？

生：如果地球上的各种资源都枯竭了，我们很难从别的地方得到补充。

生：两句话都用了"如果"，都是假设。

师：是的，假设可以用来支撑观点，一般不能用来直接表达观点。再者，如果第一个假设的句子可以看作是观点，第二句也应该是了。作者要表达的观点是——

生：要保护地球，保护地球的生态环境。

师：来，一起来把这段话读一遍。（PPT 标红第三句话）

（生齐读）

师：读得很流畅，我之所以让你们齐读，就是想听一听，你们在读这段话的时候，是否会突出观点，我好像没听到。谁把这段话再读一遍？让我们即使不看那标红的句子，也能通过你的朗读听出你特别要强调的观点。

（师请一位学生读）

师：非常棒！就要这么读。大家学着他的样子读一遍。

二、自主阅读，找关键语句，厘清思路

师：一个观点，必须是有理有据地得出来的，否则人家不一定认同。仅仅这一句话，一个对地球现状不熟悉的人读了之后会认同他的观点吗？

生：不会。

师：不会，为什么不会？因为人家需要作者给解释清楚。接下来，我们来看看这篇文章的作者是怎么一步一步提出自己的观点，得出自己的结论的。请同学们用心地读课文，圈画出可以支撑作者观点的关键语句，想想作者的思路是怎样的。

出示学习任务：作者是怎么一步一步得出结论，提出观点的？用心阅读，圈画出可以支撑课文观点的关键语句，想想作者的思路是怎样的。

（生阅读圈画，师巡视指导）

师：关键语句，也就是我们讲的"有理有据"里面的依据，用最简洁的语言就能表达清楚。既然是关键语句，那么一处理由只需要画出几句就行了？

生：一句。

师：对，一句，一处理由只要画出表达关键意思的一句话来。

（师继续巡视指导）

师：我看大部分学生都已经有了自己的答案，你们画了几个关

键语句呢？谁来分享自己的观点？错了没关系，我们在课堂上犯错误是正常的，你们如果不犯错误，老师来做什么呢，对吧？所以不要怕说错了。

生：我画出了两个关键语句，一个是第三段"地球所拥有的自然资源也是有限的"，这段就在说地球上的资源是有限的，所以要珍惜地球上的资源。还有一个是第六段"科学家已经证明，至少在以地球为中心的40万亿千米的范围内，没有适合人类居住的第二个星球"，就是说要保护地球，不然人类就没有去处了。

师：对，地球遭到破坏就没有地方可去了。后面一句话说得更直接——"人类不能指望地球被破坏以后再移居到别的星球上去。"

生：我找的是第八和第九自然段，第八自然段是"'我们这个地球太可爱了，同时又太容易破碎了！'这是宇航员邀游太空目睹地球时发出的感叹"，地球虽然适合人类居住，但是也很脆弱，很容易遭到破坏。然后第九自然段直接说了"只有一个地球，如果它被破坏了，我们别无去处"。

师：好，谢谢你。大家来思考一下，第八、第九自然段讲的意思，就是哪句话讲的？

生：人类不能指望地球被破坏以后再移居到别的星球上去。

师：还有别的理由吗？

生：在第七段，"但是，即使这些设想能实现，也是遥远的事情。再说，又有多少人能够去居住呢"，还有前一句"科学家们提出了许多设想，例如，在火星或者月球上建造移民基地"，这些办法虽然都能实现，但是不能用这些办法彻底地解决问题。

师：谢谢你，请坐。我们前面讲过，任何一个理由，我们要找关键句，只需几句话？

生：一句。

师：对，一句话，你读了不止一句话。另外，别人说过的理由，我们要不要再重复？

生：不要。

师：你的理由第一位同学已经说过了，就是我们这个地球只有一个，没有第二个。我们要一边理解老师的问题，一边倾听同学的回答，做出判断。

师：没有第三个理由了，只有两个？

生：我觉得是第四段最后一句，"但是，因为人们随意毁坏自然资源，不顾后果地滥用化学品，不但使它们不能再生，还造成了一系列生态灾难，给人类生存带来了严重的威胁"。如果人类肆意地毁坏……

师：毁坏的是什么？

生：毁坏自然环境。

师：自然环境，自然资源，关于这个理由，有没有人说过？

生：有。

师：也是第一位同学已经说过了，而且他就说了一句话，非常简洁的一句话，第三自然段的第一句，对吧？别人已经说过了，我们要判定人家说的和我说的是不是同一个意思，人家选的是不是关键语句，我选的是不是关键语句。当然，这两位同学肯定是用心读书了，所以才会跟我们分享。

生：我觉得这句也是一个理由，"同茫茫宇宙相比，地球是渺小的。它只有这么大，不会再长大"。

师：你读了两句，其中用一句就行了，哪一句最合适？

生："它只有这么大，不会再长大。"（其他学生回答）

师：可是他选的不一样，你选的哪一句？

生：我觉得是"同茫茫宇宙相比，地球是渺小的"。

师：首先要强调，地球是渺小的，尤其是同茫茫宇宙相比，更加渺小，它小得可怜。我们以为我们住的地球很大，可是在整个宇宙中，它非常小。这三句，我们连起来读一下。

（出示）

同茫茫宇宙相比，地球是渺小的。

地球所拥有的自然资源也是有限的。

人类不能指望地球被破坏以后再移居到别的星球上去。

师："同茫茫宇宙相比，地球是渺小的"，地球渺小；"地球所拥有的自然资源也是有限的"，资源有限；"人类不能指望地球被破坏以后再移居到别的星球上去"，这样一层一层地说来，然后再得出——

生：结论。

师：谁能用一个关联词，将这三句话连成一句话？

生：因为。

师：你现在哪怕不是地球人，你同意作者的观点了吗？

生：同意。

师：所以，有了这样的理由，作者自然而然地提出了这样的观点，读——

（出示）

我们要精心地保护地球，保护地球的生态环境。

（生齐读）

师：你是地球人呀，你就用这样的语气读吗？读——

（生齐读）

师：谁来保护呀？

生：我们。

师：读——

（生齐读，强调"我们"）

师：因为我们是地球人，没有地球就没有我们。再读——

（生齐读，强调"地球"和"地球的生态环境"）

师：我强调的不一样，你读的时候，是不是也读得不一样呢？

生：嗯，对。

三、再读课文，体会文章感情

师：其实，有好多观点，我们有理有据地提出来，当然能够让别人认同。这叫——

生：以理服人。

师：以理服人了，但不一定就真的能让别人把你的观点记在心里，并且按照你的观点行动。那么，怎样才能让别人把你的观点记在心里并按你的观点行动呢？还有一个方法就是用感情来感染人、打动人，这叫——

生：以情动人。

师：那么这篇文章有没有做到以情动人呢？你已经预习过了，有没有被哪些文字打动？

（出示）

作者要想寻求观点上的认同，需要有理有据地分析，逻辑清晰地讲理。除此之外，阅读此文，有没有哪些文字从感情上打动了你的心呢？

请你圈画出词句，想一想为什么被打动了，做一做简单的批注。

（生阅读、批注，师巡视指导）

师：好多同学都已经圈画出来了，但是后面还有一个要求是做一做简单批注，你要批注它是怎么打动你的；或者用简单的词语来批注一下，你读了这句话有什么感受。

（学生再做批注，师再巡视指导）

师：现在，你可以把最能打动你的词语、句子，分享给大家。

生：我觉得是第一自然段的"地球，这位人类的母亲，这个生命的摇篮，是那样美丽壮观，和蔼可亲"。这句话很动人，最重要的是这个"生命的摇篮"，地球母亲把我们养在这个伟大的摇篮里。

师：是啊，如果没有地球，有没有你呀？

生：没有。

师：请把这句话读给大家听一听。

生：（朗读）地球，这位人类的母亲，这个生命的摇篮，是那样美丽壮观，和蔼可亲。

生：我觉得是第七自然段的"多少"，因为就算我们找到了另外一个星球，但是七十亿的人……

师：你把这句话完整地读给大家听，然后再来强调具体的词。

生：但是，即使这些设想能实现，也是遥远的事情。再说，又有多少人能够去居住呢？"多少"一词打动了我，因为地球有七十亿人呢，其他人怎么办？

师：这么多的人，那么长的距离，过去要多长时间呢？即使能去，那个星球又能生存多少人呢？我们先要地球7亿多人去，那还有63亿人怎么办呢？所以这里她注意到了"多少"这个词。

生：第三自然段"地球是无私的，它向人类慷慨地提供矿产资源"。地球对我们无私奉献，但是人类还在不断破坏它的环境。

师：好，我们看，写地球的时候用了两个词，哪两个词？

生：无私和慷慨。

师：写人类，用了哪些词？

生：不加节制、随意毁坏。

师：你把这句话读一读，看一看你能通过这些词语吸引大家的注意力吗？

生：(朗读)地球是无私的，它向人类慷慨地提供矿产资源。但是，如果不加节制地开采，必将加速地球上矿产资源的枯竭。

人类生活所需要的水资源、土地资源、生物资源等，本来是可以不断再生，长期给人类作贡献的。但是，因为人们随意毁坏自然资源，不顾后果地滥用化学品，不但使它们不能再生，还造成了一系列生态灾难，给人类生存带来了严重的威胁。

师：好，我们看，在这些句段中，作者都运用了感情色彩非常明显的词语，地球是"无私""慷慨"，而人类呢？

生：随意毁坏、不加节制、不顾后果、滥用。

师：还有打动你的词句吗？

生：第八自然段"我们这个地球太可爱了，同时又太容易破碎了"。地球的生态环境本身是很好的，但是人们在破坏它。

师：现在它很脆弱。

师：好，为了让读者认同自己的观点，作者做到了有理有据；为了打动读者的心，让读者一起来关心地球，作者就用了这些感情色彩特别鲜明的句子、词语。看来，写文章要想达到自己的目的，作者是需要有一定的智慧的。

层层深入地摆事实，有理有据地分析，再加上有感情色彩的词句，使得作者不仅顺理成章地提出了自己的观点，还自然而然地引起了我们读者的共鸣。我们肯定也会忍不住地告诉每一个人——

生：（齐读）我们要保护地球，保护地球的生态环境。

（出示最后一段，师生合作朗读）

师：只有一个地球，如果它被破坏了，我们——

生：（齐读）别无去处。

师：如果地球上的各种资源都枯竭了，我们很难从别的地方得到补充。我们要——

生：（齐读）精心地保护地球，保护地球的生态环境。

师：最后他还加了一句，读——

生：（齐读）让地球更好地造福于我们的子孙后代吧！

师：所以我们发现，这不仅仅是一篇论说文，它还是一篇——

（出示：倡议）

生：（齐）倡议书。

师：倡议书既要把道理说清楚，还要用情感去打动人。比如在我们的学习生活中，有些人吃饭的时候可能会浪费，我们劝他不行，老师批评他不行。那我们可以做些什么事呢？

生：写篇倡议书。

师：对，写一篇倡议书。一篇好的倡议书，要做到哪些呢？

生：有理有据。

师：有理有据，以理服人；还要——

生：以情动人。

四、联系实际，语言运用

师：这个单元的习作任务是什么？

生：写倡议书。

师：那我们现在就拿起笔来写一篇？

生：好！

师：这节课就写好？

生：啊——

师：时间不够，对吧？除了倡议书，还有一种方法可以号召大家都积极做好事，提醒大家不要做坏事。

生：标语。

师：对。生活中，我们看到到处都有标语，是不是？比如——

生：围墙上，餐厅里……

师：那我们就先试试写标语。保护自然环境是大家都非常关心的事情，请读一读第三、第四自然段，看看在读的时候，自己会联想到哪些现象。

（生默读、思考）

师：请举手说一说，你在读的时候联想到了生活中的哪些现象、哪些事情？

生："人类生活所需要的水资源、土地资源、生物资源等，本来是可以不断再生，长期给人类作贡献的"，这一句让我想到了地

317

上有一些电池、塑料袋，一半埋在土里，一半露出地面，让那些土地资源根本没办法再利用。

师：如果是在农村，一片耕地可能就被毁了。

生：我读到"人们随意毁坏自然资源，不顾后果地滥用化学品"，想到动物若是误食这些化学品不仅会生病，还会对人类造成威胁。

师：这样的事情时时刻刻在世上发生着，当你使用某些农药给农作物除虫时，不仅有可能破坏农作物的生长，还可能在农作物上残留农药，影响食用者的健康。大家有兴趣可以在课下读一本书，美国的蕾切尔·卡森的《寂静的春天》，讲的就是人类使用农药造成的自然灾害。

生：我读到第三自然的最后一句话"如果不加节制地开采，必将加速地球上矿产资源的枯竭"，这句话令我想到人们开采那些石油、煤炭。

师：对，人们已经意识到了资源总有一天会被开采完的，你如果不去想别的办法，人类的生活可能就无以为继。

师：针对自己想到的人类对地球的破坏行为，想想可以怎样设计撰写一两条保护环境或节约资源的宣传标语。

师：我们先来看看这两条标语，想想标语一般有什么特点。

（出示）

再不保护水资源，最后一滴水将是人类的眼泪。

保护地球，就是保护人类自己。

生：标语要简洁，读起来顺口。

生：要好记，引人注意。

（出示）

标语要简洁，要引发人的思考，给人警醒，给人留下深刻的印象。

师：现在请拿起笔，针对具体的现象写一两条标语。一个要求——必须原创。

（生写宣传标语，师巡视指导）

师：想想同学们浪费粮食，想想我们经常会遇到的雾霾，想想你要出去钓鱼没有地方钓，想想你钓到的鱼不敢吃……多想一想身边的事情。

师：很多同学都写完了一条标语，来读一读你写的吧。

生：人类伤害地球，就等于在伤害自己。

师：跟"保护地球，就是保护人类自己"异曲同工，非常棒。

生：再不保护环境，人类将成为历史。

师：哇，这话太棒了，也太可怕了，我们就成为历史了。

生：再不保护水资源，人类就一无所有。

师：再不保护水资源，人类就一无所有，别忘了，我们人体百分之七十多都是水，没有水就没有我们的生命！

生：再不保护空气，最后的空气将是雾霾。

生：绿色出行，低碳生活。

师：还有吗？不同的都可以展示出来。

生：我写了两条。

师：非常棒。

生：第一条是"保护地球，要像保护一件易碎的艺术品一样"；第二条是"想吃鱼吗？那就珍惜水资源"。

师：最后一个我很喜欢。想吃鱼吗？那就保护水资源，不然连鱼都没得吃了。

……

师：看来作者这篇文章真的是让我们认同了他的观点，而且打动了我们的心，所以我们才写下了这么多引人深思的标语。以后写倡议书的时候，可以用上这节课写的标语，让你的倡议书更深入人心。如果还能够与《古诗三首》的学习联系起来，你的倡议书应该更有力量了。

师：最后，让我们一起再读一下最后一自然段吧。

（师生齐读）

【教学总评】

单元整体意识指引下的课文教学，在"读懂这一篇"的基础上，还要做到"用好这一篇"，充分发挥"这一篇"的单元关联目标落实价值。

本单元的人文主题是"保护环境"，编选的诗文中，《只有一个地球》是一篇提醒和倡议人们要精心保护地球、保护地球生态环境的论说文。作者摆事实，讲道理，明确提出要保护地球及其生态环境的观点，既重视以理服人，又做到以情动人。

这节课的设计和教学，值得借鉴的有以下几处：

其一，文本学习价值定位准确，学习活动层次递进，学习目标充分落实。教师在细读文本的基础上，明晰了课文作为一篇论说文，在表达上的独特之处——既做到晓之以理，又做到动之以情。学习活动，不是简单地梳理事实理由与观点之间的关系，而是在调动学生的知识和生活经验的基础上，先明确作者要表达的观点，再探究作者是怎样让观点立住脚的，从而感受"逻辑"的力量。作者要表达的观点，关系到人类的未来和人们的日常行为选择，希望人们在读了此文后，不仅认同观点，而且能按照观点来行动，所以同时还需要以情动人。第二个层次的学习活动，自然而然就指向了对课文语言情感的发现和体会。情与理内化于心，还应外显于行，撰写宣传标语的学习任务之所以存在，正是由于前面的学习活动得到了成功回馈。

其二，单元整体意识、关联意识突出，让课文的学习意义得到最大限度的彰显。在领会了课文"以理服人，以情动人"的表达特点后，教师结合课文主题，引导学生联结生活经验，激发学生对地球生态环境问题的关切，无论是在理念与方法上，还是在情感上，都为撰写倡议书做足了铺垫。这样一来，"这一篇"的学习，就成为单元整体学习中富有生命力的一环。

其三，依托文本，凸显言语思维能力的培养。无论是梳理观点与理由之间的逻辑关系，还是体会富有情感倾向的表达，都立足文本内容、结构和遣词造句，让学生真读书、真思考、真表达，让学生的思维过程清晰可见，言语思维能力在整节课中得到了充分训练。这也是课文教学的应然追求。